Deleites de la Cocina Mexicana

A Bilingual Cookbook

*Including nutritional analysis
and ADA exchange rates for every recipe*

Healthy
Mexican
American
Cooking

Deleites de la Cocina Mexicana

by MARÍA LUISA URDANETA, PhD, RN,
and DARYL F. KANTER, MSHCA, RN

UNIVERSITY OF TEXAS PRESS

AUSTIN

LIBRARY OF CONGRESS
CATALOGING-IN-PUBLICATION DATA

Urdaneta, María Luisa, 1931–
      Deleites de la cocina Mexicana = Healthy Mexican
American cooking / by María Luisa Urdaneta and Daryl F.
Kanter.
            p.   cm.
      English and Spanish.
      Includes bibliographical references and index.
      ISBN 0-292-78530-5 (cloth). — ISBN 0-292-78531-3 (paper)
      1. Diabetes — Diet therapy — Recipes.   2. Mexican
American cookery.   I. Kanter, Daryl F., 1950–   .
II. Title.   III. Title: Healthy Mexican American cooking
RC662.U73   1996
641.5'6314—dc20   95-48901

This book is dedicated to

Doña Agripina (Pina) Guerrero de Urdaneta,
the best cook I have ever known
and my mother,
and to the Mexican American community.
—MLU, *San Antonio, Texas*

and to Rebecca and Rachel Kanter,
who unselfishly gave up uncounted hours
of precious family time to support work
on this project.
—DFK, *San Antonio, Texas*

A mi madre,
Doña Agripina (Pina) Guerrero de Urdaneta,
la mejor cocinera que he conocido,
y a la comunidad México-Americana.
—MLU, *San Antonio, Texas*

y a Rebecca y Rachel Kanter,
quienes con tanta generosidad sacrificaron
incontables y preciosas horas de vida familiar
en apoyo de este extenso y prolongado proyecto.
—DFK, *San Antonio, Texas*

Fifty percent of royalties have been allocated for college scholarships for San Antonio Mexican American women through the Mexican American Business and Professional Women's Club of San Antonio.

El 50 por ciento de los derechos de la autora ha sido alocado para becas para la educación universitaria de mujeres México-Americanas por medio del Club de Mujeres México-Americanas, Profesionales y de Negocios de San Antonio, Texas.

Contents

Indice

Acknowledgments

The idea for this book began to take shape in 1990, when I received a letter from Shannon Davies, sponsoring editor of the University of Texas Press, suggesting the need for a volume such as this. I did not realize the magnitude of the task ahead, nor did my co-author, Daryl F. Kanter, who like me is an RN and anthropologist, besides being a gifted coordinator of automated data processing (Nursing Service) at the Audie L. Murphy Division, South Texas Veterans Health Care System.

Our thanks go to the many Mexican American homemakers in San Antonio and the Rio Grande Valley who shared their favorite recipes; to our excellent cook and translator, Marcia Ortega; to Dr. Eleanor Young, nutritionist at the University of Texas Health Science Center at San Antonio, who provided advice, guidance, and access to difficult-to-obtain materials from the World Health Organization during the early stages of this project; to Drs. Joan Cassell and M. Estellie Smith, excellent anthropologists, editors, cooks, and dear friends, for taking time to proofread and critique early drafts; to Pauline C. Keitt and Sally Frantsen, cherished friends and outstanding cooks, for their patience and indulgence in preparing many of these dishes and then giving us their assessment of flavor, texture, color, and presentation; to my sisters, Inés Thomsen, RD, and Cecilia de Guerrero, for their advice and favorite recipes.

We also wish to acknowledge the valued assistance of Elisa Balderas de Jimenez, Mary McNair, and Karen Casto, administrative secretaries, Division of Behavioral and Cultural Sciences, University of Texas at San Antonio.

And, last, but not least, thanks to the staff of the University of Texas Press.

MLU

Reconocimientos

La idea para este libro comenzó a tomar forma en 1990 cuando yo recibí una carta de Shannon Davies, editora patrocinadora de la Imprenta de la Universidad de Texas en Austin, haciendo la sugerencia que se necesitaba un libro tal como este. D. F. Kanter, quien también es enfermero registrado, antropólogo y coordinador extraordinario del procesamiento de datos (Servicio de Enfermería) en la División Audie L. Murphy, del Sistema de Salud para Veteranos del Sur de Texas, como yo ignorábamos la magnitud del esfuerzo que requeriría esta tarea.

Agradecemos muy sinceramente a todas las amas de casa en San Antonio y el Valle del Río Grande que participaron al permitirnos utilizar algunas de sus recetas favoritas; a nuestra excelente cocinera y traductora, Marcía Ortega; a la doctora Eleanor Young, nutricionista del Departamento de Ciencias de la Universidad de Texas en San Antonio, quien nos proporcionó consejos, guía y acceso a materiales casi imposibles de obtener de la Organización Mundial de la Salud durante la etapa inicial de este proyecto; a las doctoras Joan Cassell y M. Estellie Smith, excelentes antropólogas, editoras, cocineras y queridas amigas, por tomar tiempo para servir de correctoras de pruebas y críticas de los borradores iniciales; a Pauline C. Keitt y Sally Frantsen, queridísimas amigas y cocineras sobresalientes, por su paciencia y cooperación para preparar muchas de las recetas y luego darnos su opinión en cuanto al sabor, textura, color y presentación del producto final; a mis hermanas Inés Thomsen, RD, y Cecilia de Guerrero por sus consejos y algunas de sus recetas favoritas.

También queremos agradecer la valiosa ayuda de Elisa Balderas de Jiménez, Mary McNair y Karen Casto, secretarias administrativas de la División de Ciencias Sociales y Culturales de la Universidad de Texas en San Antonio.

Y, finalmente, pero no por ello de menor importancia, agradecemos a la Imprenta de la Universidad de Texas.

MLU

Introduction

*Changing Mexican American Eating Habits
as Cultural and Culinary Translation*

Diabetes mellitus is a chronic disease that is of growing concern in the United States, especially among Mexican Americans. The public health authorities have identified more than thirteen million persons with diabetes in the United States (Smolan, Moffitt, and Naythons 1990: 216). These authorities believe that there is an equal number of cases that have not been diagnosed. The disease is reaching epidemic proportions among Mexican Americans, with an incidence five times that in the general population (in other words, five of one hundred Anglo Americans will develop diabetes as opposed to twenty-five of one hundred Mexican Americans).

Diabetes mellitus occurs when the body cannot use glucose (a form of sugar) efficiently. The classic triad of symptoms is increased thirst, increased hunger, and increased urination; these are accompanied by highly elevated blood glucose levels. Insulin, a hormone produced by the pancreas, is the catalyst that allows the most efficient use of glucose as a source of energy. Type I (insulin-dependent) diabetes occurs when the pancreas makes little or no insulin. Treatment includes injections of insulin to help the body use glucose. Type II (non-insulin-dependent) diabetes occurs when the body has difficulty using the insulin the pancreas makes. Type II symptoms include blurred vision, tingling or numbness in the feet or hands, frequent skin infections or itchy skin, slow-healing cuts or bruises, drowsiness, and fasting hyperglycemia (elevated blood sugar levels following an eight to twelve hour fast). The onset of Type II diabetes symptoms tends to occur after age forty; the major complication is narrowing of the blood vessels caused by fat deposits. This narrowing of the blood vessels can lead to retinal damage, kidney damage, and complete or partial amputation of a limb, usually a leg.

Direct costs of diabetes treatment programs are high, averaging more than two hundred dollars per patient per day. Indirect costs associated with lost work and school time and low levels of personal productivity make the expenses even more burdensome. Costs are so high because persons with diabetes are twenty-five times more likely than nondiabetics to lose their sight, seventeen times more likely to have kidney disease, five times more likely to suffer amputation of the lower extremities, and two times more likely to have heart disease. Persons with dia-

Introducción

*Cambiar los Hábitos Alimenticios de los México-Americanos
como Traducción Cultural y Culinaria*

La *diabetes mellitus* es una enfermedad que causa gran preocupación en los Estados Unidos, especialmente entre los México-Americanos. En la opinión de las autoridades de salud pública, aunque se han identificado a más de trece millones de personas con diabetes en los Estados Unidos (Smolan, Moffitt y Naythons 1990: 216), existe un igual número de casos que aún no han sido diagnosticados. La enfermedad está llegando a proporciones epidémicas entre los México-Americanos, con una incidencia cinco veces más alta que la de la población en general (en otras palabras, cinco de cada cien Anglo-Americanos contraerán la diabetes comparados a veinticinco de cada cien México-Americanos).

La *diabetes mellitus* ocurre cuando el cuerpo no puede utilizar la glucosa (un tipo de azúcar) de manera eficiente. El trío de síntomas clásicos es el aumento de sed, el aumento del hambre y el aumento en la necesidad de orinar. Estos síntomas invariablemente van acompañados de niveles altamente elevados de glucosa en la sangre. La insulina, una hormona que produce el páncreas, es el catalizador que permite el uso más eficiente de la glucosa como una fuente de energía. La diabetes Tipo I (que requiere insulina) ocurre cuando el páncreas produce muy poca o nada de insulina para ayudar al cuerpo a utilizar la glucosa. El Tipo II (que no requiere insulina) ocurre cuando el cuerpo tiene dificultad en utilizar la insulina que produce el páncreas. Los síntomas del Tipo II incluyen la vista borrosa, el hormigueo o adormecimiento de pies o manos, la frecuente contracción de infecciones o comezón de la piel, la curación lenta de cualquier lesión o golpe, somnolencia e hiperglicemia en ayuno (niveles altos de azúcar en la sangre después de ayunar por un período de ocho a doce horas). El inicio de los síntomas de la diabetes Tipo II generalmente se manifiesta después de los cuarenta años de edad, y la mayor complicación es la insuficiencia de las venas por motivo de depósitos de grasa. Esta insuficiencia de las venas conlleva el riesgo de daño a la retina, el daño a los riñones y la posibilidad de la amputación completa o parcial de una extremidad, generalmente una pierna.

Los costos directos de los programas para el tratamiento de la diabetes son sumamente altos, con un promedio de más de doscientos dólares por paciente por día. Los costos indirectos asociados con la pérdida de días de

betes can expect to live only about two-thirds as long as nondiabetics.

Type I diabetes accounts for approximately 12 percent of cases; Type II, 85 percent (the other types of diabetes combine to make up the remaining 3 percent). Mexican Americans overwhelmingly fall into the Type II group. Among the factors that place Mexican Americans at high risk for Type II diabetes are obesity, heredity, diet, stress, and decreased physical activity.

Obesity

Type II diabetes is associated with obesity. Mexican Americans exhibit more obesity than the Anglo population (Hall et al. 1991:1).

Heredity

A genetic marker on one of the chromosomes of Mexican Americans makes them more prone to develop diabetes. In general, the greater the percentage of Native American Indian ancestry they have, the higher their probability of becoming diabetic (Chakraborty et al. 1986; Stern 1987:12).

Diet

Since World War II, Mexican Americans (as well as Native Americans) have shown a tendency to alter the preparation of their native dishes by substituting foods high in simple carbohydrates and fats (found in most convenience foods) for some of the more traditional foods, such as beans, corn, and squash, which are naturally low in fat and high in complex carbohydrates (Joos 1984; Judkins and Judkins 1976; Wiedman 1984, 1985).

Hall et al. (1991) describe modifying the typical American diet to effectively manage and prevent the complications of diabetes. The modification involves three changes: (1) increasing complex carbohydrates, (2) increasing total dietary fiber, and (3) decreasing both total and saturated fat. The advantages of limiting fat to prevent coronary artery disease are well documented.

Recent studies indicate that increased dietary fiber intake may lower serum triglyceride and cholesterol levels. Dietary fiber is defined as all material in the diet that resists digestion by the enzymes and secretions of the human digestive tract. Dietary fiber in foods is important because it includes substances such as guar and pectin, which help control diabetes by preventing dramatic ele-

trabajo y la falta de asistencia a la escuela, así como los bajos niveles de productividad personal, causan que los gastos relacionados con esta enfermedad sean aún más onerosos. Los costos son tan altos porque la persona que sufre de diabetes tiene una probabilidad veinticinco veces mayor que la persona que no sufre de diabetes de perder la vista, diecisiete veces más probabilidad de sufrir de los riñones y cinco veces más probabilidades de perder una de sus extremidades inferiores, además de dos veces más probabilidad de sufrir de problemas del corazón.

Aproximadamente el 12 por ciento de las personas que sufren de diabetes sufren del Tipo I, mientras que el 85 por ciento sufren del Tipo II (los otros tipos de diabetes, combinados, comprenden el 3 por ciento restante). Los México-Americanos abrumadoramente forman parte del grupo que sufre de Tipo II. Entre los factores que colocan a los México-Americanos en tan alto riesgo de la diabetes del Tipo II están la obesidad, la herencia, la dieta, la tensión y la reducción de actividades físicas.

Obesidad

La diabetes Tipo II está íntimamente relacionada con la obesidad. La obesidad es más prevalente entre la población México-Americana que entre la Anglosajona (Hall et al. 1991: 1).

Herencia

Un marcador genético en uno de los cromosomas de los México-Americanos los hace más propensos a desarrollar la diabetes. En general, entre más es la sangre de indio americano que tengan, mayor es su susceptibilidad a la diabetes (Chakraborty et al. 1986; Stern 1987: 12).

Dieta

Desde la segunda guerra mundial, los México-Americanos (al igual que los indios americanos) han demostrado una tendencia a alterar la preparación de sus platos nativos, substituyendo comidas de alto contenido de carbohidratos simples y grasas (que se encuentran en la mayoría de las comidas ya preparadas para la venta) por algunas comidas más tradicionales, tales como los frijoles, el maíz y la calabaza, los cuales son naturalmente bajos en grasa y altos en carbohidratos complejos (Joos 1984; Judkins y Judkins 1976; Wiedman 1984, 1985).

Hall et al. (1991) describen la modificación de la dieta americana típica para manejar y prevenir de manera efec-

vations in blood glucose levels. In the intestine, guar and pectin form gels that slow glucose absorption, thereby causing a more gradual flow of glucose into the bloodstream. Soluble dietary fiber also lowers blood cholesterol and triglyceride levels. Guar and pectin are found in significant quantities in beans (a particularly good source) and other legumes, fruits, and oat bran. Guar is thought to be most effective in controlling postprandial (after meals) blood glucose levels.

Stress and Decreased Physical Activity

Moderate physical exercise has been shown to improve glucose and stress tolerance, to increase insulin sensitivity, and to reduce secondary complications of diabetes. Urban populations are known to be far more sedentary than are rural ones. Until World War II, the Mexican American population was mostly rural. Now it is over 80 percent urban (Álvarez 1973: 932; O'Hare 1992: 23–25; U.S. Bureau of the Census 1983: 5) and, hence, far more sedentary than in earlier times. In addition, disproportionately large numbers of Mexican Americans are found at the lower end of the socioeconomic range (Grebler, Moore, and Guzmán 1970: 19; O'Hare 1992: 33–39; Stern 1987: 10–11). Culture change and poverty are related to higher indices of stress, and stress, in turn, weakens the immunological system (Schade 1982; Weschsler 1987: 52; Wiedman 1984).

Treatment for 85 percent of persons with Type II diabetes can be as simple as reduction of calories consumed, weight loss, and a moderate but continuous exercise regime. These elements—diet management, weight loss, and moderate exercise—not only help treat diabetes, they can also help prevent its onset. This same regimen for everyone also prevents heart disease and some types of cancer.

A serious problem in working with persons with diabetes is that many patients do not comply with treatment regimens. Health care workers indicate that Mexican Americans with diabetes exhibit an exceptionally high rate of noncompliance—up to 95 percent. Although such reports have not been statistically validated, it is clear that almost no bilingual and bicultural materials exist that deal with diabetes in terms that Mexican Americans can understand and relate to.[1]

Obviously, there is an urgent need for a translation of modern medical and nutritional knowledge into materi-

tiva las complicaciones de la diabetes. Para lograr esta modificación se requieren tres cambios: (1) el aumento de los carbohidratos complejos, (2) el aumento del total de fibra alimenticia, y (3) la reducción del consumo tanto de grasa total como de grasas saturadas. Las ventajas de limitar el consumo de grasas para prevenir las enfermedades arterio-coronarias ya han sido documentadas en detalle.

Los estudios recientes indican que el aumento en el consumo de fibra alimenticia puede reducir los niveles de triglicéridos y colesterol. La fibra alimenticia se define como todas aquellas materias en la dieta que se resisten a la digestión por las enzimas y secreciones del sistema digestivo humano. La fibra alimenticia en las comidas es muy importante ya que ésta incluye substancias tales como el "guar" y la pectina, las cuales ayudan en el control de la diabetes mediante la prevención de elevaciones dramáticas de los niveles de glucosa en la sangre. Una vez en el intestino, el "guar" y la pectina se transforman en una materia gelatinosa que aminora la absorción de la glucosa, produciendo así un flujo más gradual de la glucosa al caudal sanguíneo. La fibra alimenticia soluble también reduce los niveles de triglicéridos y colesterol en la sangre. Los frijoles y otras legumbres y frutas, así como el afrecho de avena, contienen una cantidad significativa de "guar" y pectina, considerándose los frijoles como uno de los alimentos más efectivos. Se considera que el "guar" es más efectivo en el control de los niveles de glucosa en la sangre inmediatamente después de las comidas.

Tensión y Reducción de Actividad Física

Se ha demostrado que el ejercicio físico moderado mejora la tolerancia a la tensión y a la glucosa, aumenta la sensibilidad a la insulina y ayuda a la reducción de complicaciones secundarias de la diabetes. Se sabe que las poblaciones urbanas son mucho más sedentarias que las poblaciones rurales. Hasta la segunda guerra mundial, la población México-Americana era mayormente rural. En la actualidad es más de un 80 por ciento urbana (Álvarez 1973: 932; O'Hare 1992: 23–25; U.S. Bureau of the Census 1983: 5) y, por ende, mucho más sedentaria que en tiempos previos. Además, un número desproporcionadamente alto de México-Americanos se encuentra en el nivel más bajo de los límites socioeconómicos (Grebler, Moore y Guzmán 1970: 19; Stern 1987: 10–11; O'Hare 1992: 33–39). Los cambios culturales y la pobreza están

als that are congruent with the cultural and culinary practices of Mexican Americans. This is the task we have undertaken.

The purpose of this book is to identify the most commonly eaten Mexican American foods and to modify their preparation without sacrificing taste. In this way, persons with diabetes and anyone who enjoys Mexican food can maintain a balanced diet and normal weight while eating the foods they are used to and like. When feasible, each recipe has been modified to decrease fat, sodium, simple carbohydrates and sugars, to replace saturated with unsaturated fats, and to increase dietary fiber. Research has shown that fiber is vital for everyone, and there is growing evidence that sufficient fiber in the diet may reduce the risk of certain types of cancer, diabetes, strokes, and heart attacks and, combined with complex carbohydrates, may lower glucose and cholesterol levels and aid in weight control. We hope that these cultural and culinary translations will increase compliance with appropriate diet regimes of Mexican Americans with diabetes.

We have included some recipes that are popular though not especially low in calories or fats. These recipes are marked by a winking face:

Persons with diabetes need to carefully consider the impact these dishes will have on their daily calculated calorie intake. We do not advocate "covering" extra calories with more medication, injectable insulin or oral hypoglycemic agents. The prudent dietary habit of figuring which foods can be included in a day's consumption should always be followed. If a "winking face" recipe is included in the meal pattern, then it should be accounted for just like any other recipe, and that day's meal pattern should be adjusted accordingly.

Each recipe, in both Spanish and English, provides the number of servings (a feature that, to our surprise, is usually not given). Recipes may be followed by a comment on common accompaniments.

We used a computer program, Nutritionist III™, to analyze recipes. Because this program provides much more information than the average consumer needs, we have abstracted the usual required American Diabetes Association (ADA) and nutritional information at the end of each recipe. In many cases, the information includes figures for the recipe when served with common accom-

íntimamente relacionados con los índices más altos de tensión y, a la misma vez, la tensión debilita el sistema inmunológico (Schade 1982: 334–337; Wiedman 1984; Weschler 1987: 52).

El tratamiento para el 85 por ciento de las personas que sufren del Tipo II puede ser tan sencillo como la reducción de calorías consumidas, la pérdida de peso y un régimen moderado pero continuado de ejercicios. Este sistema—de dieta, pérdida de peso y ejercicios moderados—no sólo sirve para ayudar en el tratamiento de la diabetes sino que puede hasta prevenir su inicio. Este mismo régimen para todas las personas también previene contra los problemas del corazón y algunos tipos de cáncer.

Los que trabajan con personas con diabetes enfrentan un problema muy serio ya que muchos de los pacientes no siguen el régimen del tratamiento. Los informes que rinden los trabajadores en salud indican que las personas México-Americanas con diabetes exhiben un alto índice de incumplimiento con sus tratamientos—hasta un 95 por ciento. Aunque dichos informes no se han validado estadísticamente hasta el momento, es cierto que no existe gran cantidad de materiales bilingües o biculturales que traten con la diabetes en términos que los México-Americanos puedan comprender y a los cuales puedan relacionarse.[1]

Es obvio que existe una urgente necesidad de traducir el conocimiento médico y nutricional moderno a materiales que estén en consonancia con las prácticas culturales y culinarias de los México-Americanos. Ésta es la labor que hemos emprendido.

El propósito de este libro es el de identificar las comidas más usadas por los México-Americanos y modificar su preparación sin sacrificar el sabor. De esta manera, las personas diabéticas y todos aquellos que gustan de la comida mexicana pueden mantener dietas balanceadas y un peso normal aunque continúen comiendo las comidas a las que están acostumbrados y que les gustan. Siempre que ha sido posible, cada receta se ha modificado para reducir el contenido de grasa, el sodio, los carbohidratos simples y el azúcar, para reemplazar las grasas saturadas por las no saturadas y aumentar la fibra dietética. Muchos estudios han demostrado que la fibra es de importancia vital para todos, y existen pruebas crecientes que la ingestión de suficiente fibra puede reducir el riesgo de ciertos tipos de cáncer, la diabetes, los ataques fulminantes (derrame) y ataques al corazón. También se ha llegado a

paniments. Such figures appear in parentheses or brackets and apply to the serving amounts specified in parentheses or brackets at the beginning of the analysis. (See the Guide to the Tables, p. 15.)

Some of the fruits, vegetables, and meats Hispanics use (e.g., jicama, plaintain, the arums, cherimoya, mango, cow's stomach, capers, epazote [American wormseed], prickly pear, custard apple, and guava) are not found in American computer programs or nutrition books. After an extended search and consultation with registered dietitians and nutritionists, we have added information from several hard-to-find World Health Organization publications to our data base.

Recipes in this book that are cross-referenced in the text appear in italics.

Note

1. While serving as a member of the Texas Diabetes Council (1983–1986), whose members have access to the latest and most successful treatment programs, Urdaneta was surprised to learn that almost no materials dealt with the nutritional analysis and ADA equivalencies of Mexican and Mexican American foods.

la conclusión de que, en combinación con los carbohidratos complejos, la fibra puede reducir los niveles de colesterol y glucosa y ayuda a mantener un peso normal. Esperamos que estas traducciones culturales y culinarias logren que los México-Americanos que sufren de diabetes puedan seguir su régimen individual con mayor efectividad y constancia.

Los autores han incluido algunas recetas que son muy populares, aunque no especialmente bajas en calorías o grasas. Para distinguir estas recetas del resto, se colocará una "carita pícara" en la página correspondiente:

Todos los diabéticos tienen que considerar detenidamente el impacto que estas recetas puedan tener sobre el total de calorías que se les permite diariamente. Los autores no sugieren ni abogan que se deba "compensar" por las calorías adicionales con el uso de medicamentos adicionales, ya sea insulina inyectada o agentes hipoglicémicos. Siempre debe seguirse el hábito de toda persona prudente de calcular qué comidas pueden incluirse en el consumo de cada día. Si se incluye una receta de "carita pícara" en el patrón de comidas en un día, ésta debe considerarse de la misma manera que cualquier otra receta, o sea, que se debe ajustar el patrón del día para incluir cualquier cambio en contenido calórico o de grasas.

Todas las recetas aparecen tanto en inglés como en español y proveen el número de porciones que se obtienen (sorprendentemente esta información generalmente no la proporcionan muchos libros de recetas de cocina). Puede que las recetas contengan un comentario sobre algunas comidas muy populares que acompañan la receta.

El análisis de cada receta se obtuvo utilizando el programa de computadora conocido como Nutritionist III™. En vista de que este programa proporciona mucha más información que la que generalmente requiere el consumidor, hemos hecho un abstracto de la información nutricional que normalmente requiere la Asociación Americana contra la Diabetes (ADA) al final de cada receta. En muchos casos, la información incluye números para la receta cuando se sirve con acompañamientos populares. Estos números apasecen en paréntesis ( ) o paréntesis angulares [ ] se refieren a las porciones indicadas en paréntesis o al principio del análisis. (Ver guía para las tablas, pág. 15.)

Algunas de las frutas, verduras y carnes que utilizan los hispánicos (por ejemplo, jícama, plátano, malanga, chiri-

moya, mango, panza de res, alcaparras, epazote, nopales, guanábana y guayaba) no aparecen en los programas de computadoras norteamericanas o libros sobre nutrición. Después de una extensa investigación y consultas con dietistas y nutricionistas, hemos podido incluir en nuestra base de datos información obtenida de algunas publicaciones de la Organización Mundial de la Salud.

Las recetas de este libro a las cuales se hacen referencia de una página a otra aparecen *en letras itálicas*.

Nota

1. Mientras participaba como miembro del Consejo Tejano contra la Diabetes (1983–1986), cuyos miembros tienen acceso a los últimos y más eficientes programas de tratamiento, Urdaneta se sorprendió al percatarse de que casi no existen materiales que traten con el análisis nutricional y las equivalencias de la ADA en lo que se refiere a comidas México-Americanas.

Secrets of Good Mexican Cooking

To prepare delicious and authentic Mexican dishes, it is necessary to know some of the secrets of Mexican cooking, and especially to have a working knowledge of the variety, properties, and uses of the different chiles. An excellent book on secrets of Mexican cooking for English speakers is *Mexican Family Favorites Cook Book* by María Teresa Bermúdez (1983; Golden West Publishers, 4113 N. Longview, Phoenix, AZ [800+658-5830]). Many of her tips have been adapted for inclusion here and are used with permission.

Chiles. There is a great variety of chiles, and every one of them, from the mildest to the hottest, is an integral part of Mexican cooking. Chiles can be obtained whole, ground, sliced, diced, pickled, fresh, dry, or canned. When fresh chiles are not available, the canned variety will do. Some of the better known chiles include:

The *Anaheim* or *California*, a large, green chile that ranges from mild to fairly hot and has a rich flavor. It is good stuffed, in soups, sauces, and stews. It can be eaten raw or used in salads. When the chile turns red, it can also be used to make *ristras*, colorful and decorative garlands of peppers often found in the U.S. Southwest.

The *ancho*, a mild to slightly hot, thick, dark green chile with a touch of sweetness, is good in sauces and moles and often ground into chili powder. The fresh pepper is called *poblano*.

The *green pepper*, a sweet pepper also known as a bell pepper, is used mainly in salads, for flavor, to add color to a dish, or as a garnish.

The *jalapeño* and the *serrano*, small, green chiles, add a fiery heat to fresh salsa and other dishes and are good for pickling. The *jalapeño* is thick-walled and fleshy and very hot; the *serrano* is thin-fleshed and hotter.

The *yellow hot chile* is moderately hot and slightly larger than the jalapeño. It is good in hot sauces, combined with other chiles for salsas, or as a garnish to add color.

The *wax chile*, a small, thin, yellow chile used for pickling, in salsas, or as a garnish, can vary from sweet and mild to very hot.

The *chile piquín*, a small, red, very hot to fiery chile, is used in small amounts and often called cayenne or tabasco peppers in commercially bottled vinegared hot sauces.

The two most common ways of cooking chiles are either to roast or to fry them. Chiles can be roasted, three or four at a time, on a stove burner; they must be turned frequently to avoid burning. Once the skin turns dark

Secretos de la Buena Cocina Mexicana

Para platos mexicanos auténticos y deliciosos, es necesario conocer algunos de los secretos de la cocina mexicana. Una fuente excelente para personas de habla inglesa es el libro *Mexican Family Favorites Cook Book* de María Teresa Bermúdez (1983; Golden West Publishers, 4113 N. Longview, Phoenix, AZ [800+658-5830]). Muchos de sus secretos han sido adaptados y usados aquí con el permiso de ella.

Chiles. Uno de los secretos más importantes es el conocer la variedad, las propiedades y los usos de los chiles. Ya sean molidos, enteros, cortados, picados, encurtidos, frescos, enlatados o secos, los chiles son parte integral de la comida mexicana. Existe una variedad muy extensa de chiles, desde los ligeramente picantes hasta los extremadamente picantes. Algunas variedades de chile se pueden obtener enlatados cuando no están disponibles frescos. Entre los chiles más comunes se encuentran:

El *Anaheim* o *California*, un chile largo y verde de picante moderado que se puede comer crudo y se usa en ensaladas. Cuando el chile se madura y se torna de color rojo, se pueden hacer guirnaldas, o ristras, las cuales decoran muchos hogares en el Suroeste de los Estados Unidos.

El *ancho* es un chile grueso y verde oscuro cuyo picante varía entre moderado y medio.

El *pimiento verde* es un chile dulce que se usa en ensaladas o como aderezo y para dar color a algunos platos.

El *jalapeño* es un chile pequeño de verde oscuro que es sumamente picante.

El *serrano* es más pequeño y más delgado que el jalapeño y así mismo es mucho más picante.

El *amarillo picante* es más largo que el jalapeño y es moderadamente picante. Estos chiles se usan en mezclas picantes en combinación con otros chiles o en salsas y como aderezo para dar color.

El *chile de cera* es pequeño, delgado y amarillo. Se usa en mezclas de encurtidos, en salsas y como aderezo.

El *chile piquín* es un chile rojo, pequeño, de mucha semilla que se usa para sazonar salsas en combinación con otros chiles. También se usa en encurtidos y es exageradamente picante.

Existen dos maneras muy comunes de cocinar los chiles: asarlos o freírlos. Los chiles se pueden asar sobre el fogón de la estufa, dándoles vuelta frecuentemente para evitar que se quemen. Se pueden asar de tres a cuatro chiles a un tiempo. Cuando la piel se torna marrón oscuro y se envejiga, se quitan del fuego. Se envuelven los

brown and blisters, the chiles should be removed from the fire and wrapped in a wet kitchen or paper towel to steam. The skin then peels off easily.

Chiles may also be roasted by placing them on a baking sheet and baking them at 350° until the skins turn dark brown and blister. The procedure for removal of the skin is the same as for the stove-top method.

To fry the chiles, place them in deep, hot oil and fry them until they turn brown and blister. Place the chiles on paper towels to drain before removing skins.

Dried chiles, which may be purchased in most grocery stores or can be home-dried, are used in several dishes and to make chili powder. To dry, chiles are strung in clusters by their stems and hung in a dry place until they are crackly. These clusters of deep red chiles are known as *ristras*.

Dried chiles must be placed in hot water to soften before they can be used in cooking. Once the chiles are soft, the stems and seeds are removed and the chiles are puréed with a little water in a food processor or a blender. A mixture of 1 tablespoon vinegar and 3 tablespoons water can be added to tame the sting. The resulting chile paste is passed through a sieve and seasoned to taste for use in salsas or general cooking.

Commercial chili powder can be used to make sauces for tacos or enchiladas, salsas or *Chile con Carne*. You can buy pure ground chili powder and add your favorite spices and seasonings, or you can make your own. The following is a version of homemade chili powder.

Makes 1⅓ cup

12 oz. dried chiles (mild, hot, or a combination)
4   tbsp. ground cumin
4   tbsp. ground paprika
8   tsp. salt
4   tsp. garlic salt
4   tsp. oregano
4   tsp. onion salt
4   tsp. dried cilantro

Remove the stems of the chiles and grind all ingredients in a food processor or blender until everything is powdered. Store in an airtight container.

If chiles are too hot, add 2 tbsp. vinegar to the mixture, or soak them in equal parts of vinegar and water. You can also use a combination of mild and hot peppers, or add bell peppers to the hot peppers. Keep in mind that an otherwise great meal can be ruined if a dish is prepared with chiles that are too hot.

chiles asados en una toalla húmeda para quitarse la piel más fácilmente.

Así también se pueden asar los chiles en el horno. Se colocan en una tartera y se asan a 350° hasta que se tornen color marrón y estén envejigados. Después de asar los chiles se procede en igual forma, envolviéndolos en una toalla húmeda para quitar la piel más fácilmente.

Para freir los chiles, se colocan en una amplia cantidad de grasa caliente y se fríen hasta que se tornen color marrón y estén envejigados. Se escurren sobre toallas de papel para eliminar el exceso de grasa antes de quitar la piel.

Los chiles secos se usan en muchos platos y son los que se usan para hacer el polvo de chile. Los chiles secos se pueden comprar en muchas tiendas de comestibles o se pueden secar en casa.

Para secar los chiles, se hace una guirnalda, o ristra. Se amarran los chiles por el tallo en racimos. Estos racimos se cuelgan en un lugar sin humedad hasta que estén secos. Los chiles frescos y verdes se tornan rojos cuando se dejan secar. Están listos para usar cuando están tostaditos. Las ristras de chiles secos también se pueden utilizar como decoración en la cocina o patio.

Para usar los chiles secos, primero se ponen en remojo en agua caliente hasta que estén suaves. Se abren los chiles y se quitan las semillas y los tallos. Se hace un puré de chile ya sea en la licuadora o procesadora, añadiéndoseles un poquito de agua. Si los chiles son muy picantes, se puede añadir una mezcla de 3 cucharadas de agua y una de vinagre para moderar un poco el picante. La pasta de chile que resulta se pasa por una coladera y se sazona al gusto para usarse en la confección de salsas o para cocinar.

El polvo de chile comercial se puede usar para hacer salsas para tacos o enchiladas, salsas o platos tales como el *Chile con Carne*. Se puede obtener el polvo de chile puro al que se le puede añadir las especies favoritas.

El polvo de chile también se puede hacer en casa y una de las versiones que existen es la siguiente:

Proporciona 1⅓ de taza

12 oz. chiles secos
4   cdas. comino en polvo
4   cdas. pimentón rojo, molido
8   cdtas. sal
4   cdtas. sal de ajo
4   cdtas. orégano
4   cdtas. sal de cebolla
4   cdtas. cilantro seco

Tortillas. An authentic Mexican meal is not complete without tortillas. Tortillas are the Mexican's daily bread. Enchiladas, tacos, and other dishes are more authentic if you make your own tortillas. There are several easy-to-follow recipes in the Breads chapter for both corn and flour tortillas as good as any expert's.

Purchased flour tortillas should be smooth, soft-textured, and fresh, while corn tortillas should be pliable and even-textured.

Tortillas have many uses. They can be eaten plain; they can be baked, filled, or served with any sauce. For nachos, tacos, flautas, enchiladas, and the like, the corn tortilla is best. Tiny flour or corn tortillas may be eaten as appetizers topped with a favorite mixture. A thicker flour tortilla known as a *gordita* is served warm with a dish of pinto beans as a popular snack.

For persons with diabetes, corn tortillas are greatly preferred over flour tortillas for several reasons. First, corn tortillas have no added fat (shortening). Second, corn flour is rich in dietary fiber and complex carbohydrates whereas wheat flour has little or no dietary fiber or complex carbohydrates. Dietary fiber combined with complex carbohydrates may lower glucose and cholesterol levels and aid in weight control. Third, corn and beans eaten at the same meal provide essential amino acids (protein), thus precluding the need for meat in the diet. As RNs, if we had our way, flour tortillas would be outlawed and fajita making for persons with diabetes would be revolutionized by substituting corn tortillas for flour tortillas.

Beans and Rice. Another indispensable Mexican food is beans. Although there are several varieties, pinto and calico beans are the most commonly used in Mexican cuisine. To prepare truly authentic Mexican dishes that call for beans, you need only know how to make a potful of beans. The recipe for *Drunken Beans* in this book is one of our favorites. Served alone, beans are a basic complementary, or side dish. Beans can be mashed or made into a creamy purée for taco, burrito, and tostada fillings, or served whole or mashed as a side dish. Beans provide lots of nutrients, dietary fiber, and a high percentage of protein. They are also very low in calories and therefore good for any diet.

Another basic Mexican side dish is, of course, rice. There are as many ways to prepare a "Mexican" rice as there are families. The *White Rice* recipe in this book is an Urdaneta family favorite.

Sauces. A great number of sauces are used in Mexican cooking. Some are eaten with tiny tortillas as an appe-

Se quitan los tallos de los chiles y se mezclan todos los ingredientes en la licuadora o procesadora hasta que se obtenga el polvo. Se almacena el polvo de chile en un recipiente pequeño que quede herméticamente tapado.

Si los chiles son muy picantes, se puede añadir 2 cucharadas de vinagre a la mezcla que está preparando o se remojan los chiles en partes iguales de vinagre y de agua. Otra manera de moderar el picante es usando una combinación de chiles (moderados y picantes) o mezclando pimientos verdes con unos cuantos chiles picantes. Hay que recordar que un plato preparado con chiles demasiado picantes no resulta muy apetecible y hasta puede arruinarse lo que podría ser una excelente comida.

Tortillas. Otro de los detalles para una auténtica comida mexicana son las tortillas. Para los mexicanos las tortillas son el pan diario. Si se sabe hacer tortillas, las enchiladas, tacos y demás platos quedarán aún más auténticos. En la sección de Panes se encuentran recetas para la confección tanto de tortillas de maíz como de harina. Estas recetas son muy sencillas y fáciles de seguir y con un poco de práctica hacen de un principiante un experto en la confección de tortillas.

En cuanto a las tortillas de harina ya hechas, se deben comprar las tortillas que están uniformes, tienen una textura suave y se notan frescas. En cuanto a las tortillas de maíz, éstas deberán ser relativamente flexibles y de una textura uniforme.

Las tortillas se pueden comer por sí solas, asadas, con salsas o rellenas. Las tortillas de maíz se usan para hacer nachos, tacos, flautas, enchiladas y demás. Las tortillas de maíz o de harina en miniatura son magníficas para servir como entremés con cualquier mezcla favorita. Las gorditas son tortillas de harina más gruesas. Un plato de frijoles pintos con tortillas a manera de gorditas calientes es un aperitivo muy común.

Para las personas con diabetes, las tortillas de maíz son más saludables que las tortillas de harina por varias razones. En primer lugar, no se usa grasa adicional en la preparación de las tortillas de maíz. En segundo lugar, la harina de maíz contiene una gran cantidad de fibra alimenticia y carbohidratos complejos, mientras que la harina de trigo contiene muy poca o nada de fibra alimenticia o carbohidratos complejos. La fibra alimenticia en combinación con los carbohidratos reducen los niveles de glucosa y colesterol en la sangre y ayudan en el control del peso. Y, en tercer lugar, el maíz, en combinación con frijoles en una misma comida, proporciona los aminoácidos (proteínas) esenciales de manera que

tizer; some are used for garnish; some are used to top chalupas, tacos, burritos, and other dishes. You can make sauces with green or red chiles and as mild or as hot as desired, depending on the chiles used. The versatility of sauces is endless.

One very special sauce is *mole. Mole* is a thick, very rich chile paste with spices, peanuts, cocoa, bread crumbs, or tortilla pieces. The ingredients vary to provide versions of the same sauce. *Mole* can be bought ready-made or can be homemade. Pour it over turkey, chicken, pork, beef roasts, and fish. Meat can also be stewed, the *mole* made with the broth, and the sauce poured over the meat before serving.

Soups and Pasta. Mexican Americans distinguish between *sopa* and *caldo*, although in English both are translated as "soup." *Sopas* have less liquid, and Mexican Americans call semi-liquid pasta dishes *sopas. Caldos* have more liquid and are more like Anglo soups.

As in any type of cooking, certain details are important for authenticity and flavor. To name a few:

Mexican food should always be served piping hot.

One or two tablespoons of vinegar can be used to temper the sting of hot chiles.

To warm tortillas, use an ungreased griddle or pan, or place them, wrapped in waxed paper, in a microwave oven for a few seconds. To serve, place on a plate and cover.

Dehydrated corn flour, *masa harina,* can be substituted for fresh corn dough.

When cooking sauces or meats from which the garlic is to be removed before serving, use whole, peeled garlic cloves. Otherwise, peel each garlic clove, mince or crush it, and add it a little at a time until the desired flavor is obtained.

Recommended cheeses are longhorn, Colby, and Monterey Jack, since they melt fast and smoothly. For Mexican cheese enchiladas, however, white Mexican cheese (*queso blanco*) is recommended, as it has a very distinctive taste. For garnish, cheeses that crumble easily are recommended.

Anytime chicken, beef, or fish is cooked or stewed, all broth should be frozen for later use. Good broth enhances the flavor of almost any dish. *The caloric values of bouillon (broth) cubes vary widely among commercial manufacturers. Unless a recipe calls for canned chicken broth, we recommend using this book's* Chicken Broth *since its caloric*

no es necesario incluir carne en la dieta. Dado sus títulos de enfermería, y si estuviera a su alcance, ambos autores optarían por prohibir el uso de tortillas de harina y revolucionarían el método de confeccionar fajitas para las personas que sufren de diabetes, substituyendo las tortillas de maíz por las tortillas de harina.

Frijoles y arroz. Los frijoles son otra comida imprescindible para los mexicanos. Los frijoles pinto y cálico son los más comunes, aunque hay otras variedades. Si se sabe preparar una olla de *Frijoles Básicos,* con este conocimiento basta para poder preparar todos los platos auténticamente mexicanos que requieren frijoles. La receta para *Frijoles Borrachos* que se incluye en este libro es una de nuestras favoritas. Por sí solos, los frijoles son un plato complementario básico. Se machacan o se hacen puré cremoso para rellenar tacos, burritos y tostadas. Si se usan como plato complementario se pueden servir enteros o machacados. Los frijoles contienen un alto porcentaje de proteínas, fibra dietética y otros alimentos nutritivos. Son muy económicos en calorías; por lo tanto sirven para cualquier dieta.

Otro de los platos complementarios básicos en la mayoría de las comidas mexicanas es el arroz. El arroz mexicano se puede hacer en una gran variedad de maneras. Cada hogar mexicano tiene su propia versión. La receta para *Arroz Blanco* que aparece en este libro es una receta favorita de la familia Urdaneta.

Salsas. La comida mexicana también requiere un sinnúmero de salsas. Las salsas se usan para comer con tortillas miniaturas como un entremés, como aderezo, para rociar sobre chalupas, tacos, burritos y demás. Se pueden hacer salsas con chiles verdes o chiles rojos, y éstas pueden ser moderadas o sumamente picantes, según el chile que se use. Las salsas son verdaderamente versátiles.

Una salsa muy especial es el mole. El mole es una pasta de chiles, especies, cacahuates, cacao o chocolate, migajón de pan o pedacitos de tortilla. Sus ingredientes pueden variar, dando como resultado muchas versiones de la misma salsa. El mole se puede comprar listo para usar, o se puede hacer en casa. Se usa como salsa para acompañar las carnes de pavo, pollo, puerco, asados de res y pescado. Se puede hacer un estofado, y con el caldo se prepara el mole, y se rocía el mole sobre la carne estofada antes de servir.

Sopas y Caldos. En la comida México-Americana existe una diferencia entre sopa y caldo. Las sopas tienen menos líquido que los caldos y se parecen más a platillos de pasta

value was used in the nutritional analysis for each recipe requiring chicken broth.

Olive oil may be used to sauté onions or when preparing enchilada sauce. It imparts a pleasing, full-bodied, and rich taste to any sauce.

How to Measure Accurately

It is important to note the difference between measuring cups and drinking cups. The cups, tablespoons, and teaspoons the Nutritionist III™ computer program uses to calculate the caloric values of recipe ingredients are *not* the same cups, tablespoons, and teaspoons you set the table with. Thus, when a recipe states that a serving is ⅔ cup, that serving must be measured in a standard measuring cup, that is, one that holds 8 ounces.

There's a trick to measuring syrup, honey, or molasses to make sure you get all of it out of the cup or spoon. Using a pastry brush, grease the measuring cup thoroughly with melted butter. Pour off the excess butter and measure the sweetener. Empty the contents of the measuring cup into a mixing bowl. No molasses or syrup will cling.

If your recipe calls for ½ cup butter, fill a 1-cup measure half full of cold water. Add butter until the water reaches the 1-cup mark on the measuring cup. Pour off the water and you will have an accurate measure of ½ cup of butter. For ¼ cup, fill the cup ¾ full of water, for ⅓ cup of butter, fill the cup ⅔ full of water, and so on.

To measure flour, pile sifted flour lightly in a measuring cup and use a knife to level off the "heap." Use level measurements when measuring baking powder. Make sure the lid's on snugly before you put the baking powder away. When measuring liquids, set the measuring cup on a level surface so you won't get a tipsy measure and squint at it from eye level.

The Nutritionist III™ computer program uses the following volumetric (liquid) and weight (solid) measures to calculate caloric values: 1 ounce (solid) weighs 28.35 grams and 1 teaspoon (liquid) has a volume of 4.929 milliliters (or cubic centimeters). We realize that conventional kitchen utensils do not measure with this level of accuracy. Even in nursing school, we were taught that a teaspoon has a volume of 5 milliliters. The point of a calorie-controlled diet, however, is that food *must* be measured. The tables of measures in the Appendix describe generally accepted equivalents for weights and volumes. We also want to acknowledge the difference be-

tales como el macarrón, mientras que un caldo es más agüado y se parece más a las sopas estadounidenses.

En la cocina mexicana, hay ciertos detalles que son de suma importancia si se ha de obtener el mejor sabor y autenticidad. Algunos de éstos son los siguientes:

La comida mexicana siempre se debe servir bien caliente.

Un par de cucharadas de vinagre sirven para moderar el picante de ciertos chiles.

Las tortillas se pueden calentar antes de servir en una parrilla o tartera sin grasa. Para calentar las tortillas en el horno de microhondas, se deben envolver las tortillas en papel encerado y calentarse por unos segundos. Se colocan en un plato y se tapan para mantenerlas calientes.

Se puede usar la masa harina (harina de maíz deshidratada) como substituto de la masa fresca.

Los dientes de ajo pelados se pueden usar enteros cuando se cocinan carnes o salsas y se quitan antes de servirse. Un bulbo de ajo se compone de varios dientes. Los dientes de ajo se pueden picar o machacar. Se elimina la piel exterior y se utiliza un pequeño número hasta que el sabor deseado se haya logrado.

Los quesos longhorn, Colby y Monterey Jack se recomiendan porque se derriten rápidamente y de manera uniforme. Para las enchiladas de queso se recomienda el queso blanco mexicano, ya que éste tiene un sabor muy singular. Los quesos que se desmenuzan fácilmente, como el queso blanco mexicano, son ideales para decorar.

Cuando se cocina o se hace un guisado de pollo, carne de res o pescado, se debe reservar cualquier caldo restante en un recipiente apropiado para el congelador y de esta manera tener caldo disponible para usar más adelante. El caldo le agrega un sabor más completo a todas las comidas. *El contenido calórico de los cubitos de caldo varía muchísimo entre los diferentes productores comerciales. Los autores recomiendan el uso de la receta para* Caldo de Pollo *que aparece en este libro a menos que la receta requiera el caldo comercial ya que su contenido calórico fue el utilizado en el análisis nutricional para todas las recetas que requieren el uso de caldo de pollo.*

Para sofreir cebollas y en la confección de las salsas para las enchiladas se recomienda el uso de aceite de oliva. Este aceite le da un gusto completo, agradable y uniforme a las salsas.

tween a "wet" and a "dry" cup. A wet cup has a volume of 8 *fluid* ounces (fl. oz.) while a dry cup weighs 4 ounces.

Substitutions

The Appendix also includes a list of ingredients that may be substituted for those given in the recipes without significantly affecting the nutritional and exchange analyses of the recipe. However, commercially prepared picante sauces vary widely in calorie and salt content. Therefore, we have specified our *Fresh Tomato Sauce* in the ingredient list of recipes that call for picante sauce. We recommend that this recipe (page 219) be prepared in advance and kept refrigerated so it is available when needed. *Fresh Tomato Sauce* will keep refrigerated for approximately three weeks. Nutritional and exchange analyses for the recipes were calculated using this sauce. If a commercially prepared sauce is substituted for *Fresh Tomato Sauce,* the analysis for that recipe is invalid. Although the text sometimes refers to picante sauce in descriptions of foods or food preparation processes, and although one of the recipes, *Perch in Picante Sauce,* includes picante sauce in its title, these references do not mean the cook should substitute commercial picante sauce for *Fresh Tomato Sauce* in recipes.

As noted above, for similar reasons we recommend using our *Chicken Broth* recipe (page 38) unless the recipe calling for chicken broth specifies canned chicken broth.

In fish recipes that specify perch, you may substitute flounder or red snapper as they have nearly identical food exchange analysis and also are low in calories.

As a general rule, Hispanics do not differentiate between lemons and limes. This is most likely due to the fact that *lemons* are not readily available in many Central and South American countries. Therefore, when a recipe in this book calls for "limón" in Spanish, you should use a lime, not a lemon.

Como Medir los Ingredientes Correctamente

Es importante notar la diferencia entre las tazas de medida y las tazas para beber o comer. Las tazas, cucharadas y cucharaditas que utiliza el programa de Computadora Nutritionist III™ para calcular el contenido calórico de los ingredientes de cada receta *no* son las mismas tazas, cucharadas y cucharaditas que se utilizan para servir una comida preparada. Esto significa que cuando una receta indica una porción de ⅔ taza, esta porción debe medirse en una taza de medida convencional, o sea, una taza de medida de 8 onzas.

Hay ciertas maneras muy efectivas de medir ciertos ingredientes tales como el sirope, la miel o melaza para lograr sacar todo el contenido de la taza o cuchara de medida. Para medir sirope, miel o melaza, lo primero que hay que hacer es engrasar la taza de medida con mantequilla derretida usando una brocha de pastelería. Se mide la cantidad necesaria y se vierte en la taza de mezclar sin que se necesite usar una espátula para sacar residuo alguno pues con la taza engrasada no queda ni una gota de la miel. Igualmente, si se engrasa la cuchara de medir antes de medir miel o sirope, no quedará gota en la cuchara.

Si la receta requiere ½ taza de mantequilla, se pone agua fría en la taza de medida al nivel de ½ taza y luego se añade mantequilla hasta que el nivel del agua llegue a 1 taza. Se deshecha el agua y queda exactamente la ½ taza de mantequilla necesaria. Para medir ¼ de taza de mantequilla se necesita ¾ taza de agua; para medir ⅓ de taza de mantequilla se necesita ⅔ taza de agua.

Para medir harina, con una cuchara se coloca la harina cernida suavemente en la taza de medida. Una vez llena la taza, con un cuchillo y sin hacer presión se nivela el contenido con el borde de la taza. Para medir polvo de hornear hay que asegurarse que toda medida siempre esté al nivel del borde de la cuchara de medir. Se debe recordar que antes de guardarse el polvo de hornear debe taparse bien para que quede hermético. Para medir líquidos se debe colocar la taza de medida sobre una superficie llana para obtener una medida exacta.

El programa de computadora Nutritionist III™ utiliza las medidas volumétricas (líquidos) y de peso (sólidos) para calcular los contenidos calóricos: una onza de peso sólido equivale a 28.35 gramos; una cucharadita de medida líquida tiene un volumen de 4.929 mililitros (o centímetros cúbicos). Comprendemos que los utensilios convencionales de medida para la cocina no proporcionan

tanta exactitud. Aún en la escuela de enfermería nosotros aprendímos que una cucharadita contiene un volumen de 5 mililitros. El punto primordial de una dieta de calorías controladas, sin embargo, es el hecho que la comida *tiene que medirse*. Las tablas de medidas en el apéndice describen los equivalentes para peso y volumen generalmente aceptados. Nosotros también deseamos hacer notar la diferencia que existe entre la taza de medida para ingredientes "secos" y la de ingredientes "líquidos." Una taza para medir "líquidos" contiene 8 onzas fluidas, mientras que la taza para ingredientes "secos" contiene un peso de 4 onzas.

Substituciones

El apéndice también incluye una lista de ingredientes que pueden substituirse en las recetas sin afectar seriamente su análisis nutricional y/o de intercambio. No obstante, las salsas picantes preparadas comercialmente varían muchísimo en su contenido de sal y de calorías. Por ello, hemos substituido la *Salsa Fresca de Tomate* en la lista de ingredientes de las recetas que indican salsa picante. La receta para *Salsa Fresca de Tomate* aparece en este libro (pág. 219) y recomendamos que ésta se prepare con anticipación y se mantenga refrigerada de manera que esté disponible cuando se necesita. La salsa se puede conservar en el refrigerador por un período de hasta tres semanas. Los análisis nutricionales y de intercambio de las recetas en cuestión se calcularon utilizando la *Salsa Fresca de Tomate*. Si se utiliza una salsa picante comercial en lugar de la *Salsa Fresca de Tomate*, todo análisis de dicha receta sería inválido. Debe notarse que existen referencias a salsa picante en el texto en algunas de las descripciones o métodos de preparación de las comidas, y una de las recetas, *Perca en Salsa Picante,* contiene las palabras "salsa picante" en el título. Estas referencias no quieren decir que el cocinero o la cocinera debe substituir la *Salsa Fresca de Tomate* por salsa picante comercial en las recetas.

Por razones similares a las mencionadas anteriormente, nosotros recomendamos el uso de nuestra receta para *Caldo de Pollo* (pág. 38), a menos que la receta indíque específicamente el uso de caldo de pollo en lata.

En las recetas con pescado que especifican perca, usted puede substituirlo por lenguado o pargo rojo (guachinago) pues éstos tienen casi el mismo valor de intercambio para el diabético (ADA exchange) y además son bajos en calorías.

En general, los Hispanos no diferencian entre "limes" y "lemons." Esto es quizás porque "lemons" no se consiguen facilmente en paises de Centro y Sur América. Por lo tanto, cuando una receta de este libro mencione limón en Español, usted debe usar "lime" y no "lemon."

Guide to the Tables

Guía para las Tablas

A table analyzing nutritional content and giving ADA exchanges accompanies each recipe. Some tables are expanded to include complementary foods frequently served with certain recipes.

Una tabla de análisis nutricional e intercambios dados por la Asociación Americana de Diabetes acompañan cada receta. Algunas tablas son más amplias porque incluyen alimentos complementarios que frecuentemente se sirven con ciertas recetas.

ANALYSIS / ANÁLISIS

1 serving = 10 oz. (with 1 oz. white cheese)
1 porción = 10 oz. (con 1 oz. queso blanco)

Each serving contains *Cada porción contiene*			*ADA exchange value* *Intercambio para el diabético*		
Calories/Calorías	237	(292)	Vegetable/Vegetal	0.0	
Protein/Proteína	11.2g	(14.7)	Bread/Pan	1.2	
Carbohydrates/Carbohidratos	34.8g	(35.1)	Meat/Carne	0.0	(0.5)
Fat/Grasa	5.9g	(10.3)	Fat/Grasa	1.2	(1.7)
Dietary fiber/Fibra dietética	0.7g		Milk/Leche	1.3	
Cholesterol/Colesterol	13.3mg		Fruit/Fruta	0.0	
Sodium/Sodio	215mg				

• In the analysis for *Hot Chocolate*, above, white cheese is the complementary food. Note that "white cheese" is in parentheses in the information on serving portions.

• Numbers in the first column are the analysis for a serving of the basic recipe of *Hot Chocolate*.

• Numbers in the second column show **only the values that have changed** with the addition of the complementary food (white cheese).

The changed values are those of the basic recipe *plus* the complementary food.

If **no numbers** are given in the second column for a certain category (for example, Dietary fiber/Fibra dietética or Vegetable/Vegetal), it **means that the value remains the same as in the first column.**

Numbers in the second column are in parentheses to show that they are relevant to the complementary food specified in parentheses in the information on serving portions.

• In some tables, a third column of numbers is used for an additional complementary food. For example, the table for *Veal with Parmesan Cheese Camille,* next page, shows the changed values when the basic recipe is served with rice (in parentheses) or when it is served with a baked potato [in brackets].

• En el análisis para el *Chocolate caliente,* indicado arriba, queso blanco es el alimento complementario. Nótese que "queso blanco" está en paréntesis en la información de las porciones.

• Los números de la primera columna son el análisis de una porción de la receta básica de *Chocolate caliente.*

• Los números de la segunda columna **muestran solamente los valores que han cambiado** al añadir el alimento complementario (el queso blanco).

Los valores corresponden a los de la receta básica más el alimento complementario.

Si no aparecen números en la segunda columna para cierta categoria (por ejemplo, Dietary Fiber/Fibra dietética o Vegetable/Vegetal), **esto significa que el valor permanece igual al de la primera columna.** Los números de la segunda columna están en paréntesis para indicar que están relaciondos con el alimento complementario también especificado en paréntesis en la información de las porciones.

• En alguna tablas se usa una tercera columna de números para un segundo alimento complementario. Por ejemplo, la tabla para *Ternera empanizada a la Camille* en la siguiente página muestra el cambio de valores cuando la receta básica se sirve con arroz (en paréntesis) o cuando es servida con papa asada [en paréntesis angulares].

1 serving = 4 oz. veal, ½ cup mushrooms in sauce (with ¾ cup *White Rice*) [with 1 large baked potato]
1 porción = 4 oz. ternera, ½ taza hongos en salsa (con ¾ taza *Arroz Blanco*) [con 1 papa asada grande]

Each serving contains				*ADA exchange value*			
Cada porción contiene				*Intercambio para el diabético*			
Calories/Calorías	326	(359)	[350]	Vegetable/Vegetal	0.5		
Protein/Proteína	25.1g	(25.8)	[25.6]	Bread/Pan	0.5	(0.9)	[0.8]
Carbohydrates/Carbohidratos	12.9g	(20.1)	[18.5]	Meat/Carne	3.2		
Fat/Grasa	18.3g			Fat/Grasa	1.8		
Dietary fiber/Fibra dietética	0.5g	(0.6)	[0.6]	Milk/Leche	0.0		
Cholesterol/Colesterol	27.2mg			Fruit/Fruta	0.1		
Sodium/Sodio	733mg		[734]				

The winking face indicates recipes that are popular but not especially low in calories and/or fat.

La carita pícara indica recetas populares que no son necesariamente bajas en calorías y/o grasas.

Bean with Jalapeño Dip

Makes 32 servings

1   tbsp. corn oil
15   oz. *Basic Beans,* mashed (p. 152)
1   tbsp. onion, chopped
1   clove garlic, chopped
⅛   tsp. salt
¼   cup Cheddar cheese, shredded
2   fresh jalapeño chiles, minced
8   corn tortillas

In a saucepan, heat the oil. Add the beans, mix with a little water, and mash. Stir in onion, garlic, and salt. Add the cheese and allow to melt. Sprinkle the bean mixture with the jalapeños and heat until the beans are slightly thickened and you can see the bottom of the pan as you stir.

Cut 8 corn tortillas into quarters. Toast the quarters in a 350° oven on a baking sheet until crisp, approximately 7–8 minutes, to use as chips. Place the bean mixture in a dip bowl and serve with tortilla chips.

Comments: Baked tortilla quarters are much lower in fat and calories than commercially prepared tortilla chips.

Botana de Frijol con Jalapeño

Rendimiento: 32 porciones

1   cda. aceite de maíz
15   oz. *Frijoles Básicos,* majados (pág. 152)
1   cda. cebolla, picada
1   diente de ajo, picado
⅛   cdta. sal
¼   taza queso Cheddar, rallado
2   chiles jalapeños frescos, picados
8   tortillas de maíz

En una olla se calienta el aceite. Se añaden los frijoles, se mezclan con un poquito de agua y se majan. Se añade la cebolla, el ajo y la sal y luego el queso, que se deja derretir. Se agregan los chiles a los frijoles y se calientan hasta que estén más o menos espesos y al revolver la mezcla con una cuchara de palo se puede ver el fondo de la olla.

Corte 8 tortillas de maíz en cuatro partes. Se tuestan en un horno precalentado a 350° durante 7 u 8 minutos aproximadamente para usarlas como tostaditas. Coloque la mezcla de los frijoles en un molde y sírvala con las tostaditas.

Comentario: Las tortillas horneadas son mucho más bajas en grasa y calorías que las tostaditas que se consiguen en el mercado.

ANALYSIS / ANÁLISIS

1 serving/porción = 1 tbsp. dip and 1 chip/1 cda. de botana de frijol y 1 tostada

Each serving contains **Cada porción contiene**		**ADA exchange value** **Intercambio para el diabético**	
Calories/Calorías	29.1	Vegetable/Vegetal	0.1
Protein/Proteína	1.2g	Bread/Pan	0.3
Carbohydrates/Carbohidratos	4.2g	Meat/Carne	0.0
Fat/Grasa	1.2g	Fat/Grasa	0.2
Dietary fiber/Fibra dietética	0.47g	Milk/Leche	0.0
Cholesterol/Colesterol	1.5mg	Fruit/Fruta	0.0
Sodium/Sodio	38.3mg		

Low-Fat Bean Dip

Makes 80 servings

3   cups dry pinto beans
½   tsp. salt
5   dry red chiles, seeded, stems removed
2   medium peeled, whole tomatoes
1   tsp. ground cumin
½   cup onion, chopped
9–12 cups water
80 corn tortillas

Pick through the beans and wash in cold water. Place 6 cups of hot water in a large saucepan on low heat. Add the beans and cook for 1½ hours (add warm water as needed). Add salt. Cook the beans for 30 more minutes.

Cover the chiles and the tomatoes with hot water and let them sit for ½ hour.

Place the tomatoes and the chiles in a blender with some of the soaking liquid from the chiles, if necessary. Blend the tomatoes and chiles to make a paste with the creamy consistency of a dip (not too dry). Add the cumin and onions to the tomato paste and blend well. Cook the tomato paste in a nonstick skillet on low heat, stirring constantly until heated through. Remove the tomato paste from the heat.

Drain the beans and add them to the tomato paste. Mash the mixture and continue to cook, stirring constantly, over low heat until the mixture is the consistency of a dip.

Cut the corn tortillas into quarters and bake in a 350° oven until crisp, about 7 to 8 minutes.

Note: Beans may take from 2 to 3 hours to cook, depending on the type of pot used and on the age of the beans.

Botana de Frijoles Baja en Grasa

Rendimiento: 80 porciones

3   tazas frijoles pintos
½   taza de cebolla, picada
1   cdta. comino, molido
5   chiles rojos, secos sin semilla
2   tomates medianos, enteros, pelados
½   cdta. sal
9–12 tazas de agua
80 tortillas de maíz

Limpie y lave los frijoles en un colador bajo el chorro del agua. Ponga 6 tazas de agua caliente en una olla grande a fuego lento. Agregue los frijoles y cocínelos por 1 hora y media (añadiendo agua tibia según sea necesario). Agregue la sal y cocine los frijoles por 30 minutos más.

Quite las semillas y los rabos a los chiles y póngalos a remojar con los tomates en agua caliente por ½ hora.

Mezcle los tomates con los chiles usando la licuadora hasta que quede una pasta no muy seca. Agregue el comino, la cebolla y un poco del agua en que se remojaron los chiles si es necesario. Ponga esta mezcla en una sartén a fuego lento hasta estar bien caliente.

Agregue los frijoles sin jugo a la mezcla de chiles y tomates. Machuque los frijoles y cocínelos a fuego lento, revolviendo constantemente hasta que tengan la consistencia cremosa de una salsa para botana.

Corte cada tortilla en 4 partes, se tuestan en un horno precalentado a 350° por 7 u 8 minutos y se usan como tostaditas.

ANALYSIS / ANÁLISIS

1 serving = 1 tbsp. dip and 4 chips   1 porción = 1 cda. de botana y 4 tostaditas

Each serving contains *Cada porción contiene*		*ADA exchange value* *Intercambio para el diabético*	
Calories/Calorías	76.5	Vegetable/Vegetal	0.1
Protein/Proteína	2.6g	Bread/Pan	0.9
Carbohydrates/Carbohidratos	14.6g	Meat/Carne	0.0
Fat/Grasa	1.2g	Fat/Grasa	0.2
Dietary fiber/Fibra dietética	1.9g	Milk/Leche	0.0
Cholesterol/Colesterol	0.0mg	Fruit/Fruta	0.0
Sodium/Sodio	68mg		

Chickpea Dip

Makes 6 servings

1   15-oz. can chickpeas
1   clove garlic, minced
1   tbsp. onion, minced
1   tsp. olive oil
2   tbsp. pimentos, chopped
1   tsp. fresh lime juice
⅛   tsp. salt
⅛   tsp. pepper
12 corn tortillas

Place all ingredients except tortillas in a blender and mix well. Cut the tortillas into quarters and bake at 350° until crisp, about 7 to 8 minutes. Serve as a dip with tortilla quarters.

Entremés de Pasta de Garbanzo

Rendimiento: 6 porciones

1   lata (15 oz.) garbanzos
1   diente de ajo, finamente picado
1   cda. cebolla, picada
1   cdta. aceite de oliva
2   cdas. pimientos, picados
1   cdta. jugo de limón fresco
⅛   cdta. sal
⅛   cdta. pimienta
12 tortillas de maíz

Se colocan todos los ingredientes menos las tortillas en la licuadora y se mezclan bien. Se cortan las tortillas en cuatro y se tuestan en el horno precalentado a 350° de 7 a 8 minutos. Se sirve como botana con pedacitos de tortilla tostada.

ANALYSIS / ANÁLISIS

1 serving/porción = 5 tbsp. dip/cdas. de entremés, 8 tortilla chips/tostaditas

Each serving contains *Cada porción contiene*		*ADA exchange value* *Intercambio para el diabético*	
Calories/Calorías	213	Vegetable/Vegetal	0.1
Protein/Proteína	7.6g	Bread/Pan	2.3
Carbohydrates/Carbohidratos	37.9g	Meat/Carne	0.2
Fat/Grasa	4.3g	Fat/Grasa	0.6
Dietary fiber/Fibra dietética	6.7g	Milk/Leche	0.0
Cholesterol/Colesterol	0.0mg	Fruit/Fruta	0.0
Sodium/Sodio	478mg		

Jalapeños Stuffed with Crabmeat

Makes 30 servings

1 can (1 lb. 11 oz.) whole jalapeños
Crabmeat stuffing:
1 lb. flaked crabmeat
2 tbsp. green bell pepper, finely chopped
2 tbsp. onion, finely chopped
2 tbsp. dill pickle, finely chopped
Breading mixture:
2 cups cracker meal
1 cup whole milk
2 eggs, beaten
¼ tsp. salt
¼ tsp. coarsely ground black pepper
½ tsp. cayenne pepper
2 garlic cloves, minced

Preheat the oven to 350°. Cut the jalapeño peppers in half lengthwise. Discard the veins and seeds and rinse.

To prepare stuffing: In a large mixing bowl, combine stuffing ingredients. Stuff the jalapeño pepper halves with stuffing mixture and press stuffing around pepper. Set the peppers aside.

To prepare breading mixture: Place the cracker meal in a flat pan. In another pan, mix the milk, the eggs, salt, pepper, cayenne pepper, and garlic. Dip the stuffed peppers in the egg mixture, then in the cracker meal. Repeat for all the stuffed peppers. Bake at 350° until golden brown, approximately 15–18 minutes.

Jalapeños Rellenos con Cangrejo

Rendimiento: 30 porciones

1 lata jalapeños (1 lb. 11 oz.)
Mezcla de cangrejo:
1 lb. cangrejo desmenuzado
2 cdas. pimiento verde, finamente picado
2 cdas. cebolla, finamente picada
2 cdas. pepino encurtido, finamente picado
Mezcla para empanar:
2 tazas harina de galleta
1 taza leche
2 huevos, batidos
¼ cdta. sal
¼ cdta. pimienta negra gruesa
½ cdta. pimienta roja molida
2 dientes de ajo, finamente picados

Se precalienta el horno a 350°. Se cortan los jalapeños en mitad, a lo largo. Se sacan las venas y las semillas y se lavan bien.

Preparación de la mezcla de cangrejo: En un tazón grande de mezclar se combinan todos los ingredientes para la mezcla de cangrejo. Se rellenan las mitades de jalapeño con la mezcla de cangrejo y se presiona bien el relleno en cada jalapeño.

Preparación de la mezcla para empanar: Se coloca la harina de galleta en una tartera plana. En un tazón se mezcla la leche, los huevos, la sal y pimienta, la pimienta roja y el ajo. Se humedecen los jalapeños rellenos en la mezcla de huevo y luego se envuelven con la harina de galleta. Se repite este procedimiento hasta que se hayan cubierto todos los chiles. Luego se hornean a 350° hasta que se doren, aproximadamente de 15 a 18 minutos.

ANALYSIS / ANÁLISIS

1 serving/porción = 1 stuffed jalapeño/jalapeño relleno

Each serving contains **Cada porción contiene**		**ADA exchange value** **Intercambio para el diabético**	
Calories/Calorías	102	Vegetable/Vegetal	0.3
Protein/Proteína	5.5g	Bread/Pan	0.4
Carbohydrates/Carbohidratos	11.3g	Meat/Carne	0.5
Fat/Grasa	3.3g	Fat/Grasa	0.2
Dietary fiber/Fibra dietética	0.78g	Milk/Leche	0.1
Cholesterol/Colesterol	50.0mg	Fruit/Fruta	0.0
Sodium/Sodio	270mg		

Ceviche

Makes 6 servings

1   lb. lean, white, skinless fish fillets, such as perch, trout, snapper, or flounder (caloric values differ)
½   cup fresh lime juice
½   cup onion, chopped
1   cup tomatoes, chopped
1   small jalapeño pepper, chopped
2   tbsp. fresh cilantro, chopped
30 pimento-stuffed olives
20 capers
¼   cup olive oil
⅛   tsp. cumin
⅛   tsp. salt
⅛   tsp. pepper
¼   tsp. oregano
1   clove garlic, minced

Cut the fish into dime-sized pieces. Place the fish pieces in a skillet in enough water to cover and cook on very low heat for 3 minutes, or until the fish is opaque. Drain and chill.

Place the chilled fish pieces and lime juice in a bowl with a sealable lid and refrigerate for at least 4 hours, inverting once. Drain the fish and mix with the remaining ingredients. Ceviche is served as a dip in a bowl accompanied with saltine crackers or, less frequently, in individual cocktail cups on a bed of lettuce, with saltine crackers.

Ceviche

Rendimiento: 6 porciones

1   lb. filetes de pescado blanco, sin piel, tales como la perca, trucha, pargo (cubera) o lenguado (el valor calórico varía)
½   taza jugo de limón, fresco
½   taza cebolla, picada
1   taza tomates, picados
1   chile jalapeño pequeño, picado
2   cdas. hojas de cilantro fresco, picadas
30 aceitunas rellenas de pimentón
20 alcaparras
¼   taza aceite de oliva
⅛   cdta. comino
⅛   cdta. sal
⅛   cdta. pimienta
¼   cdta. orégano
1   diente de ajo, finamente picado

Se corta el pescado en cubitos de ½ pulgada. Se coloca el pescado en una sartén con suficiente agua para que quede cubierto y se cocina a fuego muy lento por 3 minutos, o hasta que el pescado esté opaco. Se escurre y se coloca en el refrigerador hasta que esté frío.

En un tazón de loza que tenga tapa, se coloca el pescado y el jugo de limón. Se refrigera por un mínimo de 4 horas, dándole una vuelta durante este tiempo. Se escurre el pescado y se mezcla con los ingredientes restantes. El ceviche se puede servir como botana acompañado de galletas de soda o en una copa de cocktail en una hoja grande de lechuga y acompañado con galletas de soda.

ANALYSIS / ANÁLISIS   *See Guide to Tables, p. 15 / Ver Guía para Tablas, pág. 15*

This analysis uses perch/Este análisis nutricional es para la perca.
1 serving = ½ cup perch, 8 saltine crackers (and lettuce)
1 porción = ½ taza perca, 8 galletas de soda (y lechuga)

Each serving contains *Cada porción contiene*			*ADA exchange value* *Intercambio para el diabético*	
Calories/Calorías	311	(314)	Vegetable/Vegetal	0.6 (0.7)
Protein/Proteína	18.0g	(18.2)	Bread/Pan	0.8
Carbohydrates/Carbohidratos	22.2g	(22.6)	Meat/Carne	2.1
Fat/Grasa	16.8g		Fat/Grasa	2.3
Dietary fiber/Fibra dietética	2.0g	(2.2)	Milk/Leche	0.0
Cholesterol/Colesterol	6.0mg		Fruit/Fruta	0.1
Sodium/Sodio	748mg	(750)		

Ground Turkey Dip

Makes 128 servings

1 tbsp. corn oil
1 tbsp. onion, chopped
2 cups cooked ground lean turkey
¼ tsp. oregano
¼ tsp. cumin
¼ tsp. salt
¼ tsp. pepper
1 clove garlic, minced
1 6-oz. can low-sodium tomato sauce
2 tbsp. low-sodium tomato paste
1 cup water
32 corn tortillas

Heat the oil and sauté the onions until transparent, 3 to 4 minutes. Add the turkey, oregano, cumin, salt, pepper, and garlic and mix well. Blend in the tomato sauce and tomato paste, then add the water and cook to desired thickness.

Cut the corn tortillas into quarters and bake in a 350° oven until crisp, about 7 to 8 minutes.

Pavo para Botana

Rendimiento: 128 porciones

1 cda. aceite de maíz
1 cda. cebolla, picada
2 tazas pavo magro, molido y cocido
¼ cdta. orégano
¼ cdta. comino
¼ cdta. sal
¼ cdta. pimienta
1 diente de ajo, finamente picado
1 lata (6 oz.) salsa de tomate (bajo sodio)
2 cdas. pasta de tomate (bajo sodio)
1 taza de agua
32 tortillas de maíz

Se calienta el aceite y se sofríen las cebollas por 3 a 4 minutos. Se añade la carne, el orégano, comino, sal, pimienta y ajo y se mezcla bien. Se agrega la salsa y pasta de tomate y se mezcla. Se añade el agua y se cocina por unos minutos hasta que esté espeso.

Se corta cada tortilla en 4 porciones y se tuestan en un horno precalentado a 350° por 7 u 8 minutos. Se sirven como botanas.

ANALYSIS / ANÁLISIS

1 serving/porción = ½ tbsp. dip/cda. botana, 1 chip/tostadita

Each serving contains *Cada porción contiene*		*ADA exchange value* *Intercambio para el diabético*	
Calories/Calorías	22	Vegetable/Vegetal	0.0
Protein/Proteína	1.2g	Bread/Pan	0.2
Carbohydrates/Carbohidratos	3.4g	Meat/Carne	0.1
Fat/Grasa	0.5g	Fat/Grasa	0.1
Dietary fiber/Fibra dietética	0.4g	Milk/Leche	0.0
Cholesterol/Colesterol	1.5mg	Fruit/Fruta	0.0
Sodium/Sodio	19.5mg		

Green Chiles with Cheese Dip

Makes 32 servings

¼ cup onion, chopped
3 cloves garlic, minced
2 jalapeño peppers, seeded and chopped
½ cup chopped tomato
1 tbsp. butter
½ cup 1% milk
⅛ tsp. salt
2 cups Monterey Jack cheese, grated
16 corn tortillas

Sauté the onion, garlic, peppers, and tomato in butter until soft. Add the milk and salt and cook over low heat until milk is scalded. Add the cheese slowly over low heat, stirring until it melts.

Quarter the corn tortillas and bake at 350° until crisp, about 7 to 8 minutes.

Botana de Chiles Verdes con Queso

Rendimiento: 32 porciones

¼ taza cebolla, picada
3 dientes de ajo, finamente picados
2 chiles jalapeños, sin semilla y picados
½ taza tomate, picado
1 cda. mantequilla
½ taza leche de 1% de grasa
⅛ cdta. sal
2 tazas queso Monterey Jack, rallado
16 tortillas de maíz

Se sofríe la cebolla, el ajo, jalapeños y tomate en la mantequilla hasta que estén suaves. Se añade la leche y la sal y se cocina a fuego lento hasta que la leche llegue al punto de ebullición. Se agrega el queso lentamente, se revuelve y se cocina a fuego muy lento hasta que el queso se derrita.

Corte cada tortilla en 4 partes y en un horno precalentado a 350° se tuestan de 7 a 8 minutos.

ANALYSIS / ANÁLISIS

1 serving/porción = 1 tbsp. dip/cda. botana, 2 chips/tostaditas

Each serving contains **Cada porción contiene**		**ADA exchange value** **Intercambio para el diabético**	
Calories/Calorías	92.0	Vegetable/Vegetal	0.1
Protein/Proteína	4.8g	Bread/Pan	0.4
Carbohydrates/Carbohidratos	7.3g	Meat/Carne	0.5
Fat/Grasa	5.1g	Fat/Grasa	0.7
Dietary fiber/Fibra dietética	0.9g	Milk/Leche	0.0
Cholesterol/Colesterol	0.2mg	Fruit/Fruta	0.0
Sodium/Sodio	117mg		

Guacamole Dip

Makes 24 servings

1   large, ripe avocado
2   tbsp. onion, finely minced
1   clove garlic, finely minced
1   fresh tomato, chopped
Juice from 1 lime
¼   tsp. salt
¼   tsp. pepper
Paprika for garnish
24   corn tortillas

In a mixing bowl, mash the avocado thoroughly. Add the onion and garlic, then stir in the rest of the ingredients, except the paprika and the tortillas. Sprinkle the guacamole with paprika.

Cut the corn tortillas into quarters and bake in a 350° oven for 7 to 8 minutes, or until crisp.

Botana de Guacamole

Rendimiento: 24 porciones

1   aguacate grande, maduro
2   cdas. cebolla, finamente picadita
1   diente de ajo, finamente picadito
1   tomate fresco, picado
Jugo de un limón
¼   cdta. sal
¼   cdta. pimienta
Pimienta húngara, para aderezo
24   tortillas de maíz

En un tazón de mezclar se coloca el aguacate y se maja completamente. Se añade la cebolla y el ajo y luego se mezclan los demás ingredientes, menos la pimienta húngara y las tortillas. Se rocía el guacamole con pimienta húngara.

Corte cada tortilla en 4 partes, tueste en el horno a 350° de 7 a 8 minutos y se usan como tostaditas.

ANALYSIS / ANÁLISIS

1 serving/porción = 1 tbsp./cda. guacamole, 4 chips/tostaditas

Each serving contains **Cada porción contiene**		**ADA exchange value** **Intercambio para el diabético**	
Calories/Calorías	82.3	Vegetable/Vegetal	0.1
Protein/Proteína	2.4g	Bread/Pan	0.8
Carbohydrates/Carbohidratos	13.9g	Meat/Carne	0.0
Fat/Grasa	2.4g	Fat/Grasa	0.6
Dietary fiber/Fibra dietética	2.4g	Milk/Leche	0.0
Cholesterol/Colesterol	0.0mg	Fruit/Fruta	0.0
Sodium/Sodio	77mg		

Spicy Jicama Sticks

Makes 6 servings

1   jicama (1 lb.)
1   lime
1   tbsp. chili powder

Wash jicama thoroughly and peel. Slice into pencil-sized sticks and rinse in cold water. Drain. Sprinkle with lime and chili powder. Serve as part of a relish tray with cheese sticks and other appetizers.

Comments: Jicama (HE-cah-mah) is a sweet, crisp vegetable that looks like a potato but tastes like a water chestnut. Use jicama raw in place of tortilla chips. It goes very well with guacamole. Jicama can be sprinkled with lime, salt, or any other seasoning.

Palitos de Jícama Sazonada

Rendimiento: 6 porciones

1   jícama mediana (1 lb.)
1   limón
1   cda. polvo de chile

Se lava bien la jícama y se pela. Se corta en palitos del grueso de un lápiz y se enjuaga en agua helada. Se escurre y se rocía con el jugo del limón y el polvo de chile. Se sirve como entremés con palitos de queso u otros aperitivos.

Comentario: La jícama es una verdura dulce y fresca que se asemeja a la papa pero que tiene un sabor parecido a la castaña de agua. Se puede usar la jícama cruda en lugar de tostaditas. También combina muy bien con el guacamole. Por sí sola, la jícama puede servirse rociada con limón, sal o cualquier otro condimento.

ANALYSIS / ANÁLISIS

1 serving/porción = 12 pencil-sized sticks/palitos del grueso de un lápiz

Each serving contains **Cada porción contiene**		**ADA exchange value** **Intercambio para el diabético**	
Calories/Calorías	41.3	Vegetable/Vegetal	0.0
Protein/Proteína	1.1g	Bread/Pan	0.5
Carbohydrates/Carbohidratos	9.9g	Meat/Carne	0.0
Fat/Grasa	0.3g	Fat/Grasa	0.0
Dietary fiber/Fibra dietética	0.8g	Milk/Leche	0.0
Cholesterol/Colesterol	0.0mg	Fruit/Fruta	0.1
Sodium/Sodio	131mg		

Soups

Sopas

Beef and Vegetable Soup

Makes 12 servings

1¼ lb. lean beef ribs
10 cups water
2 cloves garlic, chopped
2 large carrots, peeled, cut into large chunks
¾ cup turnip, peeled (1 medium), cut into large chunks
2 small potatoes, peeled, cut into large chunks
1½ stalks celery, cut into large chunks
2 cups cabbage, chopped
1 small onion, cut into large chunks
4 ears fresh corn, cut into thirds (thawed frozen corn on the cob may be substituted, but flavor and texture of the soup will be affected)
3 tbsp. fresh cilantro, chopped
½ cup tomato sauce
2 tsp. salt
24 corn tortillas

Place the beef ribs, water, and garlic in a large pot and simmer for about 1 hour. Add the vegetables, cilantro, salt, and tomato sauce and simmer until vegetables are tender, 20 to 30 minutes. Each serving should have an equal portion of meat and vegetables. Serve with warm corn tortillas.

Sopa de Vegetales y Carne

Rendimiento: 12 porciones

1¼ lb. costillas de res sin grasa
10 tazas de agua
2 dientes de ajo, picados
2 zanahorias grandes, peladas y cortadas en trozos grandes
¾ taza nabo (1 mediano), pelado y cortado en trozos grandes
2 papas pequeñas, peladas, cortadas en trozos grandes
1½ tallos de apio, cortados en trozos grandes
2 tazas repollo, cortado
1 cebolla pequeña, cortada en trozos grandes
4 elotes, cortados en tercios (se pueden usar congelados, pero el elote fresco le da mejor sabor a la sopa)
3 cdas. cilantro fresco (hojas solamente), picado
½ taza salsa de tomate
2 cdtas. sal
24 tortillas de maíz

Se coloca la carne, el agua y el ajo en una olla grande y se cocina a fuego lento por 1 hora. Se agregan los vegetales, el cilantro, salsa de tomate y sal a la olla. Se cocina a fuego lento hasta que los vegetales estén tiernos, unos 30 minutos. Se sirve de manera que cada porción tenga una cantidad igual de carne y verduras y 2 tortillas de maíz.

ANALYSIS / ANÁLISIS

1 serving/porción = 1 cup/taza, ⅓ ear of corn/mazorca, 2 corn tortillas/tortillas de maíz

Each serving contains *Cada porción contiene*		*ADA exchange value* *Intercambio para el diabético*	
Calories/Calorías	374	Vegetable/Vegetal	0.9
Protein/Proteína	60.6g	Bread/Pan	2.4
Carbohydrates/Carbohidratos	41.8g	Meat/Carne	1.5
Fat/Grasa	16.8g	Fat/Grasa	2.3
Dietary fiber/Fibra dietética	5.5g	Milk/Leche	0.0
Cholesterol/Colesterol	40.5mg	Fruit/Fruta	0.0
Sodium/Sodio	580mg		

Vegetable Beef Soup

Makes 7 servings

1⅓ lb. boneless beef chuck steak
2 large potatoes, peeled
2 tbsp. corn oil
1 Anaheim chile, stem and seeds removed, sliced thinly
1 tsp. onion, chopped
¾ cup tomato, chopped
1 clove garlic, chopped
2 cups water
⅛ tsp. pepper
⅛ tsp. cumin
¾ tsp. salt
14 corn tortillas

Do not remove the fat from the beef; chop the beef and potatoes into ½-inch cubes. In a large saucepan, fry the potatoes in oil until translucent. Add the meat and brown. Push the potatoes and meat to one side, add the onions, garlic, and tomato to the pan and sauté until the onion is soft but not brown, about 2 minutes. Stir the meat and potatoes into the onion mixture, add the chile, water, salt, pepper, and cumin and mix well. Cover and simmer about 10 minutes. Serve hot with warm corn tortillas.

Caldo Mexicano

Rendimiento: 7 porciones

1⅓ lb. biftec de paleta, deshuesado
2 papas grandes, peladas
2 cdas. aceite de maíz
1 chile Anaheim grande, sin tallo y sin semillas, en rajas
1 cdta. cebolla, picada
¾ taza tomate, picado
1 diente de ajo, picado
2 tazas de agua
⅛ cdta. pimienta
⅛ cdta. comino molido
¾ cdta. sal
14 tortillas de maíz

Se corta la carne, dejándole la grasa, y las papas en cubitos de ½ pulgada. En una olla grande se fríen las papas en el aceite hasta que estén transparentes, aproximadamente 2 minutos. Se agrega la carne y se dora. Se colocan las papas y la carne a un lado y se sofríen la cebolla, el ajo y el tomate hasta que estén suaves. Se mezclan la carne y las papas con la mezcla de cebolla; se agrega el chile, agua, sal, pimienta y comino y se mezcla bien. Se cocina, tapado, a fuego lento por 10 minutos más o menos. Se acompaña con tortillas de maíz.

ANALYSIS / ANÁLISIS

1 serving/porción = ⅔ cup/taza de caldo, 2 corn tortillas/tortillas de maíz

Each serving contains / **Cada porción contiene**		**ADA exchange value** / **Intercambio para el diabético**	
Calories/Calorías	401	Vegetable/Vegetal	0.3
Protein/Proteína	21.8g	Bread/Pan	2.1
Carbohydrates/Carbohidratos	35.5g	Meat/Carne	2.4
Fat/Grasa	19.3g	Fat/Grasa	2.4
Dietary fiber/Fibra dietética	3.8g	Milk/Leche	0.0
Cholesterol/Colesterol	0.0mg	Fruit/Fruta	0.0
Sodium/Sodio	386mg		

Beef Chuck and Hominy Soup

Makes 8 servings

3 qt. water
2 cups dried pinto beans
1½ lb. beef chuck, cut into bite-sized pieces
1 small onion, sliced into thin rings
1 clove garlic, minced
1 bay leaf
1 tsp. salt
½ tsp. oregano
¼ tsp. cumin
1 15-oz. can white hominy, drained

Bring the water to a fast boil. Add all ingredients except hominy. Cook, covered, over medium heat until beans and meat are tender, about 1½ hours. Add hot water as needed during cooking. During the last 10 minutes of cooking, add the hominy. Remove bay leaf before serving.

Pozole

Rendimiento: 8 porciones

12 tazas de agua
2 tazas frijoles pintos
1½ lbs. carne de paleta de res, cortada en pedazos
1 cebolla pequeña, cortada en ruedas delgadas
1 diente de ajo, finamente picado
1 hoja de laurel
1 cdta. sal
½ cdta. orégano
¼ cdta. comino
1 lata (15 oz.) maíz grande blanco, escurrido

Se deja hervir el agua y se añaden todos los ingredientes con excepción del maíz grande blanco. Se tapa y se cocina a fuego medio hasta que los frijoles y carne estén suaves, aproximadamente 1½ horas. Se añade agua caliente según sea necesario durante el período de cocimiento. Durante los últimos 10 minutos de cocimiento se añade el maíz grande blanco. Se quita la hoja de laurel antes de servir.

ANALYSIS / ANÁLISIS

1 serving/porción = 1 cup/taza

Each serving contains / **Cada porción contiene**		**ADA exchange value** / **Intercambio para el diabético**	
Calories/Calorías	327	Vegetable/Vegetal	0.1
Protein/Proteína	23.2g	Bread/Pan	1.9
Carbohydrates/Carbohidratos	27.9g	Meat/Carne	2.3
Fat/Grasa	14.0g	Fat/Grasa	1.4
Dietary fiber/Fibra dietética	3.6g	Milk/Leche	0.0
Cholesterol/Colesterol	0.0mg	Fruit/Fruta	0.0
Sodium/Sodio	486mg		

Meat Soup

Makes 8 servings

1½ lbs. beef chuck
5   cups water
1   bay leaf
1   tbsp. corn oil
1   tbsp. flour
3   green onions, white and green parts, chopped
4   cups meat broth (reserved from cooking beef chuck)
¼   tsp. salt
¼   tsp. pepper
1   4-oz. can diced green chiles *or* 2 fresh green chiles, sliced
1   clove garlic, minced
1   tsp. oregano
1   tsp. cumin

Place the beef chuck in a large saucepan, add 5 cups of water and the bay leaf, and bring to a boil. Cover and simmer for 2½ to 3 hours, until the meat is tender. Set aside to cool. Shred the cooled meat by hand, reserving the broth.

Heat the oil in a skillet and brown the flour. Sauté the green onions until transparent, 3 to 4 minutes; add broth, salt, and pepper and bring to a fast boil. Add the green chiles, garlic, oregano, cumin, and meat and blend well. Cover and simmer over reduced heat for 15 to 20 minutes, adding hot water as necessary.

Cazuela con Carne de Res

Rendimiento: 8 porciones

1½ lbs. carne de paleta de res
5   tazas agua
1   hoja de laurel
1   cda. aceite de maíz
1   cda. harina
3   cebollinas, cabezas y hojas, picadas
4   tazas caldo de res, reservado
¼   cdta. sal
¼   cdta. pimienta
4   oz. chiles verdes enlatados *o* 2 chiles frescos, rebanados
1   diente de ajo, finamente picado
1   cdta. orégano en polvo
1   cdta. comino en polvo

En una olla grande con tapa se pone la carne, 5 tazas de agua y la hoja de laurel. Se cocina a fuego alto hasta que empiece a hervir. Se reduce a fuego muy lento, se tapa y se deja cocinar de 2½ a 3 horas, hasta que la carne quede blanda. Se pone a un lado. Cuando ya está fría, se deshilacha la carne, reservando el caldo.

En una olla se calienta el aceite y se dora la harina. Se sofríe la cebollina hasta que quede transparente, 3 a 4 minutos. Se añade el caldo, la sal y pimienta y se deja hervir. Se añade el chile verde, el ajo, orégano, comino y la carne y se mezcla bien. Se tapa y se deja cocinar a fuego lento por 15 a 20 minutos, agregando agua caliente de ser necesario.

ANALYSIS / ANÁLISIS

1 serving/porción = 12 oz.

Each serving contains
Cada porción contiene

Calories/Calorías	264	
Protein/Proteína	28.2g	
Carbohydrates/Carbohidratos	2.3g	
Fat/Grasa	15.2g	
Dietary fiber/Fibra dietética	0.4g	
Cholesterol/Colesterol	90.5mg	
Sodium/Sodio	519mg	

ADA exchange value
Intercambio para el diabético

Vegetable/Vegetal	0.2
Bread/Pan	0.1
Meat/Carne	3.9
Fat/Grasa	0.8
Milk/Leche	0.0
Fruit/Fruta	0.0

Meatball Soup

Makes 6 servings

½ lb. 85% lean ground beef
½ lb. ground turkey
3 tbsp. onion, chopped
1 clove garlic, chopped
¼ tsp. oregano
¼ tsp. cumin
⅛ tsp. salt
⅛ tsp. pepper
6 cups water
5 tomatoes, chopped
1 bay leaf
½ cup cooked *White Rice* (see p. 143)
1 cup potatoes, cooked until tender-firm, sliced
12 corn tortillas

In a bowl blend the ground beef, ground turkey, onion, garlic, oregano, cumin, salt, and pepper. Form 18 meatballs.

In a 2-qt. pot, combine the water, tomatoes, bay leaf, and meatballs and cook over medium heat, covered, until the meat is fully stewed, about 30 to 35 minutes. Remove the bay leaf. Add the rice and sliced potatoes and simmer, covered, over low heat 5 to 10 minutes. Serve hot with warm corn tortillas.

Sopa de Albóndigas

Rendimiento: 6 porciones

½ lb. carne de res 85% magra, molida
½ lb. carne de pavo, molida
3 cdas. cebolla, picada
1 diente de ajo, picado
¼ cdta. orégano
¼ cdta. comino
⅛ cdta. sal
⅛ cdta. pimienta
6 tazas de agua
5 tomates, picados
1 hoja laurel
½ taza *Arroz Blanco* cocido (pág. 143)
1 taza papas cocidas (no demasiado blandas), en rodajas
12 tortillas de maíz

Se mezclan la carne de res y la carne de pavo con la cebolla, el ajo, el orégano, comino, sal y pimienta. Se hacen 18 albóndigas.

En una olla de 32 oz. de capacidad se pone el agua, los tomates y la hoja de laurel. Se colocan las albóndigas, se tapa la olla y se cocina a fuego medio hasta que la carne esté bien cocida, aproximadamente de 30 a 35 minutos. Se quita la hoja de laurel y se añade el arroz y las papas. Se cocina a fuego lento, cubierta, de 5 a 10 minutos. Sírvase caliente con tortillas de maíz.

ANALYSIS / ANÁLISIS   *See Guide to Tables, p. 15 / Ver Guía para Tablas, pág. 15*

1 serving = 1 cup (with 2 corn tortillas)
1 porción = 1 taza (con 2 tortillas de maíz)

Each serving contains *Cada porción contiene*			*ADA exchange value* *Intercambio para el diabético*		
Calories/Calorías	234	(369)	Vegetable/Vegetal	1.0	
Protein/Proteína	22.9g	(27.2)	Bread/Pan	0.5	(2.1)
Carbohydrates/Carbohidratos	14.2g	(39.8)	Meat/Carne	2.7	
Fat/Grasa	9.3g	(11.6)	Fat/Grasa	1.9	(2.3)
Dietary fiber/Fibra dietética	1.9g	(5.0)	Milk/Leche	0.0	
Cholesterol/Colesterol	59.1mg		Fruit/Fruta	0.0	
Sodium/Sodio	240mg	(347)			

Peasant Soup

Makes 8 servings

2	lbs. beef chuck roast
3	qt. boiling water, lightly salted
3	tbsp. corn oil
5	tbsp. flour
1	small onion, coarsely chopped
1	clove garlic, whole
	Corn from 4 ears, cooked (may substitute thawed frozen corn on the cob)
5	tomatoes, chopped
4	cups cabbage, cooked and divided
2	medium carrots, cut in small chunks
1	tsp. salt
⅓	tsp. pepper
1	bay leaf

Chop the meat into bite-sized pieces and cook, covered, in 3 qt. of lightly salted boiling water until the meat is cooked but still tender, 30 to 35 minutes. Skim off the fat. Reserve the stock.

In a saucepan, heat the oil and brown the flour. Sauté the onions in the browned flour, then add the 2 cups reserved soup stock and blend thoroughly to make a gravy.

Place the cooked beef chuck and the remaining stock in a dutch oven. Add the gravy mixture and blend well. Stir in the garlic clove, corn, tomatoes, carrots, salt, pepper, and bay leaf. Add up to 3 cups more water if needed. Over medium heat, cook, covered, for 35 minutes, stirring occasionally. Add the cabbage 5 minutes before serving and blend well. Remove the bay leaf before serving.

Comments: This ranch-style soup may be served with *Mexican-Style Corn Bread* (p. 167).

Caldo de Rancho

Rendimiento: 8 porciones

2	lbs. asado de paleta de res
12	tazas de agua hirviendo, ligeramente salada
3	cdas. aceite de maíz
5	cdas. harina
1	cebolla pequeña, picada en trozos grandes
1	diente de ajo, entero
4	mazorcas (elotes), cocidos y divididos en cuartos (se puede usar mazorca congelada)
5	tomates, picados
4	tazas repollo cocido, en trozos pequeños
2	zanahorias medianas, cortadas en trozos pequeños
1	cdta. sal
⅓	cdta. pimienta
1	hoja laurel

Se corta la carne en trozos de una pulgada. En una olla grande que tenga tapadera se cocina la carne en 12 tazas de agua ligeramente salada hasta que la carne esté bien cocida pero tierna, revolviéndose de vez en cuando, de 30 a 35 minutos. Se elimina toda la grasa; se reserva el caldo.

En una cacerola se calienta el aceite y se dora la harina. Se sofríe la cebolla; se añaden 2 tazas de caldo, y se mezcla todo bien.

Se coloca la carne, el caldo restante y la mezcla de harina en una cacerola con tapadera. Se mezcla bien y se añade el ajo, el maíz, la zanahoria, sal, pimienta y la hoja de laurel. Se le añade hasta 3 tazas más de agua si es necesario. Se tapa y se cocina a fuego moderado por 35 minutos, revolviendo de vez en cuando. Se le agrega el repollo 5 minutos antes de servir y se mezcla bien.

Comentario: Esta sopa se acompaña bien con *Pan de Maíz Mexicano* (pág. 167).

ANALYSIS / ANÁLISIS *See Guide to Tables, p. 15 / Ver Guía para Tablas, pág. 15*

1 serving = 12 oz. (with 1-inch × 2-inch × 2-inch slice of *Mexican-Style Corn Bread*)
1 porción = 12 oz. (con una rebanada de 1 pulgada × 2 pulgadas × 2 pulgadas de *Pan de Maíz Mexicano*)

Each serving contains *Cada porción contiene*			*ADA exchange value* *Intercambio para el diabético*	
Calories/Calorías	388	(675)	Vegetable/Vegetal	1.5 (1.6)
Protein/Proteína	25.4g	(32.3)	Bread/Pan	0.8 (3.0)
Carbohydrates/Carbohidratos	20.7g	(56.8)	Meat/Carne	3.1 (3.4)
Fat/Grasa	23.1g	(36.8)	Fat/Grasa	2.7 (5.0)
Dietary fiber/Fibra dietética	3.7g	(9.3)	Milk/Leche	0.0 (0.2)
Cholesterol/Colesterol	0.0mg	(66.1)	Fruit/Fruta	0.0
Sodium/Sodio	378mg	(851)		

Pasta Soup with Ground Meat

Makes 8 servings

6   oz. ground beef, 85% lean
6   oz. ground turkey breast, no skin
⅛   cup corn oil, divided
1   tbsp. onion, chopped
1   clove garlic, finely chopped
5   oz. vermicelli, broken
¼   cup tomato sauce
4   cups water
1   tsp. salt

Brown the meat in a skillet in 1 tsp. corn oil. Add the onions and garlic and cook until the onion is transparent. In another pan, fry the vermicelli in the remaining oil until golden. Stir in the meat and onion, garlic, tomato sauce, water, and salt. Cover and cook over low heat until the liquid is absorbed, about 15 minutes.

Sopa de Carne Molida con Fideo

Rendimiento: 8 porciones

6   oz. carne de res, 85% magra, molida
6   oz. pechuga de pavo, molida, sin piel
⅛   taza aceite de maíz, dividido
1   cda. cebolla, picada
1   diente de ajo, finamente picado
5   oz. vermicelli, en pedazos
¼   taza salsa de tomate
4   tazas de agua
1   cdta. sal

Se doran las carnes en una sartén con 1 cdta. de aceite. Se agrega la cebolla y ajo y se cocinan hasta que la cebolla esté transparente. En una sartén aparte, se fríe el vermicelli en el aceite restante hasta que esté dorado. Se añade la carne, salsa de tomate, agua y sal. Se tapa y se cocina a fuego lento hasta que todo el líquido se haya absorbido, aproximadamente 15 minutos.

ANALYSIS / ANÁLISIS

1 serving/porción = 1 cup/taza

Each serving contains **Cada porción contiene**		**ADA exchange value** **Intercambio para el diabético**	
Calories/Calorías	190	Vegetable/Vegetal	0.1
Protein/Proteína	14.0g	Bread/Pan	0.9
Carbohydrates/Carbohidratos	14.1g	Meat/Carne	1.5
Fat/Grasa	8.2g	Fat/Grasa	1.0
Dietary fiber/Fibra dietética	0.1g	Milk/Leche	0.0
Cholesterol/Colesterol	33.2mg	Fruit/Fruta	0.0
Sodium/Sodio	344mg		

Shell Pasta Soup

Makes 6 servings

1	tbsp. corn oil
8	oz. shell pasta
1	tbsp. onion, cut into bite-sized pieces
1	clove garlic, chopped
½	cup bell pepper, cut into bite-sized pieces
4	large canned stewed tomatoes, chopped
¼	tsp. pepper
3	cups *Chicken Broth* (p. 38)

In a skillet or pot, heat the oil and lightly brown the pasta. Add the onions, garlic, and bell peppers and sauté until the peppers are tender but firm, 3 to 4 minutes. Add the tomatoes, pepper, and chicken broth. Cover and cook over low heat until pasta is fully cooked, approximately 10 to 12 minutes.

Comments: Mexican Americans distinguish between *sopa* and *caldo,* although in English both are translated as "soup." Mexican American *sopas* have less liquid than Anglo soups and appear more like pasta dishes; *caldos* have more liquid and are more like Anglo soups. With cheese (1 tbsp. Monterey Jack per serving), this soup becomes a delicious macaroni and cheese dish. Always use chicken stock instead of water or bouillon cubes.

Sopa de Conchitas de Pasta

Rendimiento: 6 porciones

1	cda. aceite de maíz
8	oz. conchitas de pasta
1	cda. cebolla, picada
1	diente de ajo, finamente picado
½	taza pimiento verde, picado
4	tomates grandes de latas, cocidos y picados
¼	cdta. pimienta
3	tazas *Caldo de Pollo* (pág. 38)

En una sartén u olla se calienta el aceite y se doran ligeramente las conchitas de pasta. Se agrega la cebolla, ajo y pimiento verde y se sofríe hasta que el pimiento esté tierno pero firme, de 3 a 4 minutos. Se agrega el tomate, la pimienta y el caldo. Se tapa y se reduce el fuego. Se cocina a fuego medio hasta que la pasta esté cocida, aproximadamente 10 a 12 minutos.

Comentario: En la comida México-Americana existe una diferencia entre sopa y caldo. Las sopas tienen menos líquido que los caldos y se parecen más a platillos de pasta tales como el macarrón, mientras que un caldo es más aguado y se parece más a las sopas estadounidenses. Esta sopa puede hacerse como un delicioso plato de pasta y queso si se le añade 1 cda. de queso Monterey Jack por porción. Siempre use caldo de pollo y no agua o cubitos de caldo.

ANALYSIS / ANÁLISIS   *See Guide to Tables, p. 15 / Ver Guía para Tablas, pág. 15*

1 serving = 1 cup (with 1 tbsp. Monterey Jack cheese)
1 porción = 1 taza (con 1 cda. de queso Monterey Jack)

Each serving contains **Cada porción contiene**			**ADA exchange value** **Intercambio para el diabético**		
Calories/Calorías	309	(362)	Vegetable/Vegetal	2.9	
Protein/Proteína	17.9g	(21.3)	Bread/Pan	2.0	
Carbohydrates/Carbohidratos	45.2g		Meat/Carne	1.4	(1.9)
Fat/Grasa	6.9g	(11.2)	Fat/Grasa	0.7	(1.2)
Dietary fiber/Fibra dietética	2.4g		Milk/Leche	0.0	
Cholesterol/Colesterol	51.5mg		Fruit/Fruta	0.0	
Sodium/Sodio	627mg	(703)			

Macaroni Soup

Makes 6 servings

½   lb. uncooked chicken breast, sliced or cut into bite-sized pieces
2   qt. water
8   oz. vermicelli
2   tbsp. corn oil
1   6-oz. can tomato sauce
½   tsp. crushed leaf thyme
¼   tsp. salt
¼   tsp. pepper
2   tbsp. onion, chopped
1   clove garlic
1   bay leaf

Cook the chicken in the 2 qt. water, covered, until it is well cooked but still tender, about 40 minutes. Drain, saving the stock.

Break the vermicelli into pieces and lightly brown in oil in a large skillet or pot. Add the reserved stock and tomato sauce; stir and mix well. Add the thyme, salt, pepper, onion, garlic, and bay leaf and cook over low heat, covered, until the vermicelli is tender, 8 to 10 minutes. Remove the bay leaf before serving.

Sopa de Fideo

Rendimiento: 6 porciones

½   lb. pechuga de pollo crudo, en rebanadas o cubitos
8   tazas de agua
8   oz. fideos
2   cdas. aceite de maíz
1   lata (6 oz.) salsa de tomate
½   cdta. hoja de tomillo, desmenuzada
¼   cdta. sal
¼   cdta. pimienta
2   cdas. cebolla, picada
1   diente de ajo
1   hoja de laurel

Se cocina el pollo en 8 tazas de agua, tapada, hasta que esté bien cocida pero suave, aproximadamente 40 minutos. Se escurre la carne, pero se reserva el caldo.

Se quiebran los fideos en pedazos y se doran ligeramente en el aceite en una sartén u olla. Se añade el caldo reservado y la salsa de tomate y se mezcla bien. Se agrega el tomillo, sal, pimienta, cebolla, ajo y la hoja de laurel y se cocina a fuego lento, tapado, hasta que el fideo esté suave, aproximadamente 8 a 10 minutos. Se quita la hoja de laurel antes de servir.

ANALYSIS / ANÁLISIS

1 serving/porción = 1 cup/taza

Each serving contains / **Cada porción contiene**		**ADA exchange value** / **Intercambio para el diabético**	
Calories/Calorías	187	Vegetable/Vegetal	0.5
Protein/Proteína	8.6g	Bread/Pan	0.6
Carbohydrates/Carbohidratos	11.4g	Meat/Carne	1.0
Fat/Grasa	11.9g	Fat/Grasa	1.7
Dietary fiber/Fibra dietética	0.7g	Milk/Leche	0.0
Cholesterol/Colesterol	0.0mg	Fruit/Fruta	0.0
Sodium/Sodio	286mg		

Spanish-Style Vermicelli

Makes 5 servings

⅛ cup corn oil
5 oz. vermicelli, broken in half
1 tbsp. onion, chopped
1 clove garlic, finely chopped
¼ cup tomato sauce
1½ cups water
⅛ tsp. salt

Heat the oil in a skillet and fry the vermicelli until golden, 3 to 4 minutes. Add the onion and garlic and sauté until the onion is transparent, approximately 2 minutes. Add the tomato sauce, water, and salt. Cover and cook over low heat until the liquid is absorbed, 10 to 12 minutes.

Comments: Spanish-Style Vermicelli is served as a side dish with various entrees. Mexican Americans call semi-liquid pasta dishes *sopas*. A *sopa* is not the same as a casserole.

Sopa de Fideo, Estilo Español

Rendimiento: 5 porciones

⅛ taza aceite de maíz
5 oz. vermicelli, partido en dos
1 cda. cebolla, picada
1 diente de ajo, finamente picado
¼ taza salsa de tomate
1½ taza de agua
⅛ cdta. sal

Se calienta el aceite en una sartén y se fríe el vermicelli hasta que esté dorado, aproximadamente 3 a 4 minutos. Se añade la cebolla y el ajo y se sofríe hasta que la cebolla quede transparente, aproximadamente 2 minutos. Se agrega la salsa de tomate, el agua y la sal. Se cubre y se cocina a fuego lento hasta que todo el líquido se absorba, aproximadamente 10 a 12 minutos.

Comentario: La *Sopa de Fideo* se sirve como acompañamiento con varios platos principales.

ANALYSIS / ANÁLISIS

1 serving/porción = ½ cup/taza

Each serving contains **Cada porción contiene**		**ADA exchange value** **Intercambio para el diabético**	
Calories/Calorías	85.5	Vegetable/Vegetal	0.2
Protein/Proteína	1.3g	Bread/Pan	0.4
Carbohydrates/Carbohidratos	7.7g	Meat/Carne	0.0
Fat/Grasa	5.7g	Fat/Grasa	1.1
Dietary fiber/Fibra dietética	0.7g	Milk/Leche	0.0
Cholesterol/Colesterol	0.0mg	Fruit/Fruta	0.0
Sodium/Sodio	59mg		

Chicken Broth

Makes 12 servings

1   large hen and giblets
16 cups water, more if necessary
1   large carrot, scraped and sliced
1   medium white onion, coarsely chopped
2   garlic cloves, chopped
1   tsp. coarse black pepper
¼   tsp. salt

Quarter the chicken and put into a pot with the other ingredients. Add enough water to cover by 3 inches and bring to a boil. Lower the heat and simmer, uncovered, for about 4 hours. Refrigerate overnight.

Skim off the fat, reheat to a boil, and strain. Measure the desired amounts for other uses and place the broth in ice cube trays or milk cartons cut down to size. Freeze. May be frozen for 6 months.

Caldo de Pollo

Rendimiento: 12 porciones

1   gallina grande y los menudillos
16 tazas de agua, más si se necesita
1   zanahoria grande, raspada y en ruedas
1   cebolla blanca mediana, cortada en trozos
2   dientes de ajo, picados
1   cdta. pimienta negra gruesa
¼   cdta. sal

Se corta la gallina en 4 pedazos y se coloca en una olla con todos los ingredientes restantes. Se agrega agua suficiente para sobrepasar la carne por 3 pulgadas aproximadamente y se cocina a fuego lento, sin tapar, por 4 horas más o menos. Se deja reposar en el refrigerador hasta el día siguiente.

Se elimina el exceso de grasa que haya en la superficie, se recalienta hasta que hierva y se pasa por una coladera. El caldo se puede guardar en porciones para ser usado más adelante, colocándolo en bandejas de hacer hielo o en cartones de leche cortados a la medida en el congelador. Se conserva bien en el congelador por 6 meses.

ANALYSIS / ANÁLISIS

1 serving/porción = 1 cup/taza

Each serving contains *Cada porción contiene*		*ADA exchange value* *Intercambio para el diabético*	
Calories/Calorías	167	Vegetable/Vegetal	0.3
Protein/Proteína	21.5g	Bread/Pan	0.0
Carbohydrates/Carbohidratos	1.5g	Meat/Carne	2.8
Fat/Grasa	7.6g	Fat/Grasa	0.3
Dietary fiber/Fibra dietética	0.4g	Milk/Leche	0.0
Cholesterol/Colesterol	103mg	Fruit/Fruta	0.0
Sodium/Sodio	101mg		

Chicken Soup with Vegetables

Makes 6 servings

1   whole chicken (2 lb.)
8   cups water
⅛   tsp. salt
½   tsp. fresh cilantro, chopped
¾   cup carrots, chopped
½   lb. fresh green beans, snapped
½   cup uncooked white rice
1   clove garlic, minced
8   tbsp. onion, chopped
½   tbsp. ground cumin

Place the chicken in a pot with water, salt, and cilantro and bring to a boil. Lower heat to medium and cook until almost tender, 45 minutes to 1 hour. Add the carrots, green beans, and rice and continue cooking until tender, approximately 25 to 35 minutes. Add the garlic, onion, and cumin and cook 5 to 10 minutes. Serve hot.

Sopa de Pollo con Vegetales

Rendimiento: 6 porciones

1   pollo de 2 lb.
8   tazas de agua
⅛   cdta. sal
½   cdta. cilantro, picado
¾   taza zanahorias, en cubitos
½   lb. habichuelas verdes frescas, cortadas en pedazos
½   taza arroz blanco crudo
1   diente de ajo, finamente picado
8   cdas. cebolla, picada
½   cda. comino molido

En una cacerola ponga a hervir el pollo en el agua, con la sal y el cilantro, a fuego moderado, por aproximadamente 45 minutos a 1 hora. Cuando esté medio blando, añada las zanahorias, las habichuelas y el arroz y se cocina hasta que esté todo blando, aproximadamente 25 a 35 minutos. Se añaden el ajo, la cebolla y el comino y deje cocinar la sopa por 5 a 10 minutos. Se sirve caliente.

ANALYSIS / ANÁLISIS

1 serving/porción = 1 cup/taza

Each serving contains **Cada porción contiene**		**ADA exchange value** **Intercambio para el diabético**	
Calories/Calorías	455	Vegetable/Vegetal	1.0
Protein/Proteína	29.6g	Bread/Pan	0.8
Carbohydrates/Carbohidratos	18.1g	Meat/Carne	4.0
Fat/Grasa	28.7g	Fat/Grasa	3.1
Dietary fiber/Fibra dietética	1.5g	Milk/Leche	0.0
Cholesterol/Colesterol	0.0mg	Fruit/Fruta	0.0
Sodium/Sodio	61.8mg		

Green Plantain Soup

Makes 5 servings

1½ lb. whole chicken
10 cups water for broth
½ cup yellow or green onion, chopped or quartered
1 very green plantain, broken into 1-inch pieces by hand (do not use a knife; contact with metal will discolor the liquid)
1 lb. cassava, peeled if fresh, cut into small pieces
3 medium potatoes, peeled and quartered
¼ lb. zapallo
1 tsp. fresh cilantro, minced
1 clove garlic, minced
1 small, peeled tomato (4 oz.)

Place the chicken in a medium-sized enameled or nonstick pot with the 10 cups of water, bring to a boil, lower heat, and simmer until tender, about 30 minutes. Add the onion, plantains, cassava, potatoes, and squash and simmer 35 to 45 minutes, or until the cassava and plantains are tender.

In another pan, sauté the cilantro, garlic, and tomato and add to the soup 5 to 10 minutes before serving.

Note: Fresh cassava may be found in stores that cater to Hispanics, for example, HEB Stores and Fiesta Mart in Texas, Sedano and Extra Supermarkets in Florida, and farmers' markets in New York, New Jersey, and Connecticut. Small stores in the barrios also may carry it. Look for frozen cassava in the specialty frozen foods section.

The zapallo is a squash the size of a medium pumpkin, with a white, green-yellow skin; a deep-orange pulp is preferred.

Sancocho

Rendimiento: 5 porciones

1½ lb. gallina entera
10 tazas de agua
½ taza de cebolla cabezona o cebollina, picada
1 plátano bien verde, partido con la mano en pedazos de 1 pulgada (no use cuchillo; el contacto con metal descolora el líquido).
1 lb. yuca, pelada y cortada en trocitos de 1 pulgada
3 papas medianas, cortadas en cruz
¼ lb. zapallo
1 cdta. cilantro fresco, picado
1 diente de ajo, finamente picado
1 tomate pequeño (4 oz.), pelado

Se coloca la gallina en una olla esmaltada amplia con el agua y se cocina hasta que esté tierna, aproximadamente 30 minutos. Se le va agregando la cebolla, el plátano, la yuca, las papas y el zapallo y se continúa cocinando a fuego lento de 35 a 45 minutos más, hasta que la yuca y el plátano verde se ablanden.

Se hace un picadito con el cilantro, ajo y tomate y se le agrega a la sopa de 5 a 10 minutos antes de servirla.

ANALYSIS / ANÁLISIS

1 serving/porción = 1 cup/taza, ⅕ of chicken/del pollo

Each serving contains / **Cada porción contiene**		**ADA exchange value** / **Intercambio para el diabético**	
Calories/Calorías	575	Vegetable/Vegetal	0.4
Protein/Proteína	28.5g	Bread/Pan	3.5
Carbohydrates/Carbohidratos	56.6g	Meat/Carne	3.6
Fat/Grasa	26.0g	Fat/Grasa	2.8
Dietary fiber/Fibra dietética	1.5g	Milk/Leche	0.0
Cholesterol/Colesterol	0.0mg	Fruit/Fruta	0.0
Sodium/Sodio	20mg		

Chickpea Soup

Makes 8 servings

2   lb. skinless turkey breast, cubed
2   oz. tomato paste
1   tsp. olive oil
10 cups water
⅛   tsp. salt
1   tsp. fresh cilantro, chopped
2   10½-oz. cans chickpeas, drained
2   large potatoes, cubed (24 oz.)
2   rolls vermicelli (20 oz.), broken or whole
1   clove garlic, minced
4   tbsp. onion, chopped
½   tsp. ground cumin

In a large pan, sauté the turkey and tomato paste in the olive oil. Add water, salt, and cilantro and bring to a boil. Simmer until the meat is tender, 12 to 15 minutes. Add the chickpeas, potatoes, and vermicelli and simmer until everything is tender, 10 to 12 minutes. Add the remaining ingredients and cook over medium heat until soup thickens, about 5 minutes. Serve hot.

Sopa de Garbanzos

Rendimiento: 8 porciones

2   lb. de carne de pavo blanca, sin piel, en trocitos pequeños
2   oz. pasta de tomate
1   cdta. aceite de oliva
10 tazas de agua
1   cdta. cilantro fresco, picado
2   latas de garbanzos (10½ oz.), escurridas
2   papas grandes, picadas (24 oz.)
2   rollos de fideos (20 oz.), partidos o enteros
1   diente de ajo, finamente picado
4   cdas. cebolla, picada
½   cdta. comino molido
⅛   cdta. sal

En una cacerola grande, sofría la carne y pasta de tomate en el aceite de oliva. Añada el agua, la sal y el cilantro y cocínese hasta que hierva. Se reduce el fuego y se cocina a fuego moderado hasta que la carne esté semiblanda, 12 a 15 minutos. Añada los garbanzos, las papas y los fideos. Cuando todo esté blando, después de 10 a 12 minutos, se incorporan el resto de los ingredientes. Se deja cocinar 5 minutos, hasta que espese. Se sirve caliente.

ANALYSIS / ANÁLISIS

1 serving/porción = 2 cups/tazas

Each serving contains **Cada porción contiene**		**ADA exchange value** **Intercambio para el diabético**	
Calories/Calorías	432	Vegetable/Vegetal	0.4
Protein/Proteína	43.0g	Bread/Pan	3.1
Carbohydrates/Carbohidratos	49.0g	Meat/Carne	4.0
Fat/Grasa	6.5g	Fat/Grasa	0.1
Dietary fiber/Fibra dietética	5.8g	Milk/Leche	0.0
Cholesterol/Colesterol	102mg	Fruit/Fruta	0.0
Sodium/Sodio	423mg		

Lentil Soup #1

Makes 5 servings

2 pig's feet
8 cups water, divided
1 carrot, chopped
2 cups cooked lentils
1 clove garlic, minced
¼ tsp. salt
½ medium onion, whole

Place the washed pig's feet in a pressure cooker. Add 4 cups of water, place over medium heat, and bring to pressure. Cook for 45 minutes. Let pressure drop.

Remove the lid of pressure cooker carefully and transfer contents to a 3-qt. cooking pot. Add the remaining water, the carrot, lentils, garlic, salt, and onion. Cover and cook over low heat for ½ hour. Remove the onion before serving.

Sopa de Lentejas #1

Rendimiento: 5 porciones

8 tazas de agua, dividida
2 patitas de puerco
1 zanahoria, en cubitos
2 tazas lentejas cocidas
1 diente de ajo, finamente picado
¼ cdta. sal
½ cebolla mediana, entera

En una olla grande de presión se combinan las patitas de puerco con 4 tazas de agua. Se cocinan bajo presión por 45 minutos a fuego medio. Se deja enfriar.

Se trasladan las patitas de puerco y el caldo a una olla grande. Se añade el resto del agua, la zanahoria, lentejas, ajo, sal y cebolla. Se coloca una tapadera a la olla y se cocina por media hora más a fuego lento. Se quita la cebolla antes de servirse.

ANALYSIS / ANÁLISIS

1 serving/porción = 1 cup/taza

Each serving contains ***Cada porción contiene***		**ADA exchange value** ***Intercambio para el diabético***	
Calories/Calorías	171	Vegetable/Vegetal	0.5
Protein/Proteína	14.3g	Bread/Pan	1.3
Carbohydrates/Carbohidratos	18.0g	Meat/Carne	1.1
Fat/Grasa	4.9g	Fat/Grasa	0.3
Dietary fiber/Fibra dietética	4.6g	Milk/Leche	0.0
Cholesterol/Colesterol	39.6mg	Fruit/Fruta	0.0
Sodium/Sodio	148mg		

Lentil Soup #2

Makes 6 servings

2 cups lentils
3 qt. cold water
¼ lb. ham hock
1 small onion, cut into rings
1 tsp. olive oil
1 tsp. salt
1 clove garlic, minced
1 bay leaf

Wash the lentils and soak in cold water to cover for 1 hour. Drain.

In a pot, combine the lentils, water, ham hock, onion, olive oil, and salt and bring to a boil. Add the garlic and bay leaf. Cover and simmer over low heat for 45 to 55 minutes, or until the lentils are cooked. Remove the bay leaf, season to taste (see *Comments*), and serve hot.

Comments: Add 1 tsp. Tabasco sauce or 1 tbsp. *Fresh Tomato Sauce* (p. 219) to soup before serving.

Sopa de Lentejas #2

Rendimiento: 6 porciones

2 tazas de lentejas crudas, bien lavadas
12 tazas de agua fría
¼ lb. codillo de jamón
1 cebolla pequeña, en ruedas
1 cdta. aceite de oliva
1 cdta. sal
1 diente de ajo, finamente picado
1 hoja de laurel

Se lavan las lentejas y se dejan en remojo en agua fría por 1 hora. Se escurren. En una olla grande se combinan las lentejas, agua, codillo, cebolla, aceite de oliva y sal. Se deja hervir. Se agrega el ajo y el laurel. Se tapa la olla y se cocina a fuego lento por 45 ó 55 minutos, hasta que las lentejas estén blandas. Se quita la hoja de laurel, se sazona al gusto (ver el *Comentario*) y se sirve caliente.

Comentario: Para darle un poquito más de gusto se le puede añadir 1 cdta. de salsa Tabasco o 1 cda. de *Salsa Fresca de Tomate* (pág. 219) a la sopa de lentejas antes de servir.

ANALYSIS / ANÁLISIS   *See Guide to Tables, p. 15 / Ver Guía para Tablas, pág. 15*

1 serving = 1 cup (with 1 tbsp. *Fresh Tomato Sauce*)
1 porción = 1 taza (con 1 cda. *Salsa Fresca de Tomate*)

Each serving contains *Cada porción contiene*			*ADA exchange value* *Intercambio para el diabético*		
Calories/Calorías	80.5	(81.9)	Vegetable/Vegetal	0.1	(0.2)
Protein/Proteína	9.3g	(9.4)	Bread/Pan	1.0	
Carbohydrates/Carbohidratos	13.9g	(14.2)	Meat/Carne	0.6	
Fat/Grasa	4.8g		Fat/Grasa	0.6	
Dietary fiber/Fibra dietética	3.4g	(3.5)	Milk/Leche	0.0	
Cholesterol/Colesterol	10.9mg	(11.0)	Fruit/Fruta	0.0	
Sodium/Sodio	592mg	(601)			

[43]

Seafood Soup

Makes 8 servings

¼ cup corn oil
¼ cup flour
1 cup onion, chopped
½ cup celery, chopped
2 cloves garlic, minced
¼ cup fresh parsley, chopped
2 13-oz. cans chicken broth
1 large can (1 lb. 12 oz.) tomatoes, undrained, cut up
1 cup dry white wine
1 tbsp. fresh lime juice
1 bay leaf
¼ tsp. salt
¼ tsp. cayenne pepper
1 lb. fresh perch fillets, cut into 1½-inch chunks
1 pt. fresh oysters
1 lb. fresh shrimp, peeled

Heat the oil in a large soup pot over medium heat. Slowly blend in the flour and stir constantly until the mixture is lightly browned. Add the onions, celery, garlic, and parsley and continue stirring until the vegetables are tender, 3 to 4 minutes. Gradually stir in the chicken broth. Add the remaining ingredients except the seafood. Bring to a boil, reduce heat, and simmer for 10 minutes. Add the perch and oysters and simmer for 5 minutes. Add the shrimp and cook for 5 minutes more.

Sopa de Mariscos

Rendimiento: 8 porciones

¼ taza aceite de maíz
¼ taza harina
1 taza cebolla, picada
½ taza apio, picado
2 dientes de ajo, finamente picados
¼ taza perejil fresco, picado
2 latas caldo de pollo (13 oz. cada una)
1 lata tomates (1 lb. 12 oz.), cortados y sin escurrir
1 taza vino blanco seco
1 cda. jugo de limón fresco
1 hoja laurel
¼ cdta. sal
¼ cdta. pimienta roja molida
1 lb. filetes de perca fresco, cortados en trozos de 1½ pulgada
1 pt. ostras frescas
1 lb. camarones frescos, pelados

Se coloca el aceite en una olla grande a fuego medio. Lentamente se va mezclando la harina, revolviendo constantemente hasta que la mezcla se torne de un color canela claro. Se agregan las cebollas, el apio, el ajo y el perejil y se continúa revolviendo hasta que las verduras estén tiernas, aproximadamente 3 a 4 minutos. Gradualmente se le añade el caldo de pollo y se revuelve bien. Se le añaden los demás ingredientes con excepción de los mariscos y se deja hervir. Se reduce el fuego y se cocina a fuego lento por 10 minutos. Se añaden el perca y las ostras y se deja cocer por 5 minutos; se añaden los camarones y se deja cocer por 5 minutos más.

ANALYSIS / ANÁLISIS

1 serving/porción = 1 cup/taza

Each serving contains **Cada porción contiene**		**ADA exchange value** **Intercambio para el diabético**	
Calories/Calorías	275	Vegetable/Vegetal	1.1
Protein/Proteína	31.9g	Bread/Pan	0.2
Carbohydrates/Carbohidratos	13.1g	Meat/Carne	4.1
Fat/Grasa	7.9g	Fat/Grasa	0.5
Dietary fiber/Fibra dietética	2.0g	Milk/Leche	0.0
Cholesterol/Colesterol	111mg	Fruit/Fruta	0.0
Sodium/Sodio	662mg		

Gazpacho

Makes 5 servings

1   15-oz. can chickpeas, drained
1   large cucumber, peeled, sliced
1   large tomato, peeled, chopped
1   small bell pepper, seeded, sliced
3   cups boiling water
1   tsp. salt
½   tsp. pepper
1   tbsp. Tabasco sauce
1   small lime, thinly sliced

In a serving bowl, combine the chickpeas, cucumber slices, chopped tomatoes, and bell pepper. Add salt, pepper, and Tabasco sauce to the boiling water and blend thoroughly. Pour the mixture over the vegetables and add the sliced lime. Let stand 5 minutes before serving.

Gazpacho

Rendimiento: 5 porciones

1   lata garbanzos (15 oz.), escurridos
1   pepino grande, pelado y rebanado
1   tomate grande, pelado y cortado en cubitos pequeños
1   pimiento verde pequeño, sin semillas y rebanado
3   tazas agua hirviendo
1   cdta. sal
½   cdta. pimienta negra
1   cda. salsa Tabasco
1   limón pequeño, cortado en ruedas delgadas

En una sopera se mezclan los garbanzos, el pepino, el tomate y el pimiento verde. Al agua hirviendo se le añade la sal, la pimienta negra y la salsa Tabasco. Se mezcla bien y se vierte sobre los ingredientes en la sopera. Se le añaden las ruedas de limón y se deja reposar por 5 minutos antes de servir.

ANALYSIS / ANÁLISIS

1 serving/porción = 1 cup/taza

Each serving contains **Cada porción contiene**		**ADA exchange value** **Intercambio para el diabético**	
Calories/Calorías	104	Vegetable/Vegetal	0.7
Protein/Proteína	4.8g	Bread/Pan	0.9
Carbohydrates/Carbohidratos	19.2g	Meat/Carne	0.3
Fat/Grasa	1.8g	Fat/Grasa	0.0
Dietary fiber/Fibra dietética	5.5g	Milk/Leche	0.0
Cholesterol/Colesterol	0.0mg	Fruit/Fruta	0.1
Sodium/Sodio	786mg		

Purslane Soup

Makes 5 servings

1   cup purslane
3   cups chicken broth
½   small onion, cut in rings
4   canned stewed tomatoes, chopped
1   tsp. dried cilantro, crushed
1   clove garlic
⅛   tsp. salt

Wash the tender, young purslane stems and leaves as you would lettuce. Steam briefly until tender. Chop.

In a 1-qt. pot, heat the chicken broth. Add the onion, tomatoes, and cilantro. Slowly bring to a boil, reduce the heat, and season with garlic and salt. Simmer 5 minutes, covered. Add the purslane immediately before serving.

Comments: Purslane (*portulaca oleracea*) is a trailing annual herb with glossy, bright green leaves. It has been cultivated for centuries as a vegetable. Purslane is also used in salads dressed with oil and vinegar. To make this soup, use only the tenderest stems and leaves.

Sopa de Verdolagas

Rendimiento: 5 porciones

1   taza de verdolagas
3   tazas caldo de pollo
½   cebolla mediana, cortada en ruedas
4   tomates de lata, cocidos, picados
1   cdta. cilantro seco, machacado
1   diente de ajo
⅛   cdta. sal

Para preparar la verdolaga, se lavan las hojas y tallos más tiernos como si fueran hojas de lechuga. Se cocina en agua brevemente, se escurre, y se corta.

En una olla de 32 oz. de capacidad se calienta el caldo de pollo y se añade la cebolla, los tomates y el cilantro. Se deja calentar lentamente hasta que llegue a hervir. Se reduce el fuego y se añaden ajo y sal. Se cubre y se cocina a fuego lento por 5 minutos. Se añaden las verdolagas inmediatamente antes de servir.

Comentario: La verdolaga es una planta anual, colgante, con hojas verdes y brillantes. Se ha cultivado por siglos como verdura. Su sabor agradable y fuerte se presta para ensaladas con aliño de vinagre y aceite. Para hacer esta sopa sólo deben usarse las hojas más tiernas y nuevas.

ANALYSIS / ANÁLISIS

1 serving/porción = 1 cup/taza

Each serving contains **Cada porción contiene**		**ADA exchange value** **Intercambio para el diabético**	
Calories/Calorías	166	Vegetable/Vegetal	1.4
Protein/Proteína	15.5g	Bread/Pan	0.1
Carbohydrates/Carbohidratos	13.0g	Meat/Carne	1.7
Fat/Grasa	6.6g	Fat/Grasa	1.2
Dietary fiber/Fibra dietética	1.4g	Milk/Leche	0.0
Cholesterol/Colesterol	61.8mg	Fruit/Fruta	0.0
Sodium/Sodio	414mg		

Soup of Steamed Mushrooms with Serrano Peppers

Makes 3 servings

¾   lb. mushrooms
2   tbsp. corn oil
2   tbsp. white onion, finely chopped
2   small cloves garlic, finely chopped
2   serrano peppers, finely chopped
2   tbsp. fresh cilantro, roughly chopped
⅛   tsp. salt
4   cups *Chicken Broth* (p. 38)

Rinse the mushrooms quickly in cold water to remove any soil. Wipe the tops with a damp cloth to remove any dirt and cut off and discard the soiled bases of the stems.

Heat the oil in a skillet and add the onion, garlic, and peppers. Cook for about 1 minute; do not brown. Add the mushrooms, cilantro, and salt. Cover and cook over medium heat until the mushrooms are tender but not soft, about 8 minutes.

While the mushrooms are steaming, bring the *Chicken Broth* to a boil. Add the steamed mushrooms to the boiling *Chicken Broth*, reduce the heat, and simmer for about 5 minutes. Serve hot.

Sopa de Hongos con Rajas de Chile

Rendimiento: 3 porciones

¾   lb. hongos
2   cdas. aceite de maíz
2   cdas. cebolla blanca, finamente picada
2   dientes pequeños de ajo, finamente picados
2   chiles serranos, finamente picados
2   cdas. cilantro fresco, picado
⅛   cdta. sal
4   tazas de *Caldo de Pollo* (pág. 38)

Se enjuagan los hongos rápidamente en agua fría para quitar cualquier partícula de tierra. Se limpian las cabezas con un trapo húmedo para eliminar todo sucio y se cortan y se deshechan las bases de los tallos.

Se calienta el aceite en una sartén y se añaden la cebolla, el ajo y los chiles. Se cocina sin dorar por 1 minuto más o menos. Se agregan los hongos, cilantro y la sal. Se cubre y se cocina a fuego medio hasta que los hongos estén tiernos pero no blanditos, aproximadamente 8 minutos.

Mientras que los hongos se cocinan, se calienta el *Caldo de Pollo* a punto de hervir. Se añaden los hongos al *Caldo de Pollo* caliente y se cocina a fuego lento por aproximadamente 5 minutos. Se sirve caliente.

ANALYSIS / ANÁLISIS

1 serving/porción = 1⅓ cups/tazas

Each serving contains *Cada porción contiene*		*ADA exchange value* *Intercambio para el diabético*	
Calories/Calorías	350	Vegetable/Vegetal	2.2
Protein/Proteína	31.8g	Bread/Pan	0.0
Carbohydrates/Carbohidratos	11.3g	Meat/Carne	3.8
Fat/Grasa	20.0g	Fat/Grasa	2.2
Dietary fiber/Fibra dietética	3.0g	Milk/Leche	0.0
Cholesterol/Colesterol	137mg	Fruit/Fruta	0.0
Sodium/Sodio	230mg		

Zucchini Stew

Makes 6 servings

2   tbsp. corn oil
2   tbsp. white onion, finely chopped
1   clove garlic, chopped
1   medium tomato, finely chopped (6 oz.)
2   serrano peppers, chopped
1   lb. zucchini, trimmed and cut in ¼-inch cubes
⅛   tsp. salt
    Fresh cilantro

Heat the oil in a skillet, add the onion and garlic, and cook, without browning, for about 1 minute. Add the tomatoes and serranos and cook over medium-high heat until reduced to approximately 1¼ cup, about 5 minutes. Add the zucchini and salt, cover, and simmer for an additional 5 minutes. Uncover and continue to cook over medium-high heat, scraping the bottom of the pan to prevent sticking, until the juice has been absorbed, about 5 minutes. Add a few sprigs of cilantro during the last 5 minutes of cooking.

Zucchini en Salsa Casera

Rendimiento: 6 porciones

2   cdas. aceite de maíz
2   cdas. cebolla blanca, picadita
1   diente de ajo, picado
1   tomate mediano, finamente picado (6 oz.)
2   chiles serranos, picados
1   lb. zucchini, cortado en cubitos de ¼ pulgada
⅛   cdta. sal
    Cilantro fresco

Se calienta el aceite en una sartén. Se añaden la cebolla y el ajo y se cocinan lentamente sin dorarlos por 1 minuto. Se agregan los tomates y los chiles y se cocina a fuego medio alto hasta que se reduzea a 1¼ taza, como 5 minutos. Se añade el zucchini y la sal, se cubre y se cocina por 5 minutos adicionales. Se quita la tapadera y se cocina a fuego medio alto, revolviendo y raspando el fondo de la olla para que no se pegue, hasta que todo el líquido haya sido consumido, aproximadamente 5 minutos. Añádase unas ramitas de cilantro fresco durante los últimos 5 minutos de cocimiento.

ANALYSIS / ANÁLISIS

1 serving/porción = ⅔ cup/taza

Each serving contains **Cada porción contiene**		**ADA exchange value** **Intercambio para el diabético**	
Calories/Calorías	64.5	Vegetable/Vegetal	1.0
Protein/Proteína	1.4g	Bread/Pan	0.0
Carbohydrates/Carbohidratos	5.1g	Meat/Carne	0.0
Fat/Grasa	4.8g	Fat/Grasa	0.9
Dietary fiber/Fibra dietética	2.0g	Milk/Leche	0.0
Cholesterol/Colesterol	0.0mg	Fruit/Fruta	0.0
Sodium/Sodio	49.3mg		

Tortilla Soup

Makes 6 servings

½ cup water
1 medium tomato, coarsely chopped (6 oz.)
1 slice white onion
1 clove garlic, chopped
1 small ancho pepper, cleaned and soaked in hot water for 10 minutes
7 corn tortillas, divided
⅓ cup corn oil, divided
5 cups *Chicken Broth* (p. 38)
1 large, leafy stem of epazote
⅛ tsp. ground oregano
⅛ tsp. salt
3 ancho peppers, cleaned, flattened, and cut into thirds
6 tbsp. romano cheese, finely grated

Combine the water, tomato, onion, garlic, rehydrated ancho pepper, and 1 torn corn tortilla in a blender and blend to a fairly smooth purée.

Heat 3 tbsp. oil in a soup pot, add the purée, and cook over medium-high heat for about 8 minutes. Add the chicken broth and epazote and cook over medium heat for about 10 minutes. Add the salt and oregano.

Cut each of 6 corn tortillas into 4 strips and fry in the remaining oil until crisp. Remove from the oil and drain on paper towels to remove excess oil. Fry the ancho pepper strips in the oil left in the pan until crisp.

Place 4 fried tortilla pieces into a cup, pour 1 cup of soup over them, and top with 2 strips of fried ancho pepper and 1 tbsp. cheese. Serve immediately.

Comment: This soup can be made ahead. Add the tortilla strips and fried peppers immediately before serving. The soup can also be served with lime (not lemon) quarters (5 calories, 0.1 fruit exchange/quarter).

Sopa de Tortilla

Rendimiento: 6 porciones

½ taza de agua
1 tomate mediano, en trozos (6 ozs.)
1 rueda de cebolla blanca
1 diente de ajo, picado
1 chile ancho pequeño, bien lavado y remojado en agua caliente por 10 minutos
7 tortillas de maíz, divididas
⅓ taza aceite de maíz, dividida
5 tazas *Caldo de Pollo* (pág. 38)
1 rama grande de epazote
⅛ cdta. sal
⅛ cdta. orégano en polvo
3 chiles anchos, limpios, aplanados y cortados en 3 segmentos cada uno
6 cdas. de queso romano, finamente rallado

Se coloca el agua en una licuadora, se añade el tomate, cebolla, ajo, el chile escurrido, que ha sido remojado en agua, y 1 tortilla en pedazos. Se licúa hasta parecer puré.

Se calienta el aceite en una olla para sopa, se añade el puré y se fríe a fuego medio alto por unos 8 minutos. Se agrega el *Caldo de Pollo* y epazote y se cocina a fuego medio por aproximadamente 10 minutos. Se añade la sal y el orégano.

Se cortan 6 tortillas de maíz en 4 tiras cada una y se fríen hasta que estén tostadas. Se fríen los chiles aplanados en rajitas hasta que estén tostados.

Se colocan 4 pedazos de la tortilla frita en cada tazón, se vierte la sopa sobre ellos y se corona con 2 pedazos de chile frito y 1 cda. de queso. Se sirve inmediatamente.

Comentario: Esta sopa se puede hacer con anticipación dejando las tortillas y rajas de chile por añadir al último momento antes de servir. Si se desea, se puede servir esta sopa con rodajas de lima (no limón). Agregue 5 calorías y 0.1 intercambio de fruta por cada rodaja de limón.

(continued/continúa)

1 serving/porción = 1 cup/taza

Each serving contains **Cada porción contiene**		**ADA exchange value** **Intercambio para el diabético**	
Calories/Calorías	402	Vegetable/Vegetal	1.1
Protein/Proteína	25.9g	Bread/Pan	0.9
Carbohydrates/Carbohidratos	21.8g	Meat/Carne	3.0
Fat/Grasa	23.8g	Fat/Grasa	3.2
Dietary fiber/Fibra dietética	3.5g	Milk/Leche	0.0
Cholesterol/Colesterol	100mg	Fruit/Fruta (con limón)	0.1
Sodium/Sodio	366mg		

Salads

Ensaladas

Carrot and Fresh Beet Salad

Makes 8 servings

1   lb. fresh beets, peeled and sliced
1   lb. carrots, peeled and sliced
½   medium head iceberg lettuce, shredded
½   medium cabbage, shredded

Vinaigrette dressing
2   tbsp. apple cider vinegar
2   tsp. olive oil
¼   tsp. garlic powder
⅛   tsp. salt

Steam the carrots for 10 to 12 minutes; steam the beets separately until soft, about 25 to 35 minutes. Cool. Make a bed of lettuce and cabbage on a platter and arrange slices of carrots and beets over it.

To prepare the vinaigrette: mix all dressing ingredients in a jar and shake well.

Pour the vinaigrette dressing over the vegetables and serve immediately.

Ensalada de Remolacha (Betabel) y Zanahoria

Rendimiento: 8 porciones

1   lb. remolachas (betabeles) crudas, peladas y cortadas en rebanadas
1   lb. zanahorias, peladas y cortadas en rebanadas
½   lechuga, picada en tiritas
½   repollo, picado en tiritas

Salsa vinagreta
2   cdas. vinagre de sidra de manzana
2   cdtas. aceite de oliva
¼   cdta. polvo de ajo
⅛   cdta. sal

Se cocinan por separado y al vapor las zanahorias por 10 a 12 minutos y las remolachas (betabeles) hasta que estén blandas, de 25 a 35 minutos. Se dejan enfriar. Se arreglan en un recipiente sobre una base de lechuga y repollo.

Para preparar la salsa vinagreta: se mezclan bien todos los ingredientes.

Se baña la ensalada con salsa vinagreta y se sirve.

ANALYSIS / ANÁLISIS   *See Guide to Tables, p. 15 / Ver Guía para Tablas, pág. 15*

1 serving = 1 lettuce leaf, 1 cabbage leaf, 3 carrot slices, and 3 beet slices (with 1½ tsp. vinaigrette dressing)
1 porción = 1 hoja de lechuga, 1 hoja de repollo, 3 rebanadas de zanahoria, y 3 rebanadas de remolacha (con 1 cdta. salsa vinagreta)

Each serving contains / *Cada porción contiene*		*ADA exchange value* / *Intercambio para el diabético*	
Calories/Calorías	52.1 (52.6)	Vegetable/Vegetal	2.0
Protein/Proteína	1.8g	Bread/Pan	0.0
Carbohydrates/Carbohidratos	11.8g (12.5)	Meat/Carne	0.0
Fat/Grasa	0.2g	Fat/Grasa	0.0
Dietary fiber/Fibra dietética	4.1g	Milk/Leche	0.0
Cholesterol/Colesterol	0.0mg	Fruit/Fruta	0.0
Sodium/Sodio	106mg		

Avocado Salad

Makes 6 servings

1 large head lettuce
3 avocados, peeled, seeds removed, sliced into 8 slices each
½ cup pimento-stuffed green olives, sliced
2 hard-boiled eggs, chopped
2 tbsp. fresh cilantro, chopped
1 small red onion, thinly sliced
⅛ tsp. paprika
⅛ tsp. salt
⅛ tsp. pepper
¼ cup red wine vinegar
3 tbsp. corn oil

Line a salad bowl with the larger lettuce leaves; chop the rest and arrange it in the bowl. Place the sliced avocado and olives on the lettuce. Cover with chopped egg, cilantro, and onions. Sprinkle with paprika, salt, and pepper. Combine vinegar and oil and pour over salad.

Ensalada de Aguacate

Rendimiento: 6 porciones

1 lechuga grande
3 aguacates, pelados, sin semilla, cortados en 8 rebanadas cada uno
½ taza aceitunas verdes rellenas con pimentón rojo, en rebanadas
2 huevos cocidos, cortados en pedazos
2 cdas. cilantro fresco, picado
1 cebolla roja pequeña, cortada en ruedas delgadas
⅛ cdta. pimentón rojo, molido
⅛ cdta. sal
⅛ cdta. pimienta
¼ taza vinagre de vino tinto
3 cdas. aceite de maíz

Con las hojas de lechuga más hermosas se forra el interior de un tazón y luego se cortan el resto de las hojas y se colocan en el tazón. Se agregan las rebanadas de aguacate y aceitunas sobre las hojas de lechuga. Se coloca el huevo, el cilantro y la cebolla. Rocíese con el polvo de pimentón, sal y pimienta. Se combinan el vinagre y el aceite y se le rocía a toda la ensalada.

ANALYSIS / ANÁLISIS

1 serving = 3 lettuce leaves, 4 slices avocado, 1 tbsp. olives, ½ tsp. chopped egg, 1 tbsp. cilantro, 1 slice onion, 1½ tbsp. vinaigrette
1 porción = 3 hojas de lechuga, 4 rebanaditas de aguacate, 1 cda. de aceitunas, ½ cdta. de huevo cocido y cortado, 1 cda. de cilantro, 1 rebanadita de cebolla, 1½ cda. vinagreta

Each serving contains
Cada porción contiene

Calories/Calorías	272
Protein/Proteína	5.5g
Carbohydrates/Carbohidratos	10.1g
Fat/Grasa	26.0g
Dietary fiber/Fibra dietética	4.6g
Cholesterol/Colesterol	71.0mg
Sodium/Sodio	467mg

ADA exchange value
Intercambio para el diabético

Vegetable/Vegetal	0.5
Bread/Pan	0.0
Meat/Carne	0.3
Fat/Grasa	6.5
Milk/Leche	0.0
Fruit/Fruta	0.0

Lettuce, Cucumber, and Radish Salad

Makes 8 servings

1   medium head iceberg lettuce
1   large cucumber, unpeeled
12 small radishes

Vinaigrette dressing
2   tbsp. apple cider vinegar
2   tsp. olive oil
¼   tsp. garlic powder
⅛   tsp. salt

Remove the core of the lettuce and tear the leaves by hand into bite-sized pieces (do not use a knife). Trim the ends of the cucumber and cut it into 16 thin slices. Trim the ends of the radishes and place the radishes in cold water for up to 1 hour. Cut each into slices.

To prepare vinaigrette: Place all ingredients for dressing in a cup and mix well.

Place all the salad ingredients in a bowl and dress with vinaigrette.

Comments: You may make radish flowers by trimming the end opposite the stem and making cuts on the sides to resemble flower petals attached to the stem.

Ensalada de Lechuga, Pepino Cocombro y Rábanos

Rendimiento: 8 porciones

1   lechuga mediana
1   pepino cocombro grande, sin pelar
12 rábanos pequeños

Salsa vinagreta
2   cdas. de vinagre de sidra de manzana
2   cdtas. aceite de oliva
¼   cdta. polvo de ajo
⅛   cdta. sal

Se le corta el tallo a la lechuga y se parte en trozos con la mano (no se pica). Al cocombro se le quitan las puntas y se corta en 16 rebanadas delgadas. Los rábanos se cortan por las puntas y se dejan en agua fría por 1 hora. Se secan y se corta cada rábano en 3 rebanadas o se arregla como una flor, cortando los lados como pétalos sin desprenderlos del tallo. En una taza se mezclan el vinagre, aceite, polvo de ajo y sal, y se revuelve bien. Se arregla todo en un recipiente y se baña con la salsa de vinagreta.

ANALYSIS / ANÁLISIS   *See Guide to Tables, p. 15 / Ver Guía para Tablas, pág. 15*

1 serving = approximately 3 tbsp. lettuce, 2 cucumber slices, 4 radish slices (with 1½ tsp. vinaigrette dressing)
1 porción = aproximadamente 3 cda. de lechuga, 2 rebanaditas de pepino, 4 rebanaditas de rábano (con 1½ cdtas. salsa vinagreta)

Each serving contains *Cada porción contiene*			*ADA exchange value* *Intercambio para el diabético*	
Calories/Calorías	14.7	(15.2)	Vegetable/Vegetal	0.5
Protein/Proteína	0.9g		Bread/Pan	0.0
Carbohydrates/Carbohidratos	2.7g	(3.3)	Meat/Carne	0.0
Fat/Grasa	0.2g		Fat/Grasa	0.0
Dietary fiber/Fibra dietética	1.2g		Milk/Leche	0.0
Cholesterol/Colesterol	0.0mg		Fruit/Fruta	0.0
Sodium/Sodio	42mg			

[54]

Anaheim Salad

Makes 4 servings

1	head lettuce, quartered
1	medium cucumber, sliced into 12 segments
3	large Anaheim chiles, quartered
4	fresh tomatoes, quartered
10	small radishes, 3 slices each

Vinaigrette dressing

1	tbsp. corn oil
3	tbsp. apple cider vinegar
⅛	tsp. salt

Arrange lettuce, cucumbers, chiles, and tomatoes in individual salad bowls. Garnish with radishes.

To prepare vinaigrette: Combine dressing ingredients in a jar and mix well.

To serve, pour 1 tbsp. vinaigrette dressing over each salad.

Ensalada de Chile Anaheim

Rendimiento: 4 porciones

1	lechuga, en 4 pedazos
1	pepino mediano, cortado en 12 rebanadas
3	chiles Anaheim grandes, cortados en 4 cada uno
4	tomates frescos, cortados en 4 cada uno
10	rábanos pequeños, rebanados en 3 cada uno

Salsa vinagreta

1	cda. aceite de maíz
3	cdas. vinagre de sidra de manzana
⅛	cdta. sal

En platos de ensalada individuales se coloca lechuga, pepino, chiles y tomates. Se decoran las ensaladas con los rábanos. Para preparar la salsa vinagreta se colocan todos los ingredientes en un jarro con tapa y se mezclan bien. Se usa una cda. de aliño de aceite y vinagre con cada porción de ensalada.

ANALYSIS / ANÁLISIS

1 serving = ¼ head of lettuce, 3 chile slices, 3 cucumber slices, 4 tomato slices, 7 radish slices, 1 tbsp. vinaigrette

1 porción = ¼ lechuga, 3 cortados de chile, 3 rebanadas de pepino, 4 cortados de tomate, 7 rebanaditas de rábano, 1 cda. de salsa vinagreta

Each serving contains *Cada porción contiene*		*ADA exchange value* *Intercambio para el diabético*	
Calories/Calorías	97.4	Vegetable/Vegetal	2.5
Protein/Proteína	3.4g	Bread/Pan	0.0
Carbohydrates/Carbohidratos	14.5g	Meat/Carne	0.0
Fat/Grasa	4.3g	Fat/Grasa	0.7
Dietary fiber/Fibra dietética	4.9g	Milk/Leche	0.0
Cholesterol/Colesterol	0.0mg	Fruit/Fruta	0.0
Sodium/Sodio	94mg		

Potato and Jalapeño Salad

Makes 5 servings

3   cups cooked potatoes, cut into bite-sized pieces
¼   cup light mayonnaise
¼   cup nonfat sour cream
1   tbsp. lime juice
2   tbsp. red wine vinegar
½   tsp. salt
¼   tsp. coarsely ground pepper
1½   cups bell pepper, cut into bite-sized pieces
½   cup onion, chopped
2   jalapeño chiles, thinly sliced
4   strips crisp bacon, chilled and crumbled

Chill the potatoes in a salad bowl. In another bowl, combine the mayonnaise and sour cream. Add the lemon juice and vinegar and blend well. Season with salt and pepper; add the bell pepper, onion, potatoes, and chiles. Mix thoroughly. Garnish with bacon and chill until ready to serve.

Ensalada de Papa con Jalapeños

Rendimiento: 5 porciones

3   tazas papas cocidas, en cubitos
¼   taza mayonesa "*lite*"
¼   taza crema agria sin grasa
1   cda. jugo de limón
2   cdas. vinagre de vino rojo
½   cdta. sal
¼   cdta. pimienta molida, gruesa
1½   tazas pimiento verde, en cubitos
½   taza cebolla, picada
2   chiles jalapeños, en rodajas delgadas
4   tiras tocino bien frito, refrigerado y desmenuzado

Se colocan los cubitos de papa en un tazón y se refrigeran. En una taza de mezclar pequeña se mezclan la mayonesa y la crema agria; se le añade el jugo de limón y el vinagre y se mezcla bien. Se sazona con la sal y la pimienta y se le agrega el pimiento y la cebolla. Luego se le añade la papa fría y los chiles y se revuelve bien. Se decora con el tocino desmenuzado y se coloca en el refrigerador hasta la hora de servir.

ANALYSIS / ANÁLISIS

1 serving/porción = ¾ cup/taza

Each serving contains *** Cada porción contiene***		***ADA exchange value*** *** Intercambio para el diabético***	
Calories/Calorías	227	Vegetable/Vegetal	1.1
Protein/Proteína	5.5g	Bread/Pan	1.7
Carbohydrates/Carbohidratos	37.0g	Meat/Carne	0.2
Fat/Grasa	7.2g	Fat/Grasa	1.6
Dietary fiber/Fibra dietética	1.7g	Milk/Leche	0.0
Cholesterol/Colesterol	7.5mg	Fruit/Fruta	0.0
Sodium/Sodio	268mg		

Meats

Carnes

Beef Tostadas

Makes 6 servings

6	6-inch corn tortillas
½	cup onion, finely chopped
1	lb. lean ground round, 85% lean
½	tsp. ground cumin
¼	tsp. salt
½	tsp. oregano
2	tsp. chili powder
1	clove garlic, finely minced
¼	tsp. Tabasco sauce
1½	cups red cabbage, shredded
¾	cup *Fresh Tomato Sauce* (p. 219)
¾	cup low-fat Cheddar cheese, shredded

Preheat oven to 450°. Place the tortillas in a single layer on a heavy baking sheet and cover with another baking sheet. Bake for 8 to 10 minutes, or until tortillas are crisp.

In a nonstick skillet over medium-high heat, sauté the onion and ground round until the meat is browned. Drain the meat on paper towels. Return the meat to the skillet and stir in the cumin, salt, oregano, chili powder, garlic, and Tabasco.

For each tostada, spread ⅓ cup meat on a crisped tortilla. Layer ¼ cup cabbage, 2 tbsp. *Fresh Tomato Sauce,* and 2 tbsp. shredded cheese over the meat.

Tostadas de Carne Molida

Rendimiento: 6 porciones

6	tortillas de maíz de 6 pulgadas
½	taza cebolla, picada
1	lb. carne molida de res, magra 85%
½	cdta. comino molido
¼	cdta. sal
½	cdta. orégano
2	cdtas. chile en polvo
1	diente de ajo, finamente picado
¼	cdta. salsa Tabasco
1½	tazas repollo rojo, rallado
¾	taza *Salsa Fresca de Tomate* (pág. 219)
¾	taza queso Cheddar bajo en grasa, rallado

Caliente el horno a 450°. Ponga las tortillas en una sola capa en una tartera y cúbralas con otra tartera. Hornée de 8 a 10 minutos, o hasta que estén doraditas. En una sartén de Teflón combine la cebolla y la carne molida. Dore sobre fuego mediano y escurra toda la grasa que salga de la carne. Agregue el comino, la sal, el orégano, el chile en polvo, el ajo y la salsa Tabasco, revolviendo para mezclar bien.

Para cada tostada, extienda ⅓ taza de carne sobre cada tortilla dorada. Ponga una capa de repollo (¼ taza), otra de la *Salsa Fresca de Tomate* (2 cdas.) y otra de queso (2 cdas.) sobre la capa de carne en cada tostada.

ANALYSIS / ANÁLISIS

1 serving/porción = 1 tostada

Each serving contains **Cada porción contiene**		**ADA exchange value** **Intercambio para el diabético**	
Calories/Calorías	358	Vegetable/Vegetal	1.0
Protein/Proteína	25.6g	Bread/Pan	0.8
Carbohydrates/Carbohidratos	19.2g	Meat/Carne	3.3
Fat/Grasa	20.2g	Fat/Grasa	1.9
Dietary fiber/Fibra dietética	3.4g	Milk/Leche	0.0
Cholesterol/Colesterol	80.7mg	Fruit/Fruta	0.0
Sodium/Sodio	529mg		

Bean and Sausage Tostadas

Makes 1 serving

¼ cup warm *Beans with Mexican Sausage #2* (p. 160)
3 tbsp. water
3 corn tortillas
1 tbsp. corn oil
½ cup *Guacamole Dip* (p. 25)
¼ cup warm stewed chicken, shredded
12 tbsp. lettuce, shredded
6 tbsp. tomatoes, chopped
6 tbsp. onions, chopped
3 tbsp. Cheddar cheese, grated
3 oz. *Fresh Tomato Sauce* (p. 219)

Mash the beans thoroughly. Add 3 tbsp. water to the bean mixture to make it the consistency of bean dip. Brush the tortillas with oil and bake in a 350° oven until crisp and flat, 15 to 20 minutes. Assemble the tostadas by spreading 2 tbsp. *Beans with Mexican Sausage* on 1 tortilla, *Guacamole Dip* on another, and stewed chicken on the third. Top each tostada with approximately 4 tbsp. lettuce, 2 tbsp. each of tomato and onion, and 1 tbsp. cheese. Serve all three on the same plate with 2 tbsp. *Fresh Tomato Sauce* each.

Tostadas de Frijoles con Chorizo Mexicano

Rendimiento: 1 porción

¼ taza *Frijoles con Chorizo Mexicano #2* (pág. 160)
3 cdas. agua
3 tortillas de maíz
1 cda. aceite de maíz
½ taza *Botana de Guacamole* (pág. 25)
¼ taza pollo cocido caliente, deshuesado y desmenuzado
12 cdas. lechuga, picada
6 cdas. tomate, picado
6 cdas. cebolla, picada
3 cdas. queso Cheddar rallado
3 oz. *Salsa Fresca de Tomate* (pág. 219)

Se majan los frijoles agregándole 3 cdas. de agua hasta obtener la consistencia de un puré. Se untan las tortillas con aceite y se asan a 350° hasta que estén tostadas y perfectamente planas, 15 a 20 minutos. Se coloca la *Botana de Guacamole* sobre una tortilla, los frijoles sobre la segunda y el pollo sobre la tercera tortilla y se cubre cada una con 4 cdas. de lechuga, 2 cdas. de tomate y cebolla, y 1 cda. de queso. Se sirven con 2 cdas. de *Salsa Fresca de Tomate* cada una.

ANALYSIS / ANÁLISIS

1 serving/porción = 3 tostadas

Each serving contains
Cada porción contiene

Calories/Calorías	237	
Protein/Proteína	8.8g	
Carbohydrates/Carbohidratos	22.8g	
Fat/Grasa	13.4g	
Dietary fiber/Fibra dietética	4.3g	
Cholesterol/Colesterol	7.5mg	
Sodium/Sodio	235mg	

ADA exchange value
Intercambio para el diabético

Vegetable/Vegetal	1.3
Bread/Pan	0.9
Meat/Carne	0.6
Fat/Grasa	2.4
Milk/Leche	0.0
Fruit/Fruta	0.0

Chalupas

Makes 8 servings

½ cup corn oil, for frying
8 corn tortillas
1 small onion, thinly sliced
1 clove garlic, chopped
3 canned stewed tomatoes, drained and chopped
1 16-oz. can roast beef or 1 lb. of cooked roast beef
⅛ tsp. salt
⅛ tsp. pepper
1 4-oz. can green chiles, drained and chopped
1 cup lettuce, shredded
½ cup Cheddar cheese, shredded
8 tbsp. *Fresh Tomato Sauce* (p. 219)

Heat the oil in a skillet. Using tongs, dip one side of a corn tortilla in the hot oil. Quickly turn the tortilla over, pressing down, to fry the other side. Fry until the tortilla is puffed. Remove from pan and drain on paper towels. Repeat with the remaining tortillas.

Heat the oil remaining in the skillet and sauté the onion and garlic. Add the tomatoes and roast beef, mix well, and cook for 2 minutes. Season with salt and pepper to taste.

Top each chalupa with 3 tbsp. of the roast beef mixture and 1 tbsp. of the green chiles. Top with 1 tbsp. each of shredded lettuce, onions, shredded cheese, and *Fresh Tomato Sauce*.

Comments: A chalupa is similar to a taco in that it has the same ingredients and is assembled the same way. In a chalupa, however, the corn tortilla is flat, whereas it is folded in a taco.

Chalupas

Rendimiento: 8 porciones

½ taza aceite de maíz, para freir
8 tortillas de maíz
1 cebolla pequeña, en rebanadas delgadas
1 diente de ajo, picado
3 tomates de lata cocidos, escurridos y picados
1 lata (16 oz.) carne de res cocida, o 1 lb. carne de res cocida
⅛ cdta. sal
⅛ cdta. pimienta
1 lata (4 oz.) chiles verdes, escurridos y picados
1 taza lechuga picada
½ taza queso Cheddar, rallado
8 cdas. *Salsa Fresca de Tomate* (pág. 219)

Se calienta el aceite en una sartén. Se sujeta una tortilla con tenazas y se fríe un lado; rápidamente se voltea la tortilla y se fríe el otro lado. Se fríe hasta que la tortilla se infle. Se saca la tortilla frita y se coloca sobre papel toalla para que escurra la grasa. Se fríen el resto de las tortillas de la misma manera.

En la misma olla, se calienta el aceite restante y se sofríe la cebolla y el ajo. Se agregan los tomates y la carne. Se cocina por 2 minutos y se mezcla bien. Se sazona al gusto. Se rellena cada chalupa con 3 cdas. de la mezcla de carne y 1 cda. de chile verde. Se corona cada chalupa con 1 cda. de lechuga, cebolla, *Salsa Fresca de Tomate*, y se rocía con 1 cda. de queso.

Comentario: La chalupa contiene los mismos ingredientes que el taco y se confecciona de la misma manera. La única diferencia consiste en que en el taco la tortilla de maíz se dobla y en la chalupa, no.

ANALYSIS / ANÁLISIS

1 serving/porción = 1 chalupa

Each serving contains **Cada porción contiene**		**ADA exchange value** **Intercambio para el diabético**	
Calories/Calorías	433	Vegetable/Vegetal	1.6
Protein/Proteína	24.0g	Bread/Pan	0.8
Carbohydrates/Carbohidratos	22.5g	Meat/Carne	2.9
Fat/Grasa	28.2g	Fat/Grasa	3.8
Dietary fiber/Fibra dietética	3.2g	Milk/Leche	0.0
Cholesterol/Colesterol	68.9mg	Fruit/Fruta	0.0
Sodium/Sodio	471mg		

Tacos

Makes 1 serving

1	corn tortilla
2	tbsp. *Turkey Filling for Tacos and Flautas* (p. 98)
2	tbsp. lettuce, chopped
1	tbsp. tomato, chopped
1	tbsp. onion, chopped
1	tbsp. Cheddar cheese, grated
2	tbsp. *Fresh Tomato Sauce* (p. 219)

Preheat the oven to 350°. Gently bend the tortilla and place in a metal tortilla rack. Place the rack in the oven and bake the tortilla until crisp, about 5 minutes. Place the filling in the shell and top it with lettuce, tomato, onion, and grated cheese. Serve with *Fresh Tomato Sauce*.

Note: A tortilla rack looks like a multiple paper napkin holder. It may be made of metal or ceramic.

Tacos

Rendimiento: 1 porción

1	tortilla de maíz
2	cdas. *Picadillo de Pavo para Tacos y Flautas* (pág. 98)
2	cdas. lechuga, picada
1	cda. tomate, picado
1	cda. cebolla, picada
1	cda. queso Cheddar, rallado
2	cdas. *Salsa Fresca de Tomate* (pág. 219)

Se precalienta el horno a 350°. Se coloca una tortilla de maíz ligeramente doblada en una parrilla de dorar tacos. Se hornea por unos 5 minutos, hasta que se tueste. Se confecciona el taco colocando 2 cdas. de relleno en cada tortilla y se corona con lechuga, tomate, cebolla, y queso rallado. Se sirven con *Salsa Fresca de Tomate*.

ANALYSIS / ANÁLISIS

1 serving/porción = 1 taco, 2 tbsp. *Fresh Tomato Sauce*/cdas. *Salsa Fresca de Tomate*

Each serving contains
Cada porción contiene

		ADA exchange value **Intercambio para el diabético**	
Calories/Calorías	143	Vegetable/Vegetal	0.9
Protein/Proteína	9.2g	Bread/Pan	0.8
Carbohydrates/Carbohidratos	18.4g	Meat/Carne	0.7
Fat/Grasa	4.2g	Fat/Grasa	0.5
Dietary fiber/Fibra dietética	3.0g	Milk/Leche	0.0
Cholesterol/Colesterol	17.3mg	Fruit/Fruta	0.0
Sodium/Sodio	176mg		

Flautas

Makes 18 servings

2¼ cups *Turkey Filling for Tacos and Flautas* (p. 98)
18 corn tortillas
2 tbsp. corn oil

Warm the filling in a skillet. Soften the corn tortillas on a comal. Preheat the oven to 350°. Place 2 tbsp. meat down the middle of each tortilla and roll tightly. Secure with a toothpick. Brush with oil and bake, turning until all sides are crisp, about 25 minutes. Serve immediately.

Comments: Flautas are served with dips such as *Guacamole* (p. 25) and *Chile Sauce* (p. 218) and may also be accompanied by *Refried Beans* (p. 155) , lettuce, and tomatoes. A more common filling is cooked, seasoned, shredded flank steak. Diced cooked chicken or turkey may also be used.

Flautas

Rendimiento: 18 porciones

2¼ tazas *Picadillo de Pavo para Tacos y Flautas* (pág. 98)
18 tortillas de maíz
2 cdas. aceite de maíz

Se calienta el relleno en una sartén. Se calientan las tortillas en un comal para suavizarlas. Se precalienta el horno a 350°. Se colocan aproximadamente 2 cdas. de relleno en el medio de cada tortilla y se enrolla bien, afianzándola con un palillo. Se untan de aceite y se asan como por 25 minutos, dándoles vuelta para que se doren todo alrededor. Se sirven inmediatamente.

Comentario: Las flautas se sirven con *Botana de Guacamole* (pág. 25) y *Salsa de Chile* (pág. 218) y también se pueden acompañar con *Frijoles Refritos* (pág. 155), lechuga y tomate. El relleno más común para las flautas es el biftec de falda sazonado, cocido y desmenuzado. También se puede usar pavo o pollo cocido en cubitos.

ANALYSIS / ANÁLISIS   *See Guide to Tables, p. 15 / Ver Guía para Tablas, pág. 15*

1 serving = 1 flauta (with 1 tbsp. *Guacamole Dip* and 2 tbsp. *Chile Sauce*) [with 1 tbsp. *Refried Beans* and 2 tbsp. each lettuce and tomato]
1 porción = 1 flauta (con 1 cda. *Botana de Guacamole* y 2 cda. *Salsa de Chile*) [con 1 cda. *Frijoles Refritos* y 2 cdas. cada una lechuga y tomate]

Each serving contains *Cada porción contiene*				*ADA exchange value* *Intercambio para el diabético*			
Calories/Calorías	105	(140)	[131]	Vegetable/Vegetal	0.1	(1.3)	[0.4]
Protein/Proteína	6.5g	(8.0)		Bread/Pan	0.8		[1.0]
Carbohydrates/Carbohidratos	13.4g	(20.0)	[18.1]	Meat/Carne	0.5		
Fat/Grasa	3.1g	(3.9)	[3.4]	Fat/Grasa	0.5	(0.7)	[0.6]
Dietary fiber/Fibra dietética	1.7g	(2.7)	[3.1]	Milk/Leche	0.0		
Cholesterol/Colesterol	9.8mg	(9.8)		Fruit/Fruta	0.0		
Sodium/Sodio	80.2mg	(103)	[152]				

Picadillo Fiesta

Makes 6 servings

¼ cup olive oil
1 small onion, chopped
1 small bell pepper, chopped
3 cloves garlic, chopped
1 cup tomato sauce
2 oz. tomato paste
1 tsp. cider vinegar
½ tsp. salt
½ tsp. cayenne pepper
¾ lb. ground beef, 85% lean
¾ lb. ground turkey breast, no skin
½ cup dry white wine
⅓ cup raisins
½ cup pimento-stuffed green olives, chopped
⅓ cup fresh mushrooms, sliced

Sauté the onion, bell pepper, and garlic in the olive oil until the onion is transparent. Add the tomato sauce and paste and cook for 1 to 2 minutes. Stir in the vinegar, salt, pepper, beef, and turkey and cook for 5 to 8 minutes. Add the remaining ingredients and cook over medium heat until the liquid has evaporated and the meat is no longer pink, 10 to 15 minutes.

Picadillo Fiesta

Rendimiento: 6 porciones

¼ taza aceite de oliva
1 cebolla pequeña, picada
1 pimiento verde pequeño, picado
3 dientes de ajo, picados
1 taza salsa de tomate
2 oz. pasta de tomate
1 cdta. vinagre de sidra
½ cdta. sal
½ cdta. pimienta roja, molida
¾ lb. carne de res, 85% magra, molida
¾ lb. pechuga de pavo, molida, sin piel
½ taza vino blanco seco
⅓ taza pasitas
½ taza aceitunas rellenas, picadas
⅓ taza hongos frescos, rebanados

Se calienta el aceite y se sofríe la cebolla, pimiento verde y ajo hasta que la cebolla esté transparente. Se añade la salsa y la pasta de tomate y se cocina por 1 a 2 minutos. Se añade el vinagre, la sal, pimienta y las carnes y se cocina por 5 a 8 minutos. Se añaden el resto de los ingredientes y se cocina a fuego medio hasta que todo el líquido se haya evaporado y las carnes estén bien cocidas, aproximadamente 10 a 15 minutos.

ANALYSIS / ANÁLISIS

1 serving/porción = ¾ cup/taza

Each serving contains **Cada porción contiene**		**ADA exchange value** **Intercambio para el diabético**	
Calories/Calorías	401	Vegetable/Vegetal	1.1
Protein/Proteína	32.8g	Bread/Pan	0.0
Carbohydrates/Carbohidratos	12.6g	Meat/Carne	4.0
Fat/Grasa	23.9g	Fat/Grasa	3.1
Dietary fiber/Fibra dietética	0.9g	Milk/Leche	0.0
Cholesterol/Colesterol	88.6mg	Fruit/Fruta	0.4
Sodium/Sodio	937mg		

Enchilada Casserole

Makes 8 servings

1 lb. 85% lean ground beef
1 lb. ground turkey breast
1 clove garlic, crushed
4 canned stewed tomatoes, chopped
6 oz. tomato sauce
2 tsp. olive oil
3 tbsp. onion, cut into bite-sized pieces
⅛ tsp. salt
⅛ tsp. pepper
6 jalapeños, chopped
1 tsp. butter
1½ cups Cheddar cheese, shredded
⅓ cup fresh cilantro, chopped
12 corn tortillas, quartered
½ cup Monterey Jack cheese, grated

Brown the meat in a skillet, then drain well. Return the meat to the skillet, add the garlic, and blend well. Cover and set aside.

In a saucepan, combine the stewed tomatoes, tomato sauce, olive oil, onion, salt, and pepper. Bring to a boil, reduce the heat, cover, and simmer 20 minutes, stirring frequently. Stir in the jalapeños, cover, and set aside.

Preheat the oven to 350°. Butter a square 2-quart casserole dish with the 1 tsp. butter. Blend the Cheddar cheese and cilantro and set aside.

In a mixing bowl, combine the cooked meat and tomato sauce and mix well. In the buttered pan, make a layer of tortillas followed by a layer of ⅓ of the meat and sauce. Sprinkle with half of the cheese and cilantro mixture, followed by another layer of tortillas, meat and sauce, cheese and cilantro, and meat and sauce. Sprinkle the casserole with Monterey Jack cheese and any leftover cheese and cilantro mixture. Bake for 35–40 minutes, or until the cheese is melted.

Cazuela con Carne de Res

Rendimiento: 8 porciones

1 lb. carne de res 85% magra, molida
1 lb. pechuga de pavo, molida
1 diente de ajo, machacado
4 tomates cocidos de lata, picados
6 oz. salsa de tomate
2 cdtas. aceite de oliva
3 cdas. cebolla, picada
⅛ cdta. sal
⅛ cdta. pimienta
6 jalapeños, picados
1 cdta. mantequilla
1½ tazas queso Cheddar, rallado
⅓ taza cilantro fresco, picado
12 tortillas de maíz, cortadas en cuartos
½ taza queso Monterey Jack, rallado

En una sartén se dora la carne y se escurre bien para sacar la grasa. Se vuelve a colocar en la sartén y se añade el ajo y se mezcla bien. Se tapa y se deja a un lado.

En una olla se combinan los tomates, la salsa de tomate, aceite de oliva, cebollas, la sal y pimienta. Se deja hervir, se reduce el fuego y se cocina a fuego lento por 20 minutos, revolviendo constantemente. Se añaden los jalapeños, se tapa y se deja a un lado.

Se precalienta el horno a 350°. Con la cdta. de mantequilla se engrasa una cacerola. El cilantro se mezcla con el queso Cheddar y se pone a un lado.

Se combinan la carne molida cocida y la salsa y se mezcla bien. Se coloca una capa de tortilla en el molde y se cubre con ⅓ de la mezcla de carne y salsa. Se rocía con ½ de la mezcla de queso y cilantro. Se coloca otra capa de tortillas y se repite el procedimiento. La última capa deberá ser de carne, la cual se cubre con el queso Monterey Jack así como cualquier queso Cheddar restante. Se asa por 35 a 40 minutos.

ANALYSIS / ANÁLISIS

1 serving/porción = 8 oz.

Each serving contains **Cada porción contiene**		**ADA exchange value** **Intercambio para el diabético**	
Calories/Calorías	609	Vegetable/Vegetal	2.3
Protein/Proteína	48.6g	Bread/Pan	1.2
Carbohydrates/Carbohidratos	33.4g	Meat/Carne	5.7
Fat/Grasa	31.7g	Fat/Grasa	3.5
Dietary fiber/Fibra dietética	4.6g	Milk/Leche	0.0
Cholesterol/Colesterol	112mg	Fruit/Fruta	0.0
Sodium/Sodio	937mg		

Green Chiles with Beef

Makes 4 servings

3   fresh Anaheim chiles, roasted, seeded, and peeled
1   jalapeño pepper, stem removed
2½ cups water, divided
1   lb. lean boneless beef round steak
1   small tomato, chopped
1   tsp. salt

Cut the Anaheim chile into strips about 1 inch long. Purée the jalapeño and ½ cup water in a blender. Remove all visible fat from the meat, cube it, and cook it, covered, over low heat about ½ hour. Add the chile strips, tomato, jalapeño purée, salt, and 2 cups water, blend well, and cook an additional 15 minutes.

Chile Verde con Biftec

Rendimiento: 4 porciones

3   chiles Anaheim, asados, pelados y sin semillas
1   chile jalapeño, sin rabo
2½ tazas de agua
1   lb. biftec, bajo en grasa, sin hueso
1   tomate pequeño, picado
1   cda. de sal

Corte los chiles Anaheim en tiras de 1 pulgada. Licúe el chile jalapeño con la ½ taza de agua en la licuadora. Corte la carne en cubos, quitando toda la grasa que pueda, y dore en una sartén cubierta por ½ hora. Agregue el chile verde, el licuado de jalapeño, sal, el tomate y las 2 tazas de agua. Mezcle bien. Continúe cociendo por 15 minutos más.

ANALYSIS / ANÁLISIS

1 serving/porción = ½ cup/taza

Each serving contains
Cada porción contiene

Calories/Calorías	241	
Protein/Proteína	36.8g	
Carbohydrates/Carbohidratos	5.3g	
Fat/Grasa	7.4g	
Dietary fiber/Fibra dietética	1.6g	
Cholesterol/Colesterol	95.2mg	
Sodium/Sodio	610mg	

ADA exchange value
Intercambio para el diabético

Vegetable/Vegetal	0.9
Bread/Pan	0.0
Meat/Carne	5.2
Fat/Grasa	0.0
Milk/Leche	0.0
Fruit/Fruta	0.0

Beef Fajitas

Makes 8 servings

1	cup beer
4	tsp. lime juice
¼	cup onions, chopped
4	tsp. garlic, minced
2	tbsp. cilantro, chopped
1	tsp. red chiles, crushed (optional)
¼	tsp. salt
2	lb. skirt steak or top round steak, trimmed of all visible fat

Combine the beer, lime juice, onions, garlic, cilantro, crushed peppers, and salt. Pour over the meat. Marinate overnight in the refrigerator.

Prepare the grill. Remove the meat from the marinade and grill to desired tenderness.

Fajitas de Res

Rendimiento: 8 porciones

1	taza de cerveza
4	cdtas. jugo de limón
¼	taza cebolla, picada
4	cdtas. de ajo, finamente picado
2	cdas. cilantro, picado
1	cdta. chiles rojos, machacados (opcional)
¼	cdta. sal
2	lbs. falda o biftec de pulpa, totalmente sin grasa

Se mezclan la cerveza, jugo de limón, cebolla, ajo, cilantro, chiles y sal. Se vierte sobre la carne y se deja en remojo en el refrigerador durante la noche.

Se prepara la parrilla. Se saca la carne del refrigerador y se asa la carne sobre brasas hasta que esté suave y cocida.

ANALYSIS / ANÁLISIS

1 serving/porción = 4 oz.

Each serving contains / Cada porción contiene		ADA exchange value / Intercambio para el diabético	
Calories/Calorías	257	Vegetable/Vegetal	0.2
Protein/Proteína	35.3g	Bread/Pan	0.0
Carbohydrates/Carbohidratos	2.5g	Meat/Carne	5.0
Fat/Grasa	10.0g	Fat/Grasa	0.0
Dietary fiber/Fibra dietética	0.3g	Milk/Leche	0.0
Cholesterol/Colesterol	96.1mg	Fruit/Fruta	0.0
Sodium/Sodio	140mg		

Round Steak with Green Chiles #1

Makes 3 servings

3   fresh green chiles, roasted, peeled, and seeded
1   jalapeño pepper, stem removed
1   clove garlic, finely chopped
2   cups water, divided
1   lb. boneless beef round steak, cubed
1   small tomato, chopped
⅛   tsp. salt

Cut the green chiles into strips about 1 inch long. Blend the jalapeño and garlic in a blender with 1 cup water.

Place the meat in a covered saucepan, stir in the jalapeño mixture, and cook over low heat about ½ hour. Add the green chiles, tomato, 1 cup water, and salt and cook about 15 minutes.

Comments: Round Steak with Green Chiles may be served with beans and rice or as a burrito filling.

Biftec de Cadera con Chile Verde #1

Rendimiento: 3 porciones

3   chiles verdes frescos, asados, pelados y sin semilla
1   chile jalapeño, sin tallo
2   tazas de agua, divididas
1   diente de ajo, finamente picado
1   lb. biftec de cadera, sin hueso, en cubitos
1   tomate pequeño, picado
⅛   cdta. sal

Se cortan los chiles verdes en tiras de aproximadamente 1 pulgada. Se licúa el jalapeño y el ajo con 1 taza de agua.

Se coloca la carne, el licuado de jalapeño y el ajo en una olla con tapadera y se cocina a fuego muy lento por 30 minutos más o menos. Se agregan los chiles verdes, tomate, 1 taza de agua y sal y se continúa cocinando por unos 15 minutos.

Comentario: El *Biftec de Cadera con Chile Verde* puede servirse con frijoles y arroz. También se usa como relleno de burritos.

ANALYSIS / ANÁLISIS   *See Guide to Tables, p. 15 / Ver Guía para Tablas, pág. 15*

1 serving = ⅔ cup (with ½ cup *Basic Beans* and ½ cup *White Rice*) [as burrito filling, with 1 flour tortilla]
1 porción = ⅔ taza (con ½ taza *Frijoles Básicos* y ½ taza *Arroz Blanco*) [para burritos, con 1 tortilla de harina]

Each serving contains
Cada porción contiene

Calories/Calorías	322	(391)	[417]
Protein/Proteína	49.0g	(55.1)	[51.5]
Carbohydrates/Carbohidratos	7.2g	(18.4)	[24.5]
Fat/Grasa	9.9g	(13.7)	[11.7]
Dietary fiber/Fibra dietética	2.1g		[2.8]
Cholesterol/Colesterol	127mg	(135)	
Sodium/Sodio	192mg	(456)	[192]

ADA exchange value
Intercambio para el diabético

Vegetable/Vegetal	1.3		
Bread/Pan	0.0	(1.1)	[1.1]
Meat/Carne	6.9	(7.0)	
Fat/Grasa	0.0	(1.3)	[0.3]
Milk/Leche	0.0		
Fruit/Fruta	0.0		

Round Steak with Green Chiles #2

Makes 5 servings

1½ lbs. round steak, tenderized and cut into strips
2 tbsp. vegetable oil, divided
½ small onion, coarsely chopped
1 tbsp. flour
2 green chiles, sliced in rings
¼ cup chicken broth
½ cup water

Brown the steak in 1 tbsp. oil in a skillet. Remove from skillet and place in a bowl.

In the same skillet, heat 1 tbsp. oil and sauté the onion until transparent, 2 to 3 minutes. Stir in the flour and brown, stirring constantly. Add the chiles and cook until the onion is tender, 3 to 4 minutes. Stir in the broth and water and mix well. Add the meat, cover, and simmer 20 minutes, or until the chiles are tender.

Comments: Serve with *Pot Beans with Chile* (p. 158) and warm corn tortillas.

Biftec de Cadera con Chile Verde #2

Rendimiento: 5 porciones

1½ lbs. biftec de cadera, suavizado y cortado en rajas
2 cdas. aceite vegetal
½ cebolla pequeña, en trozos
1 cda. harina
2 chiles verdes frescos, en ruedas
¼ taza caldo de pollo
½ taza de agua

Se dora el biftec en una sartén con 1 cda. de aceite. Ya dorada, se coloca la carne en un tazón aparte.

Usando la misma sartén se calienta la otra cda. de aceite y se sofríe la cebolla hasta que esté transparente, 2 a 3 minutos. Se añade la harina y se dora, revolviendo constantemente. Se agregan los chiles y se cocina hasta que la cebolla esté suave, 3 a 4 minutos. Se mezclan el caldo y el agua. Se agrega la carne, se tapa y se cocina por 20 minutos a fuego lento hasta que los chiles estén suaves.

Comentario: Se sirve acompañado con *Frijoles con Chile* (pág. 158) y tortillas de maíz calientes.

ANALYSIS / ANÁLISIS   *See Guide to Tables, p. 15 / Ver Guía para Tablas, pág. 15*

1 serving = 4 oz. meat, 5 tbsp. chiles (with 1 cup *Pot Beans with Chile* and 2 corn tortillas)
1 porción = 4 oz. carne, 5 cdas. chiles (con 1 taza *Frijoles con Chile* y 2 tortillas de maíz)

Each serving contains *Cada porción contiene*			*ADA exchange value* *Intercambio para el diabético*		
Calories/Calorías	324	(573)	Vegetable/Vegetal	0.3	
Protein/Proteína	43.6g	(59.3)	Bread/Pan	0.1	(3.7)
Carbohydrates/Carbohidratos	3.1g	(48.9)	Meat/Carne	6.3	
Fat/Grasa	14.0g	(22.8)	Fat/Grasa	1.1	(2.0)
Dietary fiber/Fibra dietética	0.3g	(1.1)	Milk/Leche	0.0	
Cholesterol/Colesterol	114mg	(131)	Fruit/Fruta	0.0	
Sodium/Sodio	123mg	(571)			

Meat and Potatoes

Makes 9 servings

1½ lb. T-bone steak, bone and fat removed
1   tbsp. corn oil
1   large potato, peeled and cut into ½-inch cubes
1   jalapeño pepper, stem removed, finely chopped
1   clove garlic, finely chopped
¼   medium onion, finely chopped
½   cup tomato sauce
¼   tsp. pepper
⅛   tsp. cumin
⅛   tsp. oregano
⅛   tsp. salt

Brown the meat in a skillet in 1 tbsp. oil. Add the other ingredients and simmer, covered, until the potatoes are tender, 15 to 20 minutes.

Comments: Meat and Potatoes can also be served as a burrito or taco filling. To use this recipe as burrito filling, fill each of 9 flour tortillas with ½ cup filling. To use this recipe as taco filling, substitute corn tortillas for flour tortillas.

Carne con Papas

Rendimiento: 9 porciones

1½ lb. biftec de paleta, deshuesado y sin grasa
1   cda. aceite de maíz
1   papa grande, pelada, cortada en cubitos de media pulgada
1   jalapeño fresco, sin tallo, finamente picado
1   diente de ajo, finamente picado
¼   cebolla de tamaño mediano, finamente picada
½   taza salsa de tomate
¼   cdta. pimienta
⅛   cdta. comino
⅛   cdta. orégano
⅛   cdta. sal

Se dora la carne en aceite en una olla. Se añaden el resto de los ingredientes, se tapa y se cocina a fuego lento hasta que las papas estén tiernas, 15 a 20 minutos.

Comentario: La *Carne con Papas* se puede servir como plato principal o como relleno para burritos o tacos. Cuando se usa como relleno para burritos se le agregan 9 tortillas de harina y a cada tortilla se le pone ½ taza de relleno. Cuando se usa como relleno para tacos se le agregan 9 tortillas de maíz y a cada tortilla se le pone ½ taza de relleno.

ANALYSIS / ANÁLISIS   *See Guide to Tables, p. 15 / Ver Guía para Tablas, pág. 15*

1 serving = ½ cup (as burrito filling, with 1 flour tortilla) [as taco filling, with 1 corn tortilla]
1 porción = ½ taza (para burritos, con 1 tortilla de harina) [para tacos, con 1 tortilla de maíz]

Each serving contains
Cada porción contiene

Calories/Calorías	209	(304)	[276]
Protein/Proteína	23.8g	(26.3)	[25.9]
Carbohydrates/Carbohidratos	6.3g	(23.6)	[19.1]
Fat/Grasa	9.4g	(11.2)	[10.5]
Dietary fiber/Fibra dietética	0.6g	(1.4)	[2.2]
Cholesterol/Colesterol	67.6mg		
Sodium/Sodio	370mg		[423]

ADA exchange value
Intercambio para el diabético

Vegetable/Vegetal	0.3		
Bread/Pan	0.3	(1.4)	[1.1]
Meat/Carne	3.2		
Fat/Grasa	0.3	(0.6)	[0.5]
Milk/Leche	0.0		
Fruit/Fruta	0.0		

Ground Meat with Potatoes

Makes 6 servings

½ lb. ground beef, 85% lean
½ lb. ground turkey breast, no skin
1 large or 2 small potatoes, peeled and cubed
1½ tsp. salt
2 cloves garlic, minced
¼ tsp. cumin
⅛ tsp. oregano

Lightly brown the ground beef and ground turkey in a skillet. Add the potatoes, salt, garlic, cumin, and oregano. Cover and simmer until the potatoes are tender, 10 to 15 minutes. Drain the excess oil.

Comments: This can be served with vegetables such as green beans or peas, or as a taco filling.

Picadillo

Rendimiento: 6 porciones

½ lb. carne de res molida, 85% magra
½ lb. pechuga de pavo molida, sin piel
1 papa grande ó 2 papas pequeñas, peladas y en cubitos
2 dientes de ajo, finamente picados
1½ cdta. sal
¼ cdta. comino
⅛ cdta. orégano

Se dora la carne ligeramente en una sartén. Se añaden las papas, sal, ajo, comino y orégano. Se tapa y se cocina a fuego lento hasta que las papas estén suaves, 10 a 15 minutos. Se desecha el exceso de grasa.

Comentario: El *Picadillo* se puede servir acompañado de verduras tales como habichuelas o guisantes, o como relleno para tacos.

ANALYSIS / ANÁLISIS

1 serving/porción = ½ cup/taza

Each serving contains **Cada porción contiene**		**ADA exchange value** **Intercambio para el diabético**	
Calories/Calorías	193	Vegetable/Vegetal	0.1
Protein/Proteína	21.4g	Bread/Pan	0.4
Carbohydrates/Carbohidratos	7.2g	Meat/Carne	2.7
Fat/Grasa	8.3g	Fat/Grasa	0.6
Dietary fiber/Fibra dietética	0.4g	Milk/Leche	0.0
Cholesterol/Colesterol	59.1mg	Fruit/Fruta	0.0
Sodium/Sodio	588mg		

Menudo

2   lb. tripe, cut into 2-inch squares
1   small white onion, roughly sliced
6   cloves garlic, chopped
⅛   tsp. salt
½   tsp. coarsely ground black pepper
3   tbsp. chili powder
1   1-lb. can white hominy, drained and rinsed
24 corn tortillas
4   cups onion, chopped
1   cup green chives, chopped
8   fresh jalapeño peppers, deveined, seeded, and sliced

   Place the tripe in a large, heavy pot or slow cooker
and add enough water to cover by 2 inches. Add the
onion, garlic, salt, pepper, and chili powder and bring
to a boil. Reduce the heat and simmer until the meat is
tender, about 1 hour and 50 minutes. Add the hominy
and simmer for 10 minutes.

   Serve in a soup bowl with warm corn tortillas and
chopped onion, chopped green chives, and jalapeño
pepper. To use the menudo as taco filling, see *Shredded
Tripe Filling for Tacos* (p. 75).

   Comment: A cow's stomach (tripe) has several sec-
tions. One, called *toalla* in Mexico, looks like a textured
towel; another, called *libro*, hangs in fringes; and a third,
called *cayo,* resembles a thickly corded neck. Tripe sold
in the United States is already cleaned and ready to
cook. The fat has probably been stripped, but if you find
some with fat, leave a little on for flavor. One pound of
tripe should serve about 4 people. Although tripe takes a
long time to prepare, do not cook it in a pressure
cooker, as the sudden intense heat causes it to shrivel.
Tripe needs long, slow cooking, for which a slow cooker
is ideal.

Menudo

2   lb. mondongo o panza, cortado en cuadritos de
    2 pulgadas
1   cebolla blanca pequeña, cortada gruesa
6   dientes de ajo, picados
⅛   cdta. sal
½   cdta. pimienta negra, molida gruesa
3   cdas. chile molido
1   lb. pozole (mote blanco; maíz grande blanco), en
    lata, escurrido
24 tortillas de maíz
4   tazas cebolla, picada
1   taza cebollina, picada
8   chiles jalapeños frescos, cortados y sin vena
    y semilla

   Se coloca el mondongo en una olla grande y pesada
o una olla de cocido lento y se añade suficiente agua para
que haya 2 pulgadas de agua sobre el mondongo. Se
añade la cebolla blanca, el ajo, la sal, la pimienta y el
chile molido y se deja cocer a fuego lento por aproximadamente 1 hora y 50 minutos. Se le agrega el pozole, y
se cocina 10 minutos más.

   Se sirve en un plato de sopa con tortillas de maíz calientes y cebolla picada, cebollinas picadas y chiles jalapeños. Si el mondongo se va a usar como relleno para
tacos, véase la receta para el *Relleno de Panza Guisada
para Tacos* (pág. 75).

   Comentario: El estómago de una vaca tiene varias
secciones, todas de las cuales están combinadas y se
conocen como mondongo o panza. Hay una sección que
tiene una textura parecida a una "toalla" y así se le llama
en México; una sección que cuelga en pestañas a la cual
se le llama "libro"; y una sección de cuello espesamente
cordelada que se llama "cayo." El mondongo que se
vende en los Estados Unidos ya está limpio y listo para
cocinar. Generalmente se le ha quitado la grasa, pero
si tiene un poco de grasa, ésta sirve para darle mejor
sabor. Una libra de mondongo es suficiente para servir
a 4 personas. Aunque el mondongo necesita mucho
tiempo para preparar, no se debe cocinar en olla de presión. El calor repentino e intenso hará que el mondongo
se encoja. El mondongo necesita cocimiento lento y
largo por lo que una olla de cocido lento es lo ideal.

(continued/continúa)

1 serving/porción = 12 oz. meat/carne, 3 corn tortillas/tortillas de maíz, ¼ cup chopped onion/taza de cebolla picada, ⅛ cup chopped chives/taza de cebollinas picadas, 1 jalapeño

Each serving contains *Cada porción contiene*		*ADA exchange value* *Intercambio para el diabético*	
Calories/Calorías	373	Vegetable/Vegetal	3.2
Protein/Proteína	16.5g	Bread/Pan	3.0
Carbohydrates/Carbohidratos	69.6g	Meat/Carne	2.3
Fat/Grasa	6.7g	Fat/Grasa	0.7
Dietary fiber/Fibra dietética	9.6g	Milk/Leche	0.0
Cholesterol/Colesterol	30.7mg	Fruit/Fruta	0.0
Sodium/Sodio	421mg		

Menudo and Vegetables

Makes 5 servings

1	lb. tripe
8	cups water, divided
½	lb. chicken
1½	cups carrots, chopped
½	cup onion, chopped
1	clove garlic, finely chopped
1	cup cooked chickpeas
2	cups cabbage, chopped
¼	tsp. salt
⅛	tsp. tumeric (optional)

Place the tripe in a large saucepan, add 5 cups water, and bring to a boil. Reduce the heat and simmer until the tripe is tender, 3 to 3½ hours. Remove the tripe from the liquid and dice.

Cover the chicken with 3 cups water in a large pot and bring to boil. Lower the heat and simmer 20 to 25 minutes to make a broth. Add the cooked tripe, the carrots, onion, garlic, chickpeas, cabbage, and salt and cook until everything is tender, 12 to 15 minutes. Turmeric may be added with the vegetables for color.

Mondongo con Vegetales

Rendimiento: 5 porciones

1	lb. mondongo
8	tazas agua, divididas
½	lb. pollo
1½	tazas zanahorias, picadas
½	taza de cebolla, picada
1	diente de ajo, picado finamente
1	taza garbanzos cocidos
2	tazas repollo, picado
¼	cdta. sal
⅛	cdta. cúrcuma (opcional)

Se pone a hervir el mondongo en una olla grande con 5 tazas de agua. Cuando empieza a hervir se reduce a fuego lento y se hierve lentamente hasta que el mondongo esté blandito, 3 a 3½ horas. Se saca el mondongo y se pica en trocitos.

Se prepara el caldo poniendo el pollo y 3 tazas de agua en una olla grande con tapadera. Cuando empieza a hervir se reduce el calor a fuego lento y se deja hervir hasta que el pollo esté tierno, 20 a 25 minutos. Poco a poco se le añade el mondongo, la zanahoria, la cebolla, el ajo, la sal, los garbanzos y el repollo y se deja cocinar 12 a 15 minutos hasta que todo esté tierno. Si se desea se le puede añadir color—cúrcuma—cuando se agregan las verduras.

ANALYSIS / ANÁLISIS

1 serving/porción = 14 oz.

Each serving contains **Cada porción contiene**		**ADA exchange value** **Intercambio para el diabético**	
Calories/Calorías	208	Vegetable/Vegetal	1.2
Protein/Proteína	15.0g	Bread/Pan	0.5
Carbohydrates/Carbohidratos	13.7g	Meat/Carne	3.2
Fat/Grasa	10.5g	Fat/Grasa	0.9
Dietary fiber/Fibra dietética	4.2g	Milk/Leche	0.0
Cholesterol/Colesterol	24.6mg	Fruit/Fruta	0.0
Sodium/Sodio	316mg		

Shredded Beef in Sauce

Makes 4 servings

⅓ cup corn oil
4   tbsp. white onion, finely chopped
1   clove garlic, chopped
1¼ cups tomatoes, finely chopped
3   serrano chiles, finely chopped
1¼ cups shredded cooked flank steak
½   cup beef broth
¼   tsp. oregano
¼   tsp. cumin
⅛   tsp. salt
1   cup peeled, boiled potato, diced
2   tbsp. cilantro, chopped
4   cups cooked *White Rice* (p. 143)

Sauté the onion and garlic in the oil in a skillet until the onion is transparent, about 2 minutes. Add the tomatoes and chiles and cook for 3 minutes over medium-high heat. Add the thinly shredded meat, broth, oregano, cumin, and salt and cook over medium heat for about 3 minutes, stirring occasionally. The mixture should be moist, but not too juicy. Add the potatoes and cilantro and continue cooking and stirring until the mixture is almost dry. Serve on a bed of rice accompanied by a green salad.

Ropa Vieja

Rendimiento: 4 porciones

⅓ taza aceite de maíz
4   cdas. cebolla blanca, finamente picada
1   diente de ajo, picado
1¼ tazas tomate, finamente picado
3   chiles serranos, finamente picados
1¼ tazas de falda de res, cocinada de antemano en el guiso o en la sopa
½   taza caldo de res
¼   cdta. orégano
¼   cdta. comino
⅛   cdta. sal
1   taza de papa hervida, cortada en cubitos
2   cdas. cilantro, picado
4   tazas *Arroz Blanco* (pág. 143)

Se calienta el aceite en una sartén. Agregue la cebolla y el ajo; sofríalo un poco, hasta que la cebolla quede traslucente, aproximadamente 2 minutos. Agregue el tomate y los chiles y cocine a fuego medio por 3 minutos. Agregue la carne en hilachas o hebras finas (desmenuzada), el caldo, orégano, comino y sal y cocine a fuego lento por 3 minutos, revolviéndolo ocasionalmente para que no se pegue. La mezcla no debe de quedar muy jugosa. Agregue las papas y el cilantro. Sírvalo con *Arroz Blanco* y una ensalada fresca.

ANALYSIS / ANÁLISIS

1 serving/porción = ½ cup meat/taza carne, 1 cup *White Rice*/taza *Arroz Blanco*

Each serving contains / **Cada porción contiene**		**ADA exchange value** / **Intercambio para el diabético**	
Calories/Calorías	779	Vegetable/Vegetal	1.3
Protein/Proteína	30.9g	Bread/Pan	5.4
Carbohydrates/Carbohidratos	92.7g	Meat/Carne	3.0
Fat/Grasa	31.0g	Fat/Grasa	3.6
Dietary fiber/Fibra dietética	1.6g	Milk/Leche	0.0
Cholesterol/Colesterol	63.4mg	Fruit/Fruta	0.0
Sodium/Sodio	277mg		

Shredded Tripe Filling for Tacos

Makes 8 servings

2 tbsp. corn oil
⅓ cup white onion, finely chopped
2 serrano chiles, finely chopped
⅓ cup cilantro, chopped, divided
24 oz. beef tripe, cut into 2-inch squares
3 tbsp. beef broth
⅛ tsp. salt
16 5-inch corn tortillas

Place tripe in a heavy pot. Add enough water to cover by 2 inches; bring to a boil. Reduce heat and simmer for 2 hours until tender. Strain the liquid from the tripe and discard.

Sauté the onion, serranos, and half the cilantro in the corn oil until the onion is transparent, but not brown, about 2 minutes. Add the tripe mixture and the rest of the cilantro; sauté for 2 minutes, stirring to prevent sticking. Add the broth and salt, cover, and cook over medium heat, shaking the pan occasionally, for about 5 minutes. Divide the mixture into 16 equal portions as filling for tacos.

Comment: Tripe cooked, cut, and seasoned in this way presents a change in texture and flavor from normal taco filling.

Relleno de Panza Guisada para Tacos

Rendimiento: 8 porciones

2 cdas. aceite de maíz
⅓ taza cebolla blanca, finamente picada
2 chiles serranos, finamente picados
⅓ taza cilantro, picado y dividido
24 onzas panza de res, cortada en cubitos de 2 pulgadas
3 cdas. caldo de res
⅛ cdta. sal
16 tortillas de maíz de 5 pulgadas

Se coloca la panza en una olla grande y gruesa, se añade suficiente agua para que cubra la panza pro dos pulgadas y se deja hervir. Se reduce el fuego y se cocina a fuego medio por dos horas hasta que esté suave. Se cuela y se deshecha el líquido.

Se calienta el aceite en una sartén. Se añade la cebolla, los chiles y la mitad del cilantro. Se sofríe hasta que la cebolla esté transparente pero no dorada, aproximadamente 2 minutos. Se añade la mezcla de menudo y el resto del cilantro a la sartén y se sofríe por unos 2 minutos, dándole vuelta para que no se pegue. Se añade el caldo y la sal, se tapa y se sigue cocinando a fuego medio por aproximadamente 5 minutos, meneando la sartén de vez en cuando. Se divide la mezcla en 16 porciones iguales para rellenar tacos.

Comentario: La panza cocida, cortada y sazonada de esta manera presenta un cambio en textura y sabor a comparación del relleno usual para tacos.

ANALYSIS / ANÁLISIS

1 serving/porción = 2 tacos

Each serving contains *Cada porción contiene*		*ADA exchange value* *Intercambio para el diabético*	
Calories/Calorías	256	Vegetable/Vegetal	0.3
Protein/Proteína	17.1g	Bread/Pan	1.6
Carbohydrates/Carbohidratos	27.3g	Meat/Carne	1.7
Fat/Grasa	9.2g	Fat/Grasa	1.1
Dietary fiber/Fibra dietética	3.6g	Milk/Leche	0.0
Cholesterol/Colesterol	80.0mg	Fruit/Fruta	0.0
Sodium/Sodio	199mg		

Shredded Tripe in Green Sauce

Makes 4 servings

2 cups beef broth, divided
2 cloves garlic, chopped
⅓ cup tightly packed cilantro, chopped
8 serrano chiles, charred
2 tbsp. corn oil, divided
6 oz. hulled raw pumpkin seeds
2 lb. tripe, cut into ½-inch squares and cooked as for *Menudo* (p. 71)
⅛ tsp. salt

In a blender, combine 1½ cups of the broth, the garlic, cilantro, and serranos, and blend until fairly smooth. Set aside.

Heat 2 tsp. of the oil in a skillet. Stir in the seeds until lightly coated with the oil. Sauté over medium heat, turning frequently, until they swell and just begin to turn a pale gold, about 10 seconds (do not allow seeds to brown). Transfer the seeds to a blender and blend about 3 seconds.

Heat the remaining oil in a sauté pan, add the blended ingredients, and cook over medium heat, occasionally stirring and scraping the bottom of the pan, until the sauce has reduced and thickened, about 10 minutes (it will appear rough and somewhat curdled). Add the tripe pieces, the remaining broth, and salt. Cook for about 10 minutes, until the meat is heated through.

Comments: Shredded Tripe in Green Sauce may be served on a bed of rice or with hot corn tortillas. In this recipe the green sauce is as important as the meat, so serve ¾ cup with each serving. This dish can be prepared well ahead of time, but some of the flavor and color is lost in reheating.

Mondongo en Salsa Verde

Rendimiento: 4 porciones

2 tazas caldo de res, dividido
2 dientes de ajo, picados
⅓ taza bien compactada de cilantro, picado
8 chiles serranos, carbonizados
2 cdas. aceite de maíz, dividido
6 oz. semillas de zapallo, crudas y peladas
2 lb. mondongo, cortado en cuadritos de ½ pulgada y cocido al estilo de *Menudo* (pág. 71)
⅛ cdta. sal

Se colocan 1½ tazas de caldo en una licuadora, se añade el ajo, el cilantro y los chiles enteros y se licúa hasta que esté bien cremoso. Se coloca la mezcla a un lado.

Se calientan 2 cdtas. de aceite en una sartén, se colocan las semillas y se revuelven para que todas estén ligeramente cubiertas de aceite. Se sofríen a fuego medio, revolviéndolas constantemente, hasta que se hinchen y se tornen de color dorado pálido, aproximadamente 10 segundos (no deje que las semillas se doren demasiado). Se transfieren las semillas a la licuadora y se licúan por unos 3 segundos.

Se calienta el resto del aceite en una sartén y se añaden los ingredientes licuados. Se cocina a fuego medio, revolviendo y raspando el fondo de la sartén de vez en cuando, hasta que la salsa esté espesa (la salsa se verá grumosa), unos 10 minutos. Se añade el mondongo, el resto del caldo y la sal. Se cocina por unos 10 minutos.

Comentario: El *Mondongo en Salsa Verde* se puede servir sobre arroz o con tortillas de maíz calentadas. En esta receta la salsa verde es tan importante como la carne así que se sirve ¾ taza de salsa con cada porción. Este plato se puede preparar con anticipación, aunque algo del sabor fresco y color se pierden al recalentarlo.

ANALYSIS / ANÁLISIS   *See Guide to Tables, p. 15 / Ver Guía para Tablas, pág. 15*

1 serving = 1 cup tripe, ¾ cup green sauce (with ¾ cup *White Rice* and 2 corn tortillas)
1 porción = 1 taza mondongo, ¾ taza salsa verde (con ¾ taza *Arroz Blanco* y 2 tortillas de maíz)

Each serving contains **Cada porción contiene**			**ADA exchange value** **Intercambio para el diabético**		
Calories/Calorías	400	(732)	Vegetable/Vegetal	1.5	
Protein/Proteína	22.7g	(31.1)	Bread/Pan	0.0	(4.4)
Carbohydrates/Carbohidratos	16.0g	(84.5)	Meat/Carne	6.2	
Fat/Grasa	29.7g	(32.5)	Fat/Grasa	4.4	(4.8)
Dietary fiber/Fibra dietética	6.9g	(11.7)	Milk/Leche	0.0	
Cholesterol/Colesterol	61.8mg		Fruit/Fruta	0.0	
Sodium/Sodio	499mg	(609)			

Tongue in Tomato Sauce

Makes 8 servings

2½ lb. beef tongue
1   bay leaf
2   tbsp. corn oil
½   onion, sliced
2   cloves garlic, sliced
2¾ cups canned tomatoes
2   tsp. oregano
½   tsp. cumin

Place the beef tongue and bay leaf in a large pot and cover with water. Bring to a boil, lower the heat, and simmer about 3 hours. Allow to cool. Skin the tongue and slice.

Heat the oil in a skillet. Sauté the onions and garlic until the onion is transparent, 2 to 3 minutes. Add the tomatoes, oregano, cumin, and tongue. Bring to a boil, lower the heat, and simmer about 30 minutes.

Lengua en Salsa de Tomate

Rendimiento: 8 porciones

2½ lbs. lengua
1   hoja de laurel
2   cdas. aceite de maíz
½   cebolla mediana, rebanada
2   dientes de ajo, rebanados
2¾ tazas tomates enlatados
2   cdtas. orégano
½   cdta. comino en polvo

Se coloca la lengua y la hoja de laurel en una olla grande y se cubre con agua. Se cocina a fuego lento por aproximadamente 3 horas. Se deja enfriar y luego se eliminan la piel y todo el cartílago de la lengua. Se rebana la lengua.

Se calienta el aceite en una sartén. Se sofríen la cebolla y el ajo por 2 ó 3 minutos, se agrega el tomate, orégano, comino y la lengua. Se cocina a fuego lento por aproximadamente 30 minutos.

ANALYSIS / ANÁLISIS

1 serving/porción = 6 oz.

Each serving contains **Cada porción contiene**		**ADA exchange value** **Intercambio para el diabético**	
Calories/Calorías	477	Vegetable/Vegetal	0.8
Protein/Proteína	34.1g	Bread/Pan	0.0
Carbohydrates/Carbohidratos	5.2g	Meat/Carne	4.7
Fat/Grasa	34.8g	Fat/Grasa	3.7
Dietary fiber/Fibra dietética	0.5g	Milk/Leche	0.0
Cholesterol/Colesterol	161mg	Fruit/Fruta	0.0
Sodium/Sodio	97.3mg		

Veal with Parmesan Cheese Camille

Makes 6 servings

½   cup flour
½   cup parmesan cheese, grated
1   tsp. salt
⅛   tsp. pepper
1½   lb. veal cutlets, sliced ¼-inch thick and cut into
      2-inch strips
2   tbsp. olive oil
1   clove garlic
½   cup dry white wine
½   cup chicken stock
      Juice of one lemon
10   medium mushroom caps, sliced
⅓   cup green onions, chopped
2   tbsp. butter
½   cup cilantro, chopped

Mix the flour, cheese, salt, and pepper together. Wipe the meat dry. Sprinkle it with the flour mixture and pound the flour mixture into the meat with a meat tenderizer. Heat the olive oil with the garlic and brown the meat lightly on both sides. Remove the garlic. Add the wine, stock, and lemon juice. Cover and simmer slowly for about 30 minutes.

Remove the stems from the mushrooms and wipe the caps gently with a damp cloth to remove any dirt. Sauté the mushroom caps and green onions in the butter for 10 to 15 minutes. Serve separately or with the veal. Sprinkle the veal and mushrooms with chopped cilantro and serve on a bed of *White Rice* (p. 143) or with a large baked potato.

Ternera Empanizada a la Camille

Rendimiento: 6 porciones

½   taza harina
½   taza queso parmesano, rallado
1   cdta. sal
⅛   cdta. pimienta
1½   lb. biftec de ternera de ¼ pulgada de grueso,
      cortado en trozos de 2 pulgadas de largo
2   cdas. aceite de oliva
1   diente de ajo entero
½   taza vino blanco seco
½   taza caldo de pollo
      Jugo de 1 limón
10   hongos sin tallos, medianos
⅓   taza cebollina, picada
2   cdas. mantequilla
½   taza cilantro, picado

Se mezclan la harina, el queso, la sal y la pimienta. Se seca bien la carne, se rocía con la mezcla de harina y se machaca con un mazo ablandador o piedra de machacar para que la mezcla de harina penetre en la carne. Se calienta el aceite de oliva con el ajo y se dora la carne de ambos lados. Se saca el diente de ajo del aceite y se añaden el vino, el caldo de pollo y el jugo de limón. Se cubre y se cuece a fuego lento por aproximadamente 30 minutos.

Se enjuagan los hongos rápidamente en agua fría. Se limpian las cabezas con un trapo húmedo para eliminar todo sucio. Se sofríen a fuego lento los hongos con la cebollina en la mantequilla, 10 a 15 minutos. Se sirven los hongos en un platillo aparte o se pueden colocar sobre la carne. Se rocía la carne y los hongos con el cilantro picado y se sirve sobre *Arroz Blanco* (pág. 143) o con una papa asada.

ANALYSIS / ANÁLISIS   *See Guide to Tables, p. 15 / Ver Guía para Tablas, pág. 15*

1 serving = 4 oz. veal, ½ cup mushrooms in sauce (with ¾ cup *White Rice*) [with 1 large baked potato]
1 porción = 4 oz. ternera, ½ taza hongos en salsa (con ¾ taza *Arroz Blanco*) [con 1 papa asada grande]

Each serving contains
Cada porción contiene

Calories/Calorías	326	(359)	[350]
Protein/Proteína	25.1g	(25.8)	[25.6]
Carbohydrates/Carbohidratos	12.9g	(20.1)	[18.5]
Fat/Grasa	18.3g		
Dietary fiber/Fibra dietética	0.5g	(0.6)	[0.6]
Cholesterol/Colesterol	27.2mg		
Sodium/Sodio	733mg		[734]

ADA exchange value
Intercambio para el diabético

Vegetable/Vegetal	0.5
Bread/Pan	0.5 (0.9) [0.8]
Meat/Carne	3.2
Fat/Grasa	1.8
Milk/Leche	0.0
Fruit/Fruta	0.1

Pig's Feet with Chickpeas Cecilia

Makes 6 servings

12	pig's feet
6	cups water
4	16-oz. cans chickpeas
6	medium potatoes, diced
2	large onions, chopped
6	cloves garlic, minced
4	tbsp. capers
½	cup pimento-stuffed green olives, chopped
1	cup raisins
½	cup tomato paste
2	tsp. turmeric
⅛	tsp. salt

Wash the pig's feet well. Boil for 30 minutes in enough water to just cover the meat. Discard the water and rinse the meat well. Place the meat and 6 cups water in the same pot. Bring to a boil, reduce the heat, and simmer for 3½ to 4 hours. Add more hot water as necessary. Add the rest of the ingredients and simmer slowly until the broth thickens, 30 to 35 minutes.

Pressure cooker method: Bring the cleaned pig's feet and enough water to cover to high pressure. Adjust the heat to maintain the pressure and cook for 15 minutes. Bring the pressure down under cold running water. Open the pressure cooker carefully. Drain and rinse the meat. Place the meat in the pressure cooker with enough water to cover and bring to high pressure. Adjust the heat to maintain the pressure and cook for 25 minutes. Bring the pressure down under cold running water. Open the pressure cooker carefully. Add the rest of the ingredients and bring to high pressure. Adjust the heat to maintain the pressure and cook for 15 minutes. Bring the pressure down under cold running water. Open the pressure cooker carefully.

Patitas de Puerco con Garbanzos a la Cecilia

Rendimiento: 6 porciones

12	patas de puerco
6	tazas agua
4	latas (16 oz. c/u) garbanzos
6	papas medianas, picadas en cuadritos
2	cebollas grandes, picadas
6	dientes de ajo, finamente picados
4	cdas. de alcaparras
½	taza aceitunas rellenas con pimentón rojo, picadas
1	taza pasitas
½	taza puré de tomate
2	cdtas. cúrcuma
⅛	cdta. sal

Se lavan las paticas de puerco, se colocan en una olla grande con suficiente agua hasta cubrirlas y se hierven por media hora. Se les bota el agua y se enjuagan bien (para quitarles la espuma). Se ponen a hervir de nuevo en seis tazas de agua, reduzca el calor y déjelas hervir a fuego lento durante 3½ ó 4 horas. Agregue más agua caliente si es necessario. Se agregan los demás ingredientes y se dejan hervir a fuego lento de 30 a 35 minutos hasta que cojan punto (que queden cuajaditas).

Si se usa la olla a presión, se ponen las patas de cerdo cubiertas con agua a una presión alta durante 15 minutos. Se disminuye la presión usando agua fría de la llave. Se bota el agua y se enjuagan bien. Se vueluen a poner las patas de cerdo en la olla a presión con suficiente agua y se dejan cocinar por 25 minutos más. Se baja la presión usando agua fría sobre la tapa de la olla. Abra la olla con cuidado. Se agrega el resto de los ingredientes y se coloca nuevamente la olla a alta presión dejándola esta vez por 15 minutos. Se baja la presión usando agua fría sobre la tapa de la olla. Abra la olla con cuidado.

ANALYSIS / ANÁLISIS

1 serving/porción = 10 oz.

Each serving contains **Cada porción contiene**		**ADA exchange value** **Intercambio para el diabético**	
Calories/Calorías	677	Vegetable/Vegetal	1.1
Protein/Proteína	37.0g	Bread/Pan	4.1
Carbohydrates/Carbohidratos	90.3g	Meat/Carne	3.9
Fat/Grasa	20.9g	Fat/Grasa	1.3
Dietary fiber/Fibra dietética	15.6g	Milk/Leche	0.0
Cholesterol/Colesterol	113mg	Fruit/Fruta	1.3
Sodium/Sodio	1,344mg		

Squash and Ham

Makes 5 servings

2   tbsp. vegetable oil
1   small onion, cut into rings
1   clove garlic, chopped
1   medium bell pepper, cut into strips
1   small pimento, cut into strips
½   cup chicken stock
2   large tomatoes, coarsely chopped
2   cups cooked yellow squash
2   cups cooked ham, cut into strips
⅛   tsp. salt
¼   tsp. pepper
⅛   tsp. garlic powder
2   tsp. cilantro, chopped

In a skillet, heat the oil and sauté the onions and garlic until the onions are transparent. Stir in the bell pepper and pimento and cook for 3 minutes. Add the remaining ingredients and blend well. Cover and simmer 15 minutes, or until the bell pepper is tender.

Calabacitas con Jamón

Rendimiento: 5 porciones

2   cdas. aceite vegetal
1   cebolla pequeña, cortada en ruedas
1   diente de ajo, picado
1   pimiento verde mediano, cortado en tiras
1   pimiento rojo pequeño, cortado en tiras
½   taza caldo de pollo
2   tomates grandes, picados en trozos grandes
2   tazas calabaza amarilla, cocida
2   tazas jamón cocido, cortado en tiras
⅛   cdta. sal
¼   cdta. pimienta
⅛   cdta. polvo de ajo
2   cdtas. cilantro, picado

En una sartén se calienta el aceite y se sofríe la cebolla y el ajo. Se agregan los pimientos verdes y rojos y se cocina por 3 minutos. Se añaden los ingredientes restantes y se mezcla bien. Se tapa y se cocina a fuego lento por 15 minutos, hasta que el pimiento verde esté tierno.

ANALYSIS / ANÁLISIS

1 serving/porción = 1 cup/taza

Each serving contains **Cada porción contiene**		**ADA exchange value** **Intercambio para el diabético**	
Calories/Calorías	175	Vegetable/Vegetal	1.8
Protein/Proteína	14.8g	Bread/Pan	0.0
Carbohydrates/Carbohidratos	10.4g	Meat/Carne	1.8
Fat/Grasa	8.8g	Fat/Grasa	1.1
Dietary fiber/Fibra dietética	1.2g	Milk/Leche	0.0
Cholesterol/Colesterol	16.9mg	Fruit/Fruta	0.0
Sodium/Sodio	781mg		

Potatoes with Sausage

Makes 4 servings

2   tbsp. corn oil
1   large or 2 small cooked potatoes, peeled and cubed
3   oz. Mexican sausage (chorizo)
⅛   tsp. salt

Heat the oil in a skillet and fry the potatoes until tender and browned. Add the sausage and cook, stirring frequently, until it is browned.

Comments: This dish may be served as an entree or in tacos.

Papas con Chorizo Mexicano

Rendimiento: 4 porciones

1   papa grande ó 2 pequeñas, peladas, cortadas en cuadritos
3   oz. chorizo Mexicano
2   cdas. aceite de maíz
⅛   cdta. sal

Se fríen las papas en aceite caliente hasta que estén suaves y doraditas. Se añade el chorizo Mexicano y se fríe, revolviendo con frecuencia, hasta que el chorizo esté dorado.

Comentario: Este plato se puede servir como plato principal o en tacos.

ANALYSIS / ANÁLISIS,   *See Guide to Tables, p. 15 / Ver Guía para Tablas, pág. 15*

1 serving = ½ cup (2 tbsp. only as taco filling, with 1 corn tortilla)
1 porción = ½ taza (2 cdas. solamente como relleno para tacos, con 1 tortilla de maíz)

Each serving contains / Cada porción contiene			ADA exchange value / Intercambio para el diabético		
Calories/Calorías	198	(266)	Vegetable/Vegetal	0.0	
Protein/Proteína	6.0g	(8.2)	Bread/Pan	0.6	(1.4)
Carbohydrates/Carbohidratos	10.2g	(23.0)	Meat/Carne	0.7	
Fat/Grasa	15.0g	(16.1)	Fat/Grasa	2.6	(2.8)
Dietary fiber/Fibra dietética	0.0g	(0.5)	Milk/Leche	0.0	
Cholesterol/Colesterol	0.0mg		Fruit/Fruta	0.0	
Sodium/Sodio	193mg	(246)			

Tamales

Tamales

Makes 60 servings

Rendimiento: 60 porciones

Place 70 corn husks into hot water to soak for 1 hour (soak 10 extra husks in case some of them split during soaking). Drain and pat dry with paper towels.

Se requieren un mínimo de 70 hojas de maíz remojadas en agua caliente por 1 hora. Se escurren y después se secan levemente con una toallita de papel.

Masa dough

1	cup fat rendered from the pork shoulder plate roast used in the filling
2½	tsp. baking powder
2	tbsp. water
3½	lbs. freshly ground corn masa
3	tsp. salt
¾	cup pork broth, reserved from filling

Masa

1	taza grasa de puerco (de la paleta de puerco)
2½	cdtas. polvo de hornear
2	cdas. agua
3½	lbs. masa de maíz recién molida
3	cdtas. sal
¾	taza caldo de carne de puerco

Place the rendered pork fat, baking powder, and water in a large bowl and mix with the hands until very smooth. Add the masa and salt and mix with hands, adding pork broth as necessary, until the dough has the consistency of cookie dough. Set aside.

Se coloca la grasa de puerco, polvo de hornear y agua en un tazón grande y se mezcla con las manos hasta que esté bien unido. Se agrega la masa y la sal y se mezcla con las manos, añadiendo el caldo de puerco hasta que la consistencia sea como la de masa para galletas, o menos fina que masa para tortillas de maíz. Se pone a un lado.

Meat filling

6	lb. pork shoulder plate roast, trimmed of excess fat
12	cups water
2	tsp. salt
3	medium onions, quartered
5	cloves garlic, crushed
10	dry marisol peppers, stems and seeds removed
12	dry colorado chiles, stems and seeds removed
4¼	cups pork broth, divided
4	tsp. cumin
4	tsp. oregano

Relleno

6	lb. paleta de puerco, desgrasado
12	tazas agua
3	cebollas medianas, en cuartos
5	dientes de ajo, machacados
10	chiles marisol secos, sin semillas y sin tallos
12	chiles colorados secos, sin semillas y sin tallos
4¼	tazas caldo de puerco, dividido
2	cdtas. sal
4	cdtas. comino
4	cdtas. de orégano

Place the pork in a large pan with 12 cups water, onion, and garlic and simmer, covered, for 2½ hours, until the meat is tender. Refrigerate 24 hours. Remove all of the fat from the liquid's surface; reserve the fat.

Trim all visible fat from the cooked meat and chop the meat into 1-inch cubes. Place the chopped meat in a large skillet and heat for about 5 minutes. Tear the chiles into pieces and put into a blender with 3½ cups broth. Blend until smooth.

Place the puréed chile sauce, chopped meat, salt, cumin, and oregano into a saucepan and simmer until the mixture turns golden, about 15 minutes.

To assemble the tamales: Holding a corn husk in the left hand, with the narrow end facing away from the body, with light, brisk strokes, spread 1 heaping tbsp.

Se colocan el puerco, cebollas y ajo en una olla grande y se cubren con aproximadamente 12 tazas de agua. Se cocina a fuego lento hasta que el puerco esté suave (blandito), aproximadamente 2½ horas. Se refrigera por 24 horas. Se quita toda la capa de grasa del caldo y se pone a un lado. Se reserva ¾ taza del caldo para la masa. Se quita también toda la grasa visible de la paleta y se corta la carne en cubitos de 1 pulgada. Se pone la carne en una sartén y se calienta a fuego lento por unos 5 minutos. Se rompen los chiles en pedazos y se ponen en la licuadora con 3½ tazas de caldo. Se mezcla hasta que esté bien unido. Se coloca la salsa licuada de chile, la carne, sal, comino y orégano en una olla y se cocina a fuego lento hasta que la mezcla obscurezca (aproximadamente 15 minutos).

(continued/continúa)

of masa with the back of a soup spoon or small wooden spoon on the smooth side of the husk. The masa should cover only the right-hand side of the shuck; a strip about ½ inch wide should be left without masa on the left side. The shucks that are spread with masa may be stacked and set aside until all the masa has been used, or, if someone is helping, the meat may be added at this time. Place a heaping tbsp. of meat on the masa, forming a narrow strip on the center of the shuck. Roll the shuck lengthwise from right to left; the end without masa should be on the outside. Fold under the end without masa. Repeat for all the corn husks.

Place a rack or upside-down large metal lid inside a large covered pot. If using a lid, cover it with strips of shucks. Place a small round object, such as an aluminum measuring cup, in the center of the pot. Stack the tamales around the object with the folded part on the bottom and the open ends facing up. Do not crowd, as the dough needs room to expand. Pour 2 cups boiling water around the inside walls of the pot, making sure the water does not go into the tamales. Cover the tamales well with strips of corn husks to concentrate the heat and allow for more even cooking. Cover the pot and steam the tamales over low heat for 1 to 1½ hours.

Para confeccionar los tamales se coloca 1 cda. rebozada de masa sobre ⅔ de la hoja de maíz, dejando la parte delgada de la hoja sin cubrir. Se coloca una cucharada sopera de relleno a lo largo del centro de la masa en la hoja y se doblan los lados sobre el relleno y por último se dobla la parte superior de la hoja que no tiene relleno sobre la unión. Se prepara una olla grande para cocinar los tamales al vapor colocando una rejilla en el fondo de la olla y encima y en el centro de la rejilla se coloca una taza de metal. Se le agregan 2 tazas de agua hirviendo por los lados de la olla, asegurándose que el agua no cubra la rejilla o taza. Se colocan parados los tamales sobre la rejilla, dejando espacio entre los tamales de ser posible para que la masa de harina se expanda a medida que se cuece. Se cubren bien los tamales con hojas de maíz. Esto concentra el calor y permite que los tamales se cuezan más pronto y más parejo. Luego se tapa la olla con tapadera y se cocinan al vapor a fuego lento de 1 a 1½ horas.

ANALYSIS / ANÁLISIS

1 serving/porción = 1 tamale/tamal

Each serving contains Cada porción contiene		ADA exchange value Intercambio para el diabético	
Calories/Calorías	179	Vegetable/Vegetal	0.3
Protein/Proteína	12.6g	Bread/Pan	0.4
Carbohydrates/Carbohidratos	7.8g	Meat/Carne	1.7
Fat/Grasa	10.7g	Fat/Grasa	1.0
Dietary fiber/Fibra dietética	0.9g	Milk/Leche	0.0
Cholesterol/Colesterol	47.0mg	Fruit/Fruta	0.0
Sodium/Sodio	239mg		

Poultry

Aves

Chicken Dinner

Makes 4 servings

1   lb. (4) skinless chicken breasts
2   medium potatoes, ¼ in. slices
⅛   tsp. pepper
⅛   tsp. salt
½   cup canned cut green beans, drained
½   cup zucchini, sliced
½   cup broccoli, broken into florets, stems peeled and sliced
½   cup carrots, peeled and sliced
12 tbsp. *Fresh Tomato Sauce* (p. 219)

Place the chicken and sliced potatoes in a saucepan, cover with water, season with salt and pepper, and bring to a boil. Lower the heat and simmer for 20 minutes. Add the vegetables and cook 5 minutes more, or until the vegetables are tender. Serve with room-temperature *Fresh Tomato Sauce*.

Comida de Pollo

Rendimiento: 4 porciones

1   lb. (4) pechugas de pollo, sin piel
2   papas medianas, cortadas en ruedas de ¼ de pulgada
⅛   cdta. pimienta
⅛   cdta. sal
½   taza habichuelas, en lata, cortadas, escurridas
½   taza calabacita, rebanada
½   taza bróculi, separada en ramilletes, troncos pelados y en rebanadas
½   taza zanahorias, rebanadas
12 cdas. *Salsa Fresca de Tomate* (pág. 219)

Se colocan las papas, el pollo y las especies en una olla con agua para cubrir. Se tapa y se deja hervir. Se reduce el fuego y se cuece a fuego medio por 20 minutos. Se añaden las verduras y se cocina por 5 minutos más, hasta que estén cocidas. Se corona cada porción con *Salsa Fresca de Tomate* a temperatura ambiente.

ANALYSIS / ANÁLISIS

1 serving/porción = 1 chicken breast with 4 ozs. vegetables and 3 tbsp. *Fresh Tomato Sauce*
1 porción = 1 pechuga con 4 ozs. de verduras y 3 cdas. de *Salsa Fresca de Tomate*

Each serving contains **Cada porción contiene**		**ADA exchange value** **Intercambio para el diabético**	
Calories/Calorías	378	Vegetable/Vegetal	1.6
Protein/Proteína	23.6g	Bread/Pan	0.9
Carbohydrates/Carbohidratos	22.7g	Meat/Carne	3.0
Fat/Grasa	21.6g	Fat/Grasa	2.3
Dietary fiber/Fibra dietética	3.4g	Milk/Leche	0.0
Cholesterol/Colesterol	0.0mg	Fruit/Fruta	0.0
Sodium/Sodio	153mg		

Chicken Livers in Chipotle Sauce

Makes 6 servings

1 large (about ½ lb.) tomato, broiled but not peeled
2 cloves garlic, peeled and roughly chopped
2 canned, pickled chipotle peppers
¾ lb. chicken livers
2 tbsp. corn oil
½ medium white onion, thinly sliced
⅛ tsp. salt

Blend the tomato, garlic, and chipotles in a blender until almost smooth. Set aside.

Trim any greenish spots from the bile duct of the livers and cut each liver into eight pieces. Heat the oil in a skillet, add the liver pieces and onion, sprinkle lightly with salt, and stir fry for about 3 minutes over high heat. Add the tomato mixture and continue cooking at high heat for about 5 minutes, or until the sauce has reduced to the consistency of a gravy.

Comments: Care should be taken not to overcook the chicken livers, which are done when still pink inside.

Higaditos de Pollo en Salsa de Chipotle

Rendimiento: 6 porciones

1 (½ lb.) tomate grande, asado al fuego, sin pelar
2 dientes de ajo, pelados y cortados en trozos
2 chiles chipotles encurtidos, de lata
¾ lb. hígados de pollo
2 cdas. aceite de maíz
½ cebolla blanca mediana, cortada en rodajas delgaditas
⅛ cdta. sal

Se coloca el tomate, el ajo y los chiles en una licuadora y se licúan hasta que estén bien molidos, pero dejándole un poco de grumos. Se coloca a un lado.

Se limpian los hígados con cuidado, eliminando cualesquier puntos verdes del conducto biliar. Se corta cada hígado en 8 pedazos. Se calienta el aceite en una sartén, se agregan los hígados, cebolla y sal. Se fríen a fuego rápido, dándoles vuelta contínuamente, por aproximadamente 3 minutos. Se añade la mezcla de tomates y se continúa cocinando a fuego rápido por 5 minutos, o hasta que se haya reducido el líquido y obtenga el espesor de una salsa.

Comentario: Se debe tener cuidado de no cocinar los hígados en exceso; cuando están rosados en el centro, están cocidos.

ANALYSIS / ANÁLISIS

1 serving/porción = 6 oz.

Each serving contains **Cada porción contiene**		**ADA exchange value** **Intercambio para el diabético**	
Calories/Calorías	146	Vegetable/Vegetal	0.7
Protein/Proteína	14.5g	Bread/Pan	0.0
Carbohydrates/Carbohidratos	4.3g	Meat/Carne	1.8
Fat/Grasa	7.8g	Fat/Grasa	0.9
Dietary fiber/Fibra dietética	1.0g	Milk/Leche	0.0
Cholesterol/Colesterol	358mg	Fruit/Fruta	0.0
Sodium/Sodio	77mg		

Chicken Tacos

Makes 12 servings

The filling
3 tbsp. safflower oil
½ cup white onion, finely chopped
3 fresh jalapeño peppers, cut into thin strips (with seeds and veins)
1½ cups tomatoes, finely chopped and unpeeled
1½ cups *Shredded Chicken Filling* (p. 89)
3 tbsp. chicken broth
⅛ tsp. salt

Heat the oil. Add the onion and pepper strips and sauté for 1 minute. Add the tomatoes and cook for 3 minutes, until some of the liquid has been absorbed. Add the chicken filling, broth, and salt and cook until the mixture is almost dry and shiny, about 8 minutes. Cool slightly.

The tacos
12 corn tortillas
½ cup safflower oil, for frying
1 cup *Fresh Tomato Sauce* (p. 219)
2 cups lettuce, finely shredded
6 tbsp. farmer cheese or queso blanco, finely grated

Put 3 tbsp. of the chicken filling across a tortilla, roll, and secure with a toothpick. Heat enough oil in a skillet to cover the bottom liberally (about ¼ inch) and place the tacos, fold down, into the oil. Do not crowd. Fry gently, turning them often. Remove with tongs and drain on paper towels.

Remove the toothpick and open each taco slightly to insert 4 tsp. of the *Fresh Tomato Sauce*, 3 tbsp. lettuce, and 1½ tsp. cheese.

Tacos de Pollo

Rendimiento: 12 porciones

Relleno
3 cdas. aceite de cártamo
½ taza cebolla blanca, picadita
3 chiles jalapeños frescos, cortados en tiritas delgadas (con semillas y venas)
1½ tazas tomates, sin pelar, picaditos
1½ tazas *Pollo Deshebrado* (pág. 89)
3 cdas. de caldo de pollo
⅛ cdta. sal

Se calienta el aceite. Se añade la cebolla y las tiras de chile y se fríen por 1 minuto. Se agregan los tomates y se cocina por 3 minutos más, hasta que se haya consumido parte del jugo. Se agrega el pollo, el caldo y la sal. Se cocina hasta que la mezcla esté casi seca y brillante, 8 minutos más o menos. Se deja enfriar ligeramente.

Tacos
12 tortillas de maíz
½ taza aceite de cártamo, para freir
1 taza *Salsa Fresca de Tomate* (pág. 219)
2 tazas lechuga, picadita
6 cdas. queso blanco, rallado

Se colocan 3 cdas. del relleno de pollo en el centro de cada tortilla, se enrollan y se aseguran con un palillo de dientes. Se calienta suficiente aceite para cubrir el fondo de una sartén (aproximadamente ¼ pulgada) y se colocan unos tacos, con la unión hacía abajo, en el aceite. Se fríen lentamente, dándoles vuelta con frecuencia.

Una vez que estén sellados se pueden eliminar los palillos de dientes. Se puede abrir cada taco un poco y antes de servirlos se les colocan 4 cdtas. de la salsa y se rocía con 3 cdas. de lechuga y 1½ cdtas. de queso.

ANALYSIS / ANÁLISIS *See Guide to Tables, p. 15 / Ver Guía para Tablas, pág. 15*

1 serving = 3 tbsp. filling (and 1 corn tortilla, 4 tsp. *Fresh Tomato Sauce*, 3 tbsp. lettuce, and 1½ tsp. cheese)
1 porción = 3 cdas. relleno (y 1 tortilla de maíz, 4 cdtas. *Salsa Fresca de Tomate*, 3 cdas. lechuga, y 1½ cdtas. de queso)

Each serving contains / **Cada porción contiene**			**ADA exchange value** / **Intercambio para el diabético**	
Calories/Calorías	89.1	(276)	Vegetable/Vegetal	0.5 (1.0)
Protein/Proteína	7.1g	(11.6)	Bread/Pan	0.0 (0.8)
Carbohydrates/Carbohidratos	2.8g	(18.4)	Meat/Carne	0.8 (1.1)
Fat/Grasa	5.6g	(18.2)	Fat/Grasa	0.7 (3.0)
Dietary fiber/Fibra dietética	0.08g	(3.0)	Milk/Leche	0.0
Cholesterol/Colesterol	21.9mg		Fruit/Fruta	0.0
Sodium/Sodio	61mg	(187)		

Shredded Chicken Filling

Makes 2 cups

1   large whole chicken breast with bone and skin
1½ cups chicken broth, approximately

Cut the breast in half. Put the chicken in a pan with the chicken broth to cover. Bring to a simmer and continue cooking until tender but not soft, 20 to 25 minutes. Set aside to cool in the broth. Strain.

Strip the meat from the bone and discard the bone. Shred the meat and some of the skin for extra flavor.

Comments: Chicken used for filling in tacos, enchiladas, tostadas, etc., is always cooked in broth and shredded.

Pollo Deshebrado

Rendimiento: 2 tazas

1   pechuga de pollo entera, con hueso y piel
1½ tazas caldo de pollo, aproximadamente

Se corta la pechuga en mitad. Se coloca en una olla con suficiente caldo para cubrirla, 1½ tazas. Se cocina a fuego lento hasta que esté tierna pero no demasiado suave, 20 a 25 minutos. Se pone a un lado y se deja enfriar en el caldo.

Se cuela, se quita la carne del hueso, se bota el hueso y se desmenuza la carne así como parte de la piel para darle más sabor.

Comentario: El pollo que se usa para rellenar tacos, enchiladas, tostadas y demás siempre se cocina en caldo de pollo y se desmenuza.

ANALYSIS / ANÁLISIS

1 serving/porción = 1 cup/taza

Each serving contains *** Cada porción contiene***		***ADA exchange value*** ***Intercambio para el diabético***	
Calories/Calorías	327	Vegetable/Vegetal	0.2
Protein/Proteína	46.4g	Bread/Pan	0.0
Carbohydrates/Carbohidratos	1.2g	Meat/Carne	5.9
Fat/Grasa	13.9g	Fat/Grasa	0.2
Dietary fiber/Fibra dietética	0.3g	Milk/Leche	0.0
Cholesterol/Colesterol	160mg	Fruit/Fruta	0.0
Sodium/Sodio	144mg		

Green Enchiladas with Chicken

Makes 6 servings

Green sauce

1   lb. (about 20 medium) tomatillos, husks removed, rinsed
2   serrano peppers, stems removed, rinsed
1   clove garlic, peeled and chopped
1   tbsp. safflower oil
⅓   cup chicken broth
⅛   tsp. salt

Place the tomatillos and serranos in a saucepan, barely cover with water, and bring to a simmer. Continue simmering until the tomatillos are just soft, about 9 minutes. Remove the pan from the heat and drain, reserving ¼ cup of the cooking liquid. Place the tomatillos and reserved cooking liquid in a blender with the garlic and blend until smooth.

Heat the oil in a skillet, add the tomatillo sauce, and cook over medium heat, stirring occasionally, for about 5 minutes. Add the broth and salt and continue cooking until the sauce has reduced to about 2 cups, about 5 minutes. Keep warm while you prepare the enchiladas.

Enchiladas Verdes con Pollo

Rendimiento: 6 porciones

Salsa verde

1   lb. (aproximadamente 20 medianos) tomatillos, sin cáscara, bien lavados
2   chiles serranos, sin tallo y bien lavados
1   diente de ajo, pelado y picado
1   cda. de aceite de cártamo
⅓   taza caldo de pollo
⅛   cdta. sal

Se colocan los tomatillos y chiles en una olla, se cubren apenas con agua y se cocinan a fuego lento hasta que estén ligeramente suaves, 9 minutos. Se quitan del fuego, se cuelan y se reserva ¼ taza del agua. Se colocan los tomates y el agua reservada en la licuadora; se agrega el ajo y se licúa hasta que esté como pasta.

Se calienta el aceite en una sartén, se añade la salsa verde y se cocina a fuego medio, revolviendo de vez en cuando, por aproximadamente 5 minutos. Se agrega el caldo y la sal y se continúa cocinando hasta que se haya reducido el líquido a 2 tazas, aproximadamente 5 minutos. Se mantiene caliente mientras se preparan las enchiladas.

(continued/continúa)

Enchiladas

½ cup safflower oil, for frying
12 corn tortillas
1½ cups cooked chicken breast, shredded
½ cup white onion, finely chopped
⅓ cup farmer cheese

Have ready a warm serving dish into which the enchiladas will fit in one layer and a tray lined with paper towels for draining the fried tortillas.

Heat about 2 tablespoons of the oil in a skillet, immerse the tortillas one at a time, holding them down in the oil with a spatula, for about 1 minute; turn and fry the second side for about 30 seconds—the tortillas should be heated through but not crisp. Add more oil as necessary. Drain on the paper towels.

Dip the tortillas into the green sauce one at a time, spread 2 tbsp. of the shredded chicken across the center of each, add 1 tsp. of onion, and roll up. Place the enchiladas in the warmed dish. Pour the remaining sauce over them, sprinkle with the remaining 12 tsp. of onion and the cheese, and serve immediately.

Comments: Enchiladas make a great lunch dish accompanied by a salad, or a substantial main course for dinner. Enchiladas must be eaten the moment they are assembled; otherwise, the tortillas become soggy.

Enchiladas

½ taza aceite de cártamo, para freir
12 tortillas de maíz
1½ tazas pechuga de pollo cocida, desmenuzada
½ taza cebolla blanca, picadita
⅓ taza queso blanco

Se calienta un plato de servir de un tamaño adecuado para colocar una capa de enchiladas y se prepara una tartera cubierta con papel toalla para colocar las tortillas a medida que se fríen. Se calientan aproximadamente 2 cdas. de aceite en una sartén. Se coloca una de las tortillas en la sartén y se mantiene sumergida con una espátula por espacio de 1 minuto; se invierte la tortilla y se fríe del otro lado por unos 30 segundos—la tortilla debe estar caliente pero no tostada. Se van colocando las tortillas sobre el papel toalla para eliminar el exceso de grasa hasta que se hayan frito todas. De ser necesario se agrega aceite a la sartén.

Se remoja una de las tortillas fritas en la salsa verde, se le coloca 2 cdas. del pollo en el centro, se rocía con 1 cdta. de la cebolla y se enrolla, antes de colocarla en el plato precalentado. Se continúa este procedimiento con el resto de las tortillas. Se vierte la salsa restante sobre las enchiladas, se rocían con el resto de la cebolla y el queso y se sirven inmediatamente.

Comentario: Las enchiladas se sirven para la comida del mediodía acompañadas de una ensalada o como plato principal para la cena. Las enchiladas siempre deben servirse inmediatamente después de confeccionadas para que las tortillas no se entrapen en la salsa.

ANALYSIS / ANÁLISIS

1 serving/porción = 2 enchiladas

Each serving contains *Cada porción contiene*		*ADA exchange value* *Intercambio para el diabético*	
Calories/Calorías	426	Vegetable/Vegetal	1.0
Protein/Proteína	14.1g	Bread/Pan	1.6
Carbohydrates/Carbohidratos	31.2g	Meat/Carne	1.1
Fat/Grasa	28.4g	Fat/Grasa	5.0
Dietary fiber/Fibra dietética	3.9g	Milk/Leche	0.0
Cholesterol/Colesterol	14.3mg	Fruit/Fruta	0.0
Sodium/Sodio	216mg		

Chicken with Rice Cecilia

Makes 12 servings

2   tbsp. olive oil
12   chicken legs
2   medium onions, chopped
8   cloves garlic, minced
4   tbsp. tomato purée
1   cup water
2   tsp. turmeric
4   12-oz. cans beer
3   cups Valencia rice (long-grain white rice may be substituted, although the results are not as satisfactory)
2   8.5-oz. cans peas (if substituting frozen peas, increase cooking time 10 minutes)
2   4-oz. jars pimentos
½   tsp. salt

Place 2 tbsp. olive oil in a skillet and brown the chicken with the onion, garlic, salt, and tomato purée. Add the water and turmeric and simmer for 20 minutes. Add the beer and rice and bring the mixture to a boil. Reduce the heat, cover, and simmer until the rice is tender, about 40 to 45 minutes. Add more water if necessary. Ten minutes before serving, add the canned peas and the pimentos.

Comments: Valencia rice may be purchased in grocery stores that carry Hispanic food specialties, such as, in Texas, HEB and Fiesta, and in Miami, Sedano and X-tra.

Arroz con Pollo a la Cecilia

Rendimiento: 12 porciones

2   cdas. aceite de oliva
12   piernas de pollo
2   cebollas medianas, picadas
8   dientes de ajo, finamente picados
4   cdas. de puré de tomate
1   taza de agua
2   cdtas. cúrcuma
4   latas cerveza (12 oz. c/u)
3   tazas arroz Valencia (se puede usar arroz de grano grande aunque no es tan satisfactorio)
2   latas de alverjas (8.5 oz. c/u) (si se usan congeladas, hay que cocinarlas 10 minutos más que las enlatadas)
2   pomos pimiento morrón (4 oz. c/u)
½   cdta. sal

En una sartén con 2 cdas. de aceite se sofríe el pollo con la cebolla, ajo, sal y puré por aproximadamente 5 minutos. Se le agrega el agua y el cúrcuma. Se deja cocinar por 20 minutos a fuego lento. Se le agrega la cerveza y el arroz. Cuando empieza a hervir, se tapa y se pone a fuego lento hasta que el arroz esté blando, 40 a 45 minutos. Se le agrega más agua si es necessario. Diez minutos antes de servir se agregan rociados por encima las alverjas y el pimiento morrón.

Comentario: El arroz Valencia se encuentra en supermercados que venden comestibles latinos tales como, en Texas, HEB y Fiesta, y, en Miami, Sedano y X-tra.

ANALYSIS / ANÁLISIS

1 serving/porción = 1 chicken leg/pierna de pollo, 10 oz. rice/arroz

Each serving contains *Cada porción contiene*		***ADA exchange value*** *Intercambio para el diabético*	
Calories/Calorías	384	Vegetable/Vegetal	0.7
Protein/Proteína	19.7g	Bread/Pan	2.9
Carbohydrates/Carbohidratos	50.1g	Meat/Carne	1.9
Fat/Grasa	8.5g	Fat/Grasa	0.5
Dietary fiber/Fibra dietética	3.2g	Milk/Leche	0.0
Cholesterol/Colesterol	49mg	Fruit/Fruta	0.0
Sodium/Sodio	239mg		

Spanish Rice with Chicken

Makes 12 servings

1	tbsp. corn oil
½	cup onion, minced
½	cup bell pepper, chopped
1	clove garlic, minced
12	ozs. *Fresh Tomato Sauce* (p. 219)
12	chicken thighs, skin removed
1	36-oz. can tomatoes
½	tsp. thyme
2	cups cooked *White Rice* (p. 143)

Sauté the onions, bell pepper, and garlic in corn oil. Set aside.

Preheat the oven to 350°. Simmer the chicken thighs in *Fresh Tomato Sauce* for 30 minutes. (If the sauce does not cover the chicken, add water.) Add the tomatoes, thyme, and rice and bake for 25 minutes, or until the liquid is absorbed and the chicken is tender.

Arroz Español con Pollo

Rendimiento: 12 porciones

1	cda. aceite de maíz
½	taza cebolla, picada
½	taza pimiento verde, picado
1	diente de ajo, finamente picado
12	muslos de pollo, sin cuero
12	oz. *Salsa Fresca de Tomate* (pág. 219)
1	lata de 36 oz. de tomates
½	cdta. tomillo
2	tazas *Arroz Blanco* (p. 143)

Dore la cebolla, el pimiento y el ajo en el aceite de maíz. Ponga a un lado.

Se precalienta el horno a 350°. Se cocinan los muslos de pollo en *Salsa Fresca de Tomate* a fuego medio por 30 minutos. Si la salsa no alcanza a cubrir el pollo, agregue agua y mezcle bien. Agregue el tomate, el tomillo, el pollo en su salsa y el arroz cocido. Meta al horno por 25 minutos o hasta que el arroz haya absorbido la mayor parte de la salsa y el pollo esté cocido.

ANALYSIS / ANÁLISIS

1 serving/porción = 1 chicken thigh/muslo de pollo, 4 oz. rice/arroz

Each serving contains **Cada porción contiene**		**ADA exchange value** **Intercambio para el diabético**	
Calories/Calorías	192	Vegetable/Vegetal	1.1
Protein/Proteína	15.7g	Bread/Pan	0.6
Carbohydrates/Carbohidratos	15.8g	Meat/Carne	1.9
Fat/Grasa	7.2g	Fat/Grasa	0.2
Dietary fiber/Fibra dietética	0.7g	Milk/Leche	0.0
Cholesterol/Colesterol	49.0mg	Fruit/Fruta	0.0
Sodium/Sodio	228mg		

Chicken Mole

Makes 12 servings

12 chicken breasts, without skin
10 small cloves garlic, peeled and minced, divided
4   tbsp. onion, chopped, divided
9½ cups water, divided
1½ tsp. salt
16 dried chiles, combination of pasilla, ancho, mulata
9   tbsp. corn oil, divided
2   medium tomatoes, diced
2   slices bread, toasted and cubed
2   crisp corn tortillas, crumbled
4   tbsp. raisins
¼   cup shelled unsalted peanuts
¾   tsp. ground cinnamon
½   tsp. allspice
½   tsp. ground cloves
¼   tsp. dried thyme
¼   tsp. dried marjoram
1   tbsp. ground oregano
6–7 cups reserved chicken broth
6   tbsp. cocoa
6   tsp. sugar

Rinse the chicken and place it with 5 cloves garlic and 2 tbsp. onions in a large saucepan. Add water to cover (approximately 8 cups) and salt. Bring to a boil. Lower the heat, cover, and simmer until the chicken is tender, approximately 30 minutes. Strain and reserve the broth.

Remove the stems from the dried chiles and break the chiles into small pieces. Fry the chiles in 4 tbsp. oil for 3–4 minutes. Place the fried chile mixture in a blender with 1½ cups water and purée. Press the purée through a sieve to obtain a smooth paste. Set aside.

In the blender, purée the remaining onion, garlic, and tomato.

In a saucepan, heat 3 tbsp. oil and sauté the bread cubes and tortilla crumbs. Add the bread, tortilla, raisins, peanuts, cinnamon, allspice, cloves, thyme, marjoram, and oregano to the onion, garlic, and tomato purée in the blender and purée again.

Heat 1 tbsp. oil and cook the purée over medium heat for 10–12 minutes. Add the chile paste and cook 7 minutes. Blend in 6–7 cups of reserved chicken broth, the cocoa, and sugar. Cover and simmer 2 hours, stirring occasionally. Uncover and simmer until the mole coats the back of a wooden spoon.

Mole de Pollo

Rendimiento: 12 porciones

12 pechugas de pollo, sin piel
10 dientes de ajo pequeños, pelados y picados, divididos
4   cdas. cebolla, picada, dividida
9½ tazas agua, divididas
1½ cdtas. de sal
16 chiles secos (una combinación mayormente suave como pasilla, ancho o mulata)
9   cdas. aceite de maíz, divididas
2   tomates medianos, picados
2   rebanadas de pan tostado, cortado en cubitos
2   tortillas de maíz, tostadas y desmoronadas
4   cdas. pasitas
¼   taza cacahuates pelados, sin sal
¾   cdta. canela molida
½   cdta. calicanto
½   cdta. clavo de olor molido
¼   cdta. tomillo seco
¼   cdta. mejorana
1   cda. orégano en polvo
6–7 tazas caldo de pollo reservado
6   cdas. cacao en polvo
6   cdtas. azúcar

Se quita la piel de las pechugas de pollo, se lavan bien y se colocan en una olla grande. Se añaden 5 dientes de ajo y 2 cdas. de cebolla. Se añade agua hasta que todo quede cubierto (aproximadamente 8 tazas) y la sal. Se coloca al fuego y se cuece hasta que empiece a hacer burbujas. Se tapa la olla y se deja cocinar hasta que el pollo esté tierno (aproximadamente 30 minutos). Se cuela y se deja el caldo a un lado.

Se quitan los tallos de los chiles secos y se desmoronan. Se fríen los chiles en 4 cdas. de aceite por 3 ó 4 minutos. Se coloca la mezcla de chiles en una licuadora con 1½ tazas de agua, se licúa y se pasa por un colador para obtener una pasta suave y sin grumos. Se deja la pasta a un lado.

En la licuadora, se procesa la cebolla restante, el ajo y el tomate.

En una olla, se calientan 3 cdas. de aceite y se sofríen los cubitos de pan y la tortilla desmoronada. Se añaden el pan, la tortilla, las pasitas, los cacahuates, la canela, el calicanto, los clavos de olor, el tomillo, la mejorana y el orégano a la mezcla de cebolla, ajo y tomate y se procesa nuevamente.

Se calienta 1 cda. de aceite y se cocina el puré de cebolla, ajo, tomate y especias a fuego medio por 10 ó

(continued/continúa)

Preheat the oven to 350° and use the remaining 1 tbsp. oil to coat a casserole dish. Place the chicken breasts in the casserole and pour the mole over all. Bake for 15 to 20 minutes, until the chicken is thoroughly heated. Serve on *White Rice* (p. 143) or accompanied by one medium-sized baked potato per serving.

12 minutos. Se añade la pasta de chiles y se cocina por 7 minutos. Se mezclan 6 ó 7 tazas de caldo de pollo, el cacao y el azúcar. Se cubre y se cocina a fuego medio por 2 horas, dándole vuelta de vez en cuando. Se quita la tapa a la olla y se sigue cocinando hasta que el mole esté lo suficientemente espeso que se adhiera a una cuchara de palo.

Se precalienta el horno a 350° y con la cda. de aceite restante se cubre una tartera. Se colocan las pechugas de pollo en la tartera y se rocía el mole sobre todo. Se cuece por 15 ó 20 minutos, tiempo suficiente para que las pechugas de pollo se calienten totalmente. Se sirve sobre *Arroz Blanco* (pág. 143) o con una papa asada de tamaño mediano por porción.

ANALYSIS / ANÁLISIS   *See Guide to Tables, p. 15 / Ver Guía para Tablas, pág. 15*

1 serving = 1 breast, ½ cup mole (with 1 cup *White Rice*) [with 1 medium baked potato]
1 porción = 1 pechuga, ½ taza mole (con 1 taza *Arroz Blanco*) [con 1 papa asada de tamaño mediano]

Each serving contains *Cada porción contiene*				*ADA exchange value* *Intercambio para el diabético*		
Calories/Calorías	315	(579)	[460]	Vegetable/Vegetal	1.4	
Protein/Proteína	17g	(22.5)	[20.0]	Bread/Pan	0.8 (4.5) [2.8]		
Carbohydrates/Carbohidratos	22.9g	(80.1)	[56.5]	Meat/Carne	1.9	
Fat/Grasa	18.9g	(19.4)	[19.0]	Fat/Grasa	2.4	
Dietary fiber/Fibra dietética	2.9g	(5.0)	[6.6]	Milk/Leche	2.8	
Cholesterol/Colesterol	49mg			Fruit/Fruta	0.2	
Sodium/Sodio	350mg	(354)	[358]			

Chile con Carne

Makes 6 servings

1   lb. ground turkey breast
½   cup onion, chopped
½   cup green pepper, chopped
2   1-lb. cans pinto beans, drained
2   cups canned tomatoes
1   8-oz. can tomato sauce
4   tbsp. chili powder
⅛   tsp. salt
⅛   tsp. cayenne pepper
2   tsp. ground cumin
2   tsp. ground oregano
1   square unsweetened baking chocolate, grated
2   cups water

Brown the turkey with the onion and green pepper. Add the remaining ingredients, blend well, cover, and simmer 1 hour, adding water if needed.

Chile con Carne

Rendimiento: 6 porciones

1   lb. de pechuga de pavo, molida
½   taza cebolla, picada
½   taza pimiento verde, picado
2   latas frijoles pintos (1 lb. c/u), escurridos
2   tazas tomates enlatados
1   lata de salsa de tomate (8 oz.)
4   cdas. polvo de chile
⅛   cdta. sal
⅛   cdta. pimienta roja
2   cdtas. comino molido
2   cdtas. orégano molido
1   cuadrito chocolate sin azúcar, rallado
2   tazas agua

Se dora el pavo, la cebolla y el pimiento. Se añaden los ingredientes restantes, se mezclan y se cuece a fuego medio por 1 hora. Se añade agua si es necesario.

ANALYSIS / ANÁLISIS

1 serving/porción = 10 oz.

Each serving contains **Cada porción contiene**		**ADA exchange value** **Intercambio para el diabético**	
Calories/Calorías	428	Vegetable/Vegetal	1.5
Protein/Proteína	39.3g	Bread/Pan	3.4
Carbohydrates/Carbohidratos	58.9g	Meat/Carne	2.5
Fat/Grasa	5.4g	Fat/Grasa	0.2
Dietary fiber/Fibra dietética	11.2g	Milk/Leche	0.0
Cholesterol/Colesterol	52.4mg	Fruit/Fruta	0.0
Sodium/Sodio	523mg		

Continental Turkey Hash

Makes 12 servings

2   tbsp. olive oil
1   medium yellow onion, cut into ¼-inch dice
3   cloves garlic, finely chopped
1   large red pepper, cored, seeded, and cut into ¼-inch dice
2   lbs. ground turkey breast, no skin
6   tomatoes, cut into bite-sized pieces
½   cup golden raisins
3   oz. pimento-stuffed green olives, drained and halved
2   tbsp. capers, drained
1½ tsp. dried thyme
1½ tsp. ground ginger
½   tsp. ground allspice
⅛   tsp. salt
⅛   tsp. pepper
½   cup fresh cilantro, stems removed, leaves chopped
9   cups cooked *White Rice* (p. 143)

Heat the olive oil in a large, deep pot. Add the onion and garlic and cook the vegetables for 10 minutes, stirring occasionally. Add the red pepper and cook 2 to 3 minutes. Add the ground turkey, increase the heat, and brown the turkey slightly, about 10 minutes, breaking it up as it cooks. Add the tomatoes, raisins, olives, capers, thyme, ginger, allspice, salt, and pepper. Reduce the heat and cook, stirring frequently, about 10 minutes, or until all the ingredients are hot. Add the cilantro. Serve immediately over rice.

Carne de Pavo al Estilo Continental

Rendimiento: 12 porciones

2   cdas. aceite de oliva
1   cebolla amarilla mediana, cortada en cuadritos de ¼ de pulgada
3   dientes de ajo, finamente picados
1   ají pimentón rojo, sin semilla y cortado en cuadritos de ¼ de pulgada
2   lbs. pechuga de pavo, sin piel, molida
6   tomates, cortados en cuadritos
½   taza pasitas blancas
3   oz. aceitunas verdes rellenas con pimentón rojo, sin jugo, cortadas en mitad
2   cdas. alcaparras, sin jugo
1½ cdta. tomillo seco
1½ cdta. jengibre molido
½   cdta. calicanto molido
⅛   cdta. sal
⅛   cdta. pimienta
½   taza cilantro fresco, picado
9   tazas *Arroz Blanco* (pág. 143)

Se calienta el aceite de oliva en una cacerola grande y profunda. Se le añade la cebolla y el ajo y se cocina por unos 10 minutos, revolviendo de vez en cuando. Se añade el pimentón rojo y se cocina por 2 a 3 minutos. Se incorpora la carne de pavo y se aumenta el calor hasta que la carne esté ligeramente dorada, aproximadamente 10 minutos, separando la carne a medida que se va cocinando. Se añaden los tomates, pasitas, aceitunas, alcaparras, tomillo, jengibre, calicanto, sal y pimienta. Se reduce el calor y se cocina, revolviendo con frecuencia, por 10 minutos, o hasta que todos los ingredientes estén hirviendo. Se añade el cilantro y se sirve inmediatamente sobre *Arroz Blanco*.

ANALYSIS / ANÁLISIS

1 serving/porción = 8 oz. hash/carne de pavo, 6 oz. *White Rice/Arroz Blanco*

Each serving contains / **Cada porción contiene**		**ADA exchange value** / **Intercambio para el diabético**	
Calories/Calorías	380	Vegetable/Vegetal	0.7
Protein/Proteína	28g	Bread/Pan	2.8
Carbohydrates/Carbohidratos	52.1g	Meat/Carne	2.5
Fat/Grasa	6.3g	Fat/Grasa	0.6
Dietary fiber/Fibra dietética	3.2g	Milk/Leche	0.0
Cholesterol/Colesterol	52.4mg	Fruit/Fruta	0.3
Sodium/Sodio	224mg		

Turkey Filling for Tacos and Flautas

Makes 12 servings

½ lb. ground turkey breast, no skin
3 tbsp. white onion, finely chopped
1 clove garlic, chopped
¼ lb. tomato, unpeeled and finely chopped
¼ cup fresh cilantro, roughly chopped
⅛ tsp. salt

Spread the meat in an ungreased heavy skillet and cook over low heat until the fat starts to render, about 10 minutes. Stir the meat from time to time and scrape the bottom of the pan to prevent sticking. Add the onion and garlic and cook for 3 minutes over medium heat. Add the tomato, cilantro, and salt and cook until the mixture is fairly dry, about 8 minutes.

Picadillo de Pavo para Tacos y Flautas

Rendimiento: 12 porciones

½ lb. pechuga de pavo, molida, sin piel
3 cdas. cebolla blanca, picadita
1 diente de ajo, picado
¼ lb. tomates, sin pelar y picaditos
¼ taza cilantro fresco, picado
⅛ cdta. sal

Se extiende la carne en una sartén pesada sin grasa y se cocina a fuego lento hasta que la grasa empieza a rezumarse, aproximadamente 10 minutos. Se revuelven la carne de vez en cuando y se raspa el fondo de la sartén para evitar que se pegue. Se añade la cebolla y el ajo y se cocina por 3 minutos más a fuego medio. Se agrega el tomate, cilantro y sal, y se cocina hasta que la mezcla esté bastante seca, 8 minutos más o menos.

ANALYSIS / ANÁLISIS

1 serving/porción = 2 tbsp./cdas.

Each serving contains
Cada porción contiene

Calories/Calorías	33	
Protein/Proteína	5.8g	
Carbohydrates/Carbohidratos	0.8g	
Fat/Grasa	0.6g	
Dietary fiber/Fibra dietética	0.2g	
Cholesterol/Colesterol	13.0mg	
Sodium/Sodio	36mg	

ADA exchange value
Intercambio para el diabético

Vegetable/Vegetal	0.1
Bread/Pan	0.0
Meat/Carne	0.6
Fat/Grasa	0.0
Milk/Leche	0.0
Fruit/Fruta	0.0

Sonoran-Style Enchiladas

Makes 4 servings

2 tbsp. butter, divided
2 cups cooked turkey breast, no skin, cut into bite-sized pieces
⅓ cup pimento-stuffed olives, chopped
½ cup onion, chopped
1 clove garlic, chopped
⅛ tsp. salt
¼ tsp. pepper
8 corn tortillas
¼ cup oil for softening tortillas
¼ cup Monterey Jack cheese, shredded
½ cup onion, sliced

Avocado sauce for Sonoran-style enchiladas
1 cup avocado, mashed
2 tbsp. evaporated whole milk
2 tbsp. lemon juice
1 tsp. prepared yellow mustard
1 clove garlic, minced
½ tsp. salt
⅛ tsp. pepper

In a saucepan, melt 1 tbsp. butter. Add the turkey and cook for a few minutes. Stir in the olives, onion, garlic, and seasonings and blend well. Cover and simmer for 10 minutes.

While the turkey mixture is simmering, prepare the avocado sauce. Place the avocado, milk, and lemon juice in a blender and pulse once. Add the mustard and seasonings and blend until creamy and fairly thick.

Preheat the oven to 350°. Lightly butter a shallow casserole dish with the remaining 1 tbsp. of butter. In a skillet, heat the oil and soften the tortillas by dipping both sides in the hot oil. Drain on paper towels.

Place 1 tortilla at a time in the casserole dish. Divide the turkey mixture evenly among the 8 tortillas, sprinkle each with 2 tbsp. cheese, then roll the tortilla. Pour the avocado sauce over all the enchiladas. Bake for 15 to 20 minutes to heat through. Top each enchilada with 1 tbsp. sliced onion.

Enchiladas Sonorenses

Rendimiento: 4 porciones

2 cdas. mantequilla, dividida
2 tazas pechuga de pavo cocida, sin piel, picada
⅓ taza aceitunas rellenas de pimentón, picadas
½ taza cebolla, picada
1 diente de ajo, picado
⅛ cdta. sal
¼ cdta. pimienta
8 tortillas de maíz
¼ taza aceite, para suavizar las tortillas
¼ taza queso Monterey Jack, rallado
½ taza cebolla, rebanada

Salsa de aguacate
1 taza aguacate, majado
2 cdas. leche evaporada
2 cdas. jugo de limón
1 cdta. mostaza preparada
1 diente de ajo, finamente picado
½ cdta. sal
⅛ cdta. pimienta

Se derrite 1 cda. de mantequilla en una olla, se añade el pavo y se cocina por unos minutos. Se agregan las aceitunas, la cebolla picada, ajo y especies. Se mezcla bien, se tapa y se cocina a fuego lento por 10 minutos.

Mientras se cuece la mezcla de pavo, se prepara la salsa de aguacate. En la licuadora se coloca el aguacate, jugo de limón y leche y se mezcla rápidamente. Se añade la mostaza y las especies. Se mezcla hasta que esté cremoso y bastante espeso.

Se precalienta el horno a 350°. Se engrasa una cacerola ligeramente con 1 cda. de mantequilla. Se calientan 3 cdas. de aceite en una sartén y se suavizan las tortillas pasándolas por el aceite caliente de ambos lados. Se escurren bien.

Se colocan rápidamente en la cacerola, se añade relleno de pavo, se rocía con 2 cdas. de queso y se enrolla la tortilla. Se cubre con salsa de aguacate. Se repite este procedimiento hasta que todas las tortillas estén rellenas. Se vierte la salsa de aguacate restante sobre todas las enchiladas. Se coloca la cacerola en el horno hasta que las enchiladas estén calientes, 15 a 20 minutos. Se corona cada enchilada con 1 cda. de cebolla rebanada.

(continued/continúa)

1 serving = 2 enchiladas (with 4 tbsp. avocado sauce)
1 porción = 2 enchiladas (con 4 cdas. salsa de aguacate)

Each serving contains *Cada porción contiene*			*ADA exchange value* *Intercambio para el diabético*	
Calories/Calorías	262	(301)	Vegetable/Vegetal	0.2
Protein/Proteína	16.5g	(17.3)	Bread/Pan	0.8
Carbohydrates/Carbohidratos	14.3g	(17.8)	Meat/Carne	1.7
Fat/Grasa	16.0g	(18.8)	Fat/Grasa	2.6 (3.2)
Dietary fiber/Fibra dietética	0.5g	(1.1)	Milk/Leche	0.0
Cholesterol/Colesterol	24.2mg	(25.3)	Fruit/Fruta	0.0
Sodium/Sodio	409mg	(556)		

Seafood

Mariscos

Perch Fillets in Tomatillo Sauce

Makes 6 servings

2 tbsp. olive oil
2 cups tomatillos, husks removed and washed, or tomatoes, chopped
½ cup celery, chopped
½ cup onion, chopped
¼ cup bell pepper, chopped
2 cloves garlic, chopped
1 4-oz. can green chiles, diced
½ tsp. oregano
½ cup clam juice
1 tsp. fresh cilantro, stems removed, leaves chopped
2 tbsp. lime juice
¼ tsp. white pepper
¼ tsp. cayenne pepper
1 tsp. cumin
⅛ tsp. salt
2 lbs. skinless perch fillets

Preheat the oven to 350°. In a saucepan, sauté the tomatillos, onion, celery, bell pepper, and garlic in olive oil for 5 minutes. Cool slightly, then coarsely chop in a blender or food processor. Return the mixture to the saucepan and add all other ingredients except fish. Simmer for 15 minutes to reduce the liquid to the thickness of a gravy.

While the sauce is simmering, bake the fillets at 350° F. for 10 minutes per inch of thickness. Place the fish on a heated platter and spoon the sauce over.

Filetes de Perca en Salsa de Tomatillo

Rendimiento: 6 porciones

2 cdas. aceite de oliva
2 tazas tomatillos pelados y lavados, o tomates, picados
½ taza apio, picado
½ taza cebolla, picada
¼ taza pimiento verde, picado
2 dientes de ajo, picados
1 lata de 4 oz. de chiles verdes, picados
½ cdta. orégano
½ taza jugo de almejas
1 cdta. cilantro fresco, picado
2 cdas. jugo de limón
¼ cdta. pimienta blanca
¼ cdta. pimienta roja
1 cdta. comino
⅛ cdta. sal
2 lbs. filete de perca sin piel

Se precalienta el horno a 350°. En una cacerola se sofríe el tomatillo, la cebolla, el apio, el pimiento verde y el ajo en aceite de oliva por 5 minutos. Se deja enfriar la mezcla un poco y se pasa por la licuadora o procesadora. Se coloca una vez más en la cacerola y se le añaden el resto de los ingredientes con la excepción del pescado. Se cocina a fuego lento por 15 minutos para que se evapore un poco de líquido y obtenga la consistencia de salsa espesa.

Mientras se cocina la salsa, se asa el pescado a 350° por 10 minutos por cada pulgada de grosor. Se coloca el pescado en una tartera precalentada y se cubre con la salsa.

ANALYSIS / ANÁLISIS

1 serving/porción = 5 oz. perch/perca, 6 tbsp. sauce/cdas. salsa

Each serving contains **Cada porción contiene**		**ADA exchange value** **Intercambio para el diabético**	
Calories/Calorías	255	Vegetable/Vegetal	1.3
Protein/Proteína	30.8g	Bread/Pan	0.0
Carbohydrates/Carbohidratos	7.9g	Meat/Carne	4.3
Fat/Grasa	11.0g	Fat/Grasa	0.9
Dietary fiber/Fibra dietética	1.2g	Milk/Leche	0.0
Cholesterol/Colesterol	0.0mg	Fruit/Fruta	0.0
Sodium/Sodio	108mg		

Perch in Picante Sauce

Makes 6 servings

1½ lb. perch fillets
2 tbsp. corn oil
3 cups *Fresh Tomato Sauce* (p. 219)
2 cups *White Rice* (p. 143)

Rinse the fillets and cut into 4-oz. pieces. Heat the oil in a skillet and sear the fish on both sides. Add the *Fresh Tomato Sauce* and simmer for 5 to 7 minutes. Serve over hot rice.

Perca en Salsa Picante

Rendimiento: 6 porciones

1½ lb. filetes de perca
2 cdas. aceite de maíz
3 tazas *Salsa Fresca de Tomate* (pág. 219)
2 tazas *Arroz Blanco* (pág. 143)

Se lavan los filetes y se cortan en pedazos de 4 oz. cada uno. Se calienta el aceite en una sartén y se fríe el pescado rápidamente de ambos lados. Se añade la *Salsa Fresca de Tomate* y se cocina a fuego lento por 5 a 7 minutos. Se sirve sobre *Arroz Blanco*.

ANALYSIS / ANÁLISIS

1 serving/porción = 4 oz. perch/perca, 8 oz. rice/arroz

Each serving contains **Cada porción contiene**		**ADA exchange value** **Intercambio para el diabético**	
Calories/Calorías	358	Vegetable/Vegetal	2.2
Protein/Proteína	26.6g	Bread/Pan	1.6
Carbohydrates/Carbohidratos	37.7g	Meat/Carne	3.2
Fat/Grasa	11.4g	Fat/Grasa	0.9
Dietary fiber/Fibra dietética	3.9g	Milk/Leche	0.0
Cholesterol/Colesterol	0.0mg	Fruit/Fruta	0.1
Sodium/Sodio	216mg		

Sautéed Fish

Makes 8 servings

¾ cup onion, chopped
1 clove garlic, minced
¼ cup bell pepper, chopped
3 stalks celery, thinly sliced diagonally
3 carrots, thinly sliced
2 tbsp. corn oil
1 28-oz. can tomatoes
1 cup water
2 chicken bouillon cubes
⅛ tsp. salt
⅛ tsp. pepper
¼ tsp. dried thyme
¼ tsp. dried sweet basil
1 tbsp. dried parsley flakes
2 lbs. orange roughy, cut into 1-inch pieces

Sauté the onion, garlic, bell pepper, celery, and carrots in 2 tbsp. corn oil until the onion is transparent, 2 to 3 minutes. Add the tomatoes, water, bouillon cubes, salt, pepper, thyme, basil, and parsley. Cover and simmer 20 minutes. Add the fish; cover and simmer 10 minutes, or until the fish flakes easily with a fork.

Comment: Other white fish, such as flounder, perch, or red snapper, may be substituted for orange roughy. These fish have nearly identical food exchange analyses, fewer calories, and less fat than the orange roughy.

Pescado Salteado

Rendimiento: 8 porciones

¾ taza cebolla, picada
1 diente de ajo, finamente picado
¼ taza pimentón, picado
3 ramitas apio, finamente picado en diagonal
3 zanahorias, finamente rebanadas
2 cdas. aceite de maíz
1 lata (28 oz.) tomates
1 taza de agua
2 cubos concentrado de pollo
⅛ cdta. sal
⅛ cdta. pimienta
¼ cdta. tomillo, molido
¼ cdta. albahaca, molida
1 cdta. perejil seco
2 lbs. filetes de pescado *orange roughy*, cortados en trozos de 1 pulgada

Dore la cebolla, el ajo, el pimentón, el apio y la zanahoria en el aceite de maíz hasta que la cebolla quede traslucente, aproximadamente 2 a 3 minutos. Agregue los tomates, el agua, los cubos de concentrado de pollo, la sal, la pimienta, el tomillo, la albahaca y el perejil. Cubra y deje cocer por 20 minutos. Agregue el pescado, cubra y deje cocer por otros 10 minutos, hasta que el pescado esté cocido y se pueda cortar fácilmente con un tenedor.

Comentario: Se puede usar cualquier otro tipo de pescado blanco tal como lenguado, pargo o perca. Estos substitutos tienen un análisis nutritivo casi idéntico con menos calorías y menos grasa que el *orange roughy*.

ANALYSIS / ANÁLISIS

1 serving/porción = 4 oz. orange roughy, ½ cup sauce/taza salsa

Each serving contains *Cada porción contiene*		*ADA exchange value* *Intercambio para el diabético*	
Calories/Calorías	216	Vegetable/Vegetal	1.8
Protein/Proteína	18.4g	Bread/Pan	0.0
Carbohydrates/Carbohidratos	9.5g	Meat/Carne	2.4
Fat/Grasa	11.8g	Fat/Grasa	0.7
Dietary fiber/Fibra dietética	2.3g	Milk/Leche	0.0
Cholesterol/Colesterol	22.9mg	Fruit/Fruta	0.0
Sodium/Sodio	507mg		

Grilled Shrimp

Makes 5 servings

¼ cup olive oil
2 cloves garlic, minced
  Juice of 2 limes
1 tbsp. cracked black pepper
2 tbsp. fresh cilantro, chopped
1½ lb. large shrimp

Mix the oil, garlic, lime juice, pepper, and cilantro in a flat pan. Marinate the shrimp in the oil mixture for 2 to 3 minutes.

Prepare the grill. Grill the shrimp over medium heat for 5 minutes, turning and basting with the oil mixture once. Shrimp are done when opaque. Do not overcook.

Comments: Grilled Shrimp may be served with *Carrot and Fresh Beet Salad* (p. 52), *Basic Beans* (p. 152), and *Mexican-Style Corn Bread* (p. 167).

Camarones a la Parrilla

Rendimiento: 5 porciones

¼ taza aceite de oliva
2 dientes de ajo, finamente picados
  Jugo de 2 limones
1 cda. pimienta negra en grano, machacada
2 cdas. cilantro fresco, picado
1½ lb. camarones grandes

Se mezcla el aceite, ajo, jugo de limón, pimienta y cilantro en un molde plano y coloque los camarones en remojo en la mezcla por unos 2 ó 3 minutos.

Se prepara la parrilla. Se cocinan los camarones en la parrilla por 5 minutos. Se voltean y se untan con la mezcla de aceite una sola vez. Los camarones están cocidos cuando se ven totalmente opacos. No se deben cocinar en exceso.

Comentario: Sírvanse los camarones con *Ensalada de Remolacha (Betabel) y Zanahoria* (pág. 52), *Frijoles Básicos* (pág. 152) y *Pan de Maíz Mexicano* (pág. 167).

ANALYSIS / ANÁLISIS   *See Guide to Tables, p. 15 / Ver Guía para Tablas, pág. 15*

1 serving = approximately 5 shrimp (with *Carrot and Fresh Beet Salad, Basic Beans,* and *Mexican-Style Corn Bread*)

1 porción = aproximadamente 5 camarones (con *Ensalada de Remolacha (Betabel) y Zanahoria, Frijoles Básicos, y Pan de Maíz Mexicano*)

Each serving contains
Cada porción contiene

Calories/Calorías	245	(796)
Protein/Proteína	29.1g	(51.4)
Carbohydrates/Carbohidratos	4.4g	(85.3)
Fat/Grasa	12.4g	(37.2)
Dietary fiber/Fibra dietética	0.5g	(12.0)
Cholesterol/Colesterol	266mg	(370)
Sodium/Sodio	307mg	(1,384)

ADA exchange value
Intercambio para el diabético

Vegetable/Vegetal	0.1	(2.2)
Bread/Pan	0.0	(5.0)
Meat/Carne	3.0	(3.3)
Fat/Grasa	2.2	(5.8)
Milk/Leche	0.0	(0.2)
Fruit/Fruta	0.2	

Marinated Oysters

Makes 6 servings

¼ cup olive oil
⅓ cup white onion, finely sliced
6 cloves garlic, chopped
½ cup carrots, thinly sliced and blanched
½ cup cauliflower florets, blanched
2 bay leaves
3 fresh thyme sprigs, or ¼ tsp. dried
3 fresh marjoram sprigs, or ¼ tsp. dried
1½ tsp. oregano
½ tsp. whole black peppercorns
⅛ tsp. salt
¼ cup vinegar
2 cups shucked oysters
1 lime, thinly sliced
6 tbsp. canned, pickled jalapeño peppers

Heat the oil in a large skillet. Add the onion and garlic and sauté over high heat without browning for about 2 minutes. Add the vegetables, herbs, pepper, salt, and vinegar and continue cooking over high heat until the mixture comes to a boil. Lower the heat to medium, add the oysters, lime, and jalapeño peppers, and cook until the oysters are plump and just cooked, about 2 minutes.

Comment: This dish may be served over *White Rice* (p. 143) or with a baked potato. It is best made the day before serving and left to marinate overnight and should be served at room temperature.

Ostras en Escabeche

Rendimiento: 6 porciones

¼ taza aceite de oliva
⅓ taza cebolla blanca, en rodajas delgadas
6 dientes de ajo, picados
½ taza zanahorias, pasadas por agua caliente, finamente rebanadas
½ taza de coliflor, ligeramente sancochado
2 hojas de laurel
3 ramitas tomillo fresco, o ¼ cdta. tomillo molido
3 ramitas mejorana fresca, o ¼ cdta. mejorana seca
1½ cdtas. orégano
½ cdta. pimienta negra entera
⅛ cdta. sal
¼ taza vinagre
2 tazas ostras sin concha
1 limón, en rodajas delgadas
6 cdas. rajas de chile jalapeño en escabeche de lata

Se calienta el aceite en una sartén grande. Se añade la cebolla y el ajo y se cocina a fuego alto sin dorar por aproximadamente 2 minutos. Se agregan las verduras, especies, pimienta, sal y vinagre y se continúa cocinando a fuego alto hasta que hierva. Se baja a medio fuego y se añaden las ostras, limón y chiles y se cocina hasta que las ostras estén sopladitas y apenas cocidas, 2 minutos.

Comentario: Se sirven sobre *Arroz Blanco* (pág. 143) o con una papa asada de tamaño mediano. Sabe mejor cuando se hace el día anterior y se deja reposar en la salsa, refrigerado, toda la noche. Se debe servir a temperatura ambiente.

ANALYSIS / ANÁLISIS   *See Guide to Tables, p. 15 / Ver Guía para Tablas, pág. 15*

1 serving = 4 oz. oysters (with ½ cup *White Rice*) [with 1 medium baked potato]
1 porción = 4 oz. ostras (con ½ taza *Arroz Blanco*) [con 1 papa asada de tamaño mediano]

Each serving contains *Cada porción contiene*				*ADA exchange value* *Intercambio para el diabético*	
Calories/Calorías	162	(294)	[278]	Vegetable/Vegetal	0.6
Protein/Proteína	7.9g	(10.7)	[10.2]	Bread/Pan	0.0 (1.9) [1.6]
Carbohydrates/Carbohidratos	9.6g	(38.2)	[36.6]	Meat/Carne	1.3
Fat/Grasa	10.9g	(11.2)	[11.1]	Fat/Grasa	1.8
Dietary fiber/Fibra dietética	0.8g	(1.8)	[2.3]	Milk/Leche	0.0
Cholesterol/Colesterol	0.0mg			Fruit/Fruta	0.1
Sodium/Sodio	254mg	(256)	[261]		

Seafood Slaw

Makes 6 servings

Slaw
3 cups red cabbage, chopped
3 cups green cabbage, chopped
½ cup carrots, grated
¼ cup fresh cilantro, chopped
½ lb. cooked chopped shrimp
½ lb. cooked flaked perch

Dressing
½ cup "lite" mayonnaise
1 cup buttermilk
1 package (⅛ oz.) Hidden Valley Ranch Original dressing mix

In a large mixing bowl, combine the cabbage, carrots, and cilantro. Fold in the seafood.

To prepare the dressing, mix the remaining ingredients in a small container. Pour over the salad and mix thoroughly. Serve cold as a main dish or side dish.

Ensalada de Repollo y Mariscos

Rendimiento: 6 porciones

Ensalada de repollo
3 tazas repollo morado, picado
3 tazas repollo verde, picado
½ taza zanahoria, rallada
¼ taza cilantro fresco, picado
½ lb. camarones cocidos, picados
½ lb. perca cocido, desmenuzado

Aliño
½ taza mayonesa *"lite"*
1 taza leche agria
1 sobre (⅛ oz.) mezcla de aliño Original Ranch de Hidden Valley

En un tazón grande se combinan los repollos, zanahoria, y cilantro. Se le añade el marisco y se mezcla.

Para preparar el aliño, se combinan los ingredientes restantes, se colocan sobre la ensalada y se mezcla bien. Esta ensalada debe servirse fría como plato principal o como entremés.

ANALYSIS / ANÁLISIS

1 serving/porción = 10 oz.

Each serving contains *Cada porción contiene*		**ADA exchange value** *Intercambio para el diabético*	
Calories/Calorías	176	Vegetable/Vegetal	1.0
Protein/Proteína	17.9g	Bread/Pan	0.0
Carbohydrates/Carbohidratos	11.2g	Meat/Carne	1.9
Fat/Grasa	6.6g	Fat/Grasa	1.5
Dietary fiber/Fibra dietética	0.9g	Milk/Leche	0.0
Cholesterol/Colesterol	80.6mg	Fruit/Fruta	0.0
Sodium/Sodio	249mg		

Spaghetti with Tuna Sauce

Makes 8 servings

1   tbsp. olive oil
1   10-oz. can water-packed tuna, flaked
1   clove garlic, minced
1   tbsp. parsley, minced
⅛   tsp. salt
⅛   tsp. pepper
1   1-lb. can stewed tomatoes
1   4-oz. can tomato paste
⅓   tsp. oregano
½   tsp. basil
1   lb. spaghetti

Heat the oil in a skillet and sauté the tuna with the garlic and parsley for 10 minutes. Add the salt, pepper, tomatoes, and tomato paste and simmer for 50 minutes. Stir in the oregano and basil and simmer for 5 minutes.

Cook the spaghetti according to package directions. Drain and place the hot spaghetti on a platter. Pour the tuna sauce over.

Macarrón Delgado con Salsa de Atún

Rendimiento: 8 porciones

1   cda. aceite de oliva
1   lata de 10 oz. de atún en agua, desmenuzado
1   diente de ajo, picadito
1   cda. perejil, picado
⅛   cdta. sal
⅛   cdta. pimienta
1   lata de 1 lb. de tomates cocidos
1   lata de 4 oz. de puré de tomate
⅓   cdta. orégano
½   cdta. albahaca
1   lb. macarrón delgado

Se calienta el aceite y se fríe el atún, el ajo y el perejil por 10 minutos a fuego moderado. Se agrega la sal, pimienta, tomates y el puré de tomate. Se deja cocinar todo lentamente por 50 minutos. Se añade el orégano y la albahaca y se cocina por 5 minutos más. Se cuecen los macarrones por 12 minutos en suficiente agua. Se vierten los macarrones escurridos en una fuente y en el centro se coloca la salsa de atún.

ANALYSIS / ANÁLISIS

1 serving/porción = 12 oz.

Each serving contains **Cada porción contiene**		**ADA exchange value** **Intercambio para el diabético**	
Calories/Calorías	184	Vegetable/Vegetal	1.0
Protein/Proteína	14.8g	Bread/Pan	1.2
Carbohydrates/Carbohidratos	24.5g	Meat/Carne	1.0
Fat/Grasa	3.5g	Fat/Grasa	1.1
Dietary fiber/Fibra dietética	0.5g	Milk/Leche	0.0
Cholesterol/Colesterol	0.0mg	Fruit/Fruta	0.0
Sodium/Sodio	373mg		

Eggs

Huevos

Omelette

Makes 2 servings

1	tbsp. 1% milk
3	egg whites
1	whole egg
2	tbsp. butter
¼	cup onion, chopped
½	cup tomato, chopped
½	cup Monterey Jack cheese, grated
2	jalapeño peppers, chopped

Combine the milk, egg whites, and whole egg and beat until creamy. Heat the butter in a large skillet. Pour in the egg mixture and cook without stirring over low heat until the underside is browned, 2 to 3 minutes. Combine the rest of the ingredients and spread down the center of the omelette. Fold the edges of the omelette over the filling and continue to cook over low heat until the cheese melts.

Comments: An omelette may be served at any meal and is usually accompanied by *Basic Beans* (p. 152) and *Hot Sauce* (p. 221).

Torta de Huevo

Rendimiento: 2 porciones

1	cda. leche descremada (1%)
3	claras de huevo
1	huevo entero
2	cdas. mantequilla
¼	taza cebolla, picada
½	taza tomate, picado
½	taza queso Monterey Jack, rallado
2	jalapeños, picados

Se combinan la leche, las claras de huevo y el huevo entero y se baten hasta que estén cremosos. Se calienta la mantequilla en una sartén grande. Se añaden los huevos y se cocinan sin revolver, a fuego lento, hasta que el lado inferior se dore, 2 a 3 minutos. Se coloca la mezcla de todos los demás ingredientes en el centro. Se doblan los extremos de la torta sobre el relleno y se continúa cocinando hasta que el queso se derrita.

Comentario: La torta de huevo se puede servir para cualquier comida y generalmente se sirve con *Frijoles Básicos* (pág. 152) y *Ajipique* (pág. 221) como acompañamiento.

ANALYSIS / ANÁLISIS   *See Guide to Tables, p. 15 / Ver Guía para Tablas, pág. 15*

1 serving = 6 oz. (with 1 cup *Basic Beans* and 2 tbsp. *Hot Sauce*)
1 porción = 6 oz. (con 1 taza *Frijoles Básicos* y 2 cdas. *Ajipique*)

Each serving contains *Cada porción contiene*			*ADA exchange value* *Intercambio para el diabético*	
Calories/Calorías	363	(745)	Vegetable/Vegetal	1.4 (2.0)
Protein/Proteína	23.9g	(45.6)	Bread/Pan	0.0 (5.1)
Carbohydrates/Carbohidratos	9.4g	(82.7)	Meat/Carne	3.2
Fat/Grasa	25.9g	(27.1)	Fat/Grasa	3.5
Dietary fiber/Fibra dietética	2.2g	(14.2)	Milk/Leche	0.0
Cholesterol/Colesterol	107mg		Fruit/Fruta	0.0
Sodium/Sodio	559mg	(608)		

Cactus Omelette

Makes 5 servings

3   eggs, separated
3   egg whites
6   tbsp. 1% milk
¼   tsp. salt
2   tbsp. corn oil

Omelette filling
¾   cup *nopal* (cactus), cut into bite-sized pieces and steamed until tender, about 4 to 5 minutes
2   tbsp. Anaheim chiles, cut into bite-sized pieces and steamed 4 to 5 minutes (canned green chiles may be substituted)
1   medium tomato, peeled and chopped
1   tsp. dried cilantro, crushed
10 tbsp. *Fresh Tomato Sauce* (p. 219)

Beat 6 egg whites until stiff but not dry. In another bowl, beat 3 egg yolks until lemon-colored. Add the milk and salt to the beaten yolks and gently fold the yolks into the beaten egg whites.

To prepare filling: In a bowl, combine the *nopal*, green chiles, tomato, and seasonings. Cook in 1 tbsp. oil for a few minutes.

In a skillet or omelet pan cook the eggs in 1 tbsp. oil until the top is dry. Spread the filling over half the omelette and fold the other half over the filling. Press to seal and cook until heated through but not dry. Serve with *Fresh Tomato Sauce*.

Comment: Nopal may be found in grocery stores that cater to Hispanics, such as HEB and Fiesta in Texas. Bottled, drained cactus may be substituted.

Torta de Nopal

Rendimiento: 5 porciones

3   huevos, separados
3   claras de huevo
6   cdas. leche descremada (1%)
¼   cdta. sal
2   cdas. aceite de maíz

El relleno
¾   taza nopal, cocido a vapor por 4 a 5 minutos, picado en cubitos
2   cdas. chiles Anaheim, cocidos a vapor por 4 a 5 minutos y picados (se puede substituir con chiles en lata)
1   tomate mediano, pelado y picado
1   cdta. cilantro seco, machacado
10 cdas. *Salsa Fresca de Tomate* (pág. 219)

Se baten las claras de huevo a punto de nieve. Se baten las yemas hasta que estén cremosas. Se añade la leche y sal y se combinan las yemas con las claras.

En un tazón se mezclan el nopal, chiles verdes, tomate y especies. Se vierte en una olla y se cocina en 1 cda. de aceite por unos minutos. Se cocinan los huevos en 1 cda. de aceite en una sartén hasta que la parte superior esté seca. Se agrega el relleno y se dobla la torta. Se presiona para que se una bien y se cocina hasta que se caliente completamente, teniendo cuidado de no dejarla secar. Se sirve cada porcion con *Salsa Fresca de Tomate*.

Comentario: El nopal se vende en tiendas donde se encuentran comestibles para la cocina hispana, por ejemplo, HEB y Fiesta en Texas. Se pueden usar trocitos de nopal embotellado y escurrido.

ANALYSIS / ANÁLISIS

1 serving/porción = 4 oz. omelette/torta, 2 tbsp. *Fresh Tomato Sauce*/cdas. de *Salsa Fresca de Tomate*

Each serving contains / Cada porción contiene		ADA exchange value / Intercambio para el diabético	
Calories/Calorías	146	Vegetable/Vegetal	1.0
Protein/Proteína	8.0g	Bread/Pan	0.2
Carbohydrates/Carbohidratos	9.4g	Meat/Carne	0.9
Fat/Grasa	8.9g	Fat/Grasa	1.4
Dietary fiber/Fibra dietética	1.6g	Milk/Leche	0.1
Cholesterol/Colesterol	129mg	Fruit/Fruta	0.0
Sodium/Sodio	240mg		

Steamed Mushroom Omelette

Makes 4 servings

¾ lb. mushrooms
2 tbsp. corn oil
2 tbsp. white onion, finely chopped
2 small cloves garlic, finely chopped
2 serrano peppers, finely chopped
2 tbsp. cilantro, roughly chopped
⅛ tsp. salt
4 egg whites
1 whole egg
2 tbsp. 1% milk
2 tbsp. butter

Rinse the mushrooms quickly under cold running water to remove any soil. Wipe the tops with a damp cloth to remove any dirt and trim the ends of the stems.

Heat the oil in a skillet and sauté the onion, garlic, and peppers, without browning, for about 1 minute. Add the mushrooms, cilantro, and salt. Cover and cook over medium heat until the mushrooms are tender but not soft, about 8 minutes.

To prepare the omelette: Uncover the skillet and reduce the liquid over high heat for about 4 minutes, or until the juice has been absorbed but the mushrooms are still moist. Set aside. Combine the egg whites, whole egg, and milk and beat until creamy. Heat the butter in another large skillet. Add the egg mixture and cook without stirring over low heat until the underside is browned. Spread the mushroom mixture down the center of the eggs. Fold the edges of the omelette over the filling and continue cooking over low heat until the eggs are set, 2 to 3 minutes.

Torta de Hongos

Rendimiento: 4 porciones

¾ lb. hongos
2 cdas. aceite de maíz
2 cdas. cebolla blanca, finamente picada
2 dientes de ajo, finamente picados
2 chiles serranos, finamente picados
2 cdas. cilantro, picado
⅛ cdta. sal
4 claras de huevo
1 huevo entero
2 cdas. leche descremada (1%)
2 cdas. mantequilla

Se enjuagan los hongos rápidamente en agua fría para quitar cualquier partícula de tierra. Se limpian las cabezas con un trapo húmedo y se cortan las bases de los tallos.

Se calienta el aceite en una sartén y se añaden la cebolla, el ajo y los chiles. Se cocina sin dorar por 1 minuto más o menos. Se agregan los hongos, cilantro y la sal. Se cubre y se cocina a fuego medio hasta que los hongos estén tiernos pero no blanditos, aproximadamente 8 minutos.

Para preparar la torta: Se quita la tapadera de la olla y se cocina a fuego alto por unos 4 minutos, hasta que se reduzca el líquido pero los hongos aún estén húmedos. Se pone a un lado. Se combinan los huevos y la leche y se baten hasta que estén cremosos. Se calienta la mantequilla en otra sartén grande. Se añaden los huevos y se cocinan sin revolver, a fuego lento, hasta que el lado inferior se dore. Se coloca la mezcla de todos los demás ingredientes en el centro. Se doblan los extremos de la omeleta sobre el relleno y se continúa cocinando hasta que esté firme, 2 a 3 minutos.

ANALYSIS / ANÁLISIS

1 serving/porción = 4 oz.

Each serving contains **Cada porción contiene**		**ADA exchange value** **Intercambio para el diabético**	
Calories/Calorías	159	Vegetable/Vegetal	1.4
Protein/Proteína	7.6g	Bread/Pan	0.0
Carbohydrates/Carbohidratos	7.8g	Meat/Carne	0.7
Fat/Grasa	11.4g	Fat/Grasa	2.0
Dietary fiber/Fibra dietética	1.1g	Milk/Leche	0.0
Cholesterol/Colesterol	53.3mg	Fruit/Fruta	0.0
Sodium/Sodio	211mg		

Fiesta Scrambled Eggs

Makes 4 servings

4   tsp. butter
2   tbsp. onion, chopped
4   tbsp. green pepper, chopped
¼   cup sliced mushrooms
Egg substitute equivalent to 4 eggs
2   tbsp. low-fat cheese, grated
¼   cup cilantro, chopped
2   tbsp. *Fresh Tomato Sauce* (p. 219)

Melt the butter in a small skillet. Sauté the onions, green pepper, and mushrooms until tender (this step may be omitted). Add the egg substitute, cheese, and cilantro and stir over low heat until almost firm. Top with *Fresh Tomato Sauce* and serve immediately.

Huevos Revueltos a la Mexicana

Rendimiento: 4 porciones

4   cdtas. mantequilla
2   cdas. cebolla, picada
4   cdas. pimiento verde, picado
¼   taza hongos, rebanados
Substituto de huevo equivalente a 4 huevos
2   cdas. queso sin grasa, rallado
¼   taza cilantro, picado
2   cdas. *Salsa Fresca de Tomate* (pág. 219)

Se derrite la mantequilla en una sartén pequeña. Se sofríen la cebolla, pimiento verde y hongos hasta que estén tiernos (esta parte se puede omitir). Se añade el substituto de huevo, el queso y cilantro y se revuelve a fuego lento hasta que la mezcla esté firme. Se sirven los huevos inmediatamente y se le vierte *Salsa Fresca de Tomate* a cada porción.

ANALYSIS / ANÁLISIS

1 serving/porción = 3 oz. eggs/huevos, 2 tbsp. *Fresh Tomato Sauce* /cdas. *Salsa Fresca de Tomate*

Each serving contains *Cada porción contiene*		*ADA exchange value* *Intercambio para el diabético*	
Calories/Calorías	94.7	Vegetable/Vegetal	0.4
Protein/Proteína	8.9g	Bread/Pan	0.0
Carbohydrates/Carbohidratos	2.9g	Meat/Carne	1.1
Fat/Grasa	5.3g	Fat/Grasa	0.5
Dietary fiber/Fibra dietética	0.8g	Milk/Leche	0.0
Cholesterol/Colesterol	4.3mg	Fruit/Fruta	0.0
Sodium/Sodio	191mg		

Quesadillas #1

Makes 4 servings

8 corn tortillas
½ lb. Monterey Jack cheese, thinly sliced

Place a tortilla on a hot comal or griddle and top with 2 oz. of sliced cheese. Cover with another tortilla and heat on each side until the cheese melts. Repeat with remaining tortillas and cheese.

Comments: The original quesadilla is *not* made with a flour tortilla, as it is commonly eaten in the United States. Instead, it is a small fried pastry made of corn dough and filled with any of several mixtures, such as potatoes and eggs or tongue and potatoes, and served as an appetizer. The quesadilla should have a crisp crust with a soft inside and should be served immediately after cooking; otherwise, the tortilla becomes hard. In the United States, quesadillas are usually eaten as snacks and are served with *Chile Sauce*. Quesadillas are also made by folding 1 tortilla in half over the filling.

Quesadillas #1

Rendimiento: 4 porciones

8 tortillas de maíz
½ lb. queso Monterey Jack, en rebanadas

Se coloca la tortilla en un comal caliente y se cubre con 2 oz. de queso en rebanadas. Se cubre con otra tortilla y se calienta de ambos lados hasta que el queso se derrita.

Comentario: La quesadilla propia *no* es un emparedado de queso derretido dentro de una tortilla de harina, como se usa en algunas partes de los Estados Unidos. La quesadilla original es una empanadita pequeña de masa de maíz rellena. El relleno varía tal como papas aliñadas con carne y huevo, o con papas y lengua guisada, y se sirve como botana. La quesadilla recién hecha debe de estar tostadita por fuera y tierna por dentro y debe de servirse inmediatamente. De lo contrario la tortilla se endurece. Las quesadillas generalmente se usan como aperitivo y se sirven con *Salsa de Chile*. Las quesadillas también se pueden hacer doblando una tortilla en mitad sobre sí misma.

ANALYSIS / ANÁLISIS

1 serving/porción = 1 quesadilla

Each serving contains / **Cada porción contiene**		**ADA exchange value** / **Intercambio para el diabético**	
Calories/Calorías	346	Vegetable/Vegetal	0.0
Protein/Proteína	18.2g	Bread/Pan	1.6
Carbohydrates/Carbohidratos	25.9g	Meat/Carne	2.0
Fat/Grasa	19.4g	Fat/Grasa	2.6
Dietary fiber/Fibra dietética	3.1g	Milk/Leche	0.0
Cholesterol/Colesterol	0.0mg	Fruit/Fruta	0.0
Sodium/Sodio	410mg		

Quesadillas #2

Makes 4 servings

8   corn tortillas
½   lb. Monterey Jack cheese, thinly sliced
2   green chiles, cut into 8 strips each
4   tbsp. onion, chopped
4   tbsp. *Fresh Tomato Sauce* (p. 219)

Place a tortilla on a hot comal or griddle and top with 2 oz. of sliced cheese, 4 strips of green chile, 1 tbsp. chopped onion, and 1 tbsp. *Fresh Tomato Sauce.* Cover with another tortilla and heat on each side until the cheese melts. Repeat with remaining tortillas and cheese.

Quesadillas #2

Rendimiento: 4 porciones

8   tortillas de maíz
½   lb. queso Monterey Jack, en rebanadas
2   chiles verdes (Anaheim), cortados en 8 tiras cada uno
4   cdas. cebolla, picada
4   cdas. *Salsa de Tomate Fresca* (pág. 219)

Se coloca la tortilla en un comal caliente y se cubre con 2 oz. de queso en rebanadas, 4 tiras de chile verde, 1 cda. de cebolla picada, y 1 cda. de *Salsa Fresca de Tomate.* Se cubre con una segunda tortilla y se calienta de ambos lados hasta que el queso se derrita. Se repite el proceso con el resto de las tortillas.

ANALYSIS / ANÁLISIS

1 serving/porción = 1 quesadilla

Each serving contains **Cada porción contiene**		**ADA exchange value** **Intercambio para el diabético**	
Calories/Calorías	363	Vegetable/Vegetal	0.5
Protein/Proteína	18.7g	Bread/Pan	1.6
Carbohydrates/Carbohidratos	29.6g	Meat/Carne	2.0
Fat/Grasa	19.8g	Fat/Grasa	2.6
Dietary fiber/Fibra dietética	3.9g	Milk/Leche	0.0
Cholesterol/Colesterol	0.0mg	Fruit/Fruta	0.0
Sodium/Sodio	521mg		

Cheese-Stuffed Chiles

Makes 6 servings

¼ cup onion, chopped
3 cloves garlic, minced
2 jalapeño peppers, seeded and chopped
½ cup tomato, chopped
1 tbsp. butter
½ cup 1% milk
⅛ tsp. salt
2 cups Monterey Jack cheese, grated
6 Anaheim chiles, roasted, peeled, and seeds removed, but with stems

Sauté the onion, garlic, jalapeño peppers, and tomato in butter until the onion is soft. Add the milk and salt, blend, and heat gently until the milk is scalded. Add the cheese slowly over low heat, stirring until the cheese melts.

Preheat the oven to 350°. Make a slit along one side of each Anaheim chile and stuff it with 4 tbsp. of the cheese mixture. Warm in the oven.

Chiles Verdes Rellenos con Queso

Rendimiento: 6 porciones

¼ taza cebolla, picada
3 dientes de ajo, finamente picados
2 chiles jalapeños, sin semilla y picados
½ taza tomate, picado
1 cda. mantequilla
½ taza leche de 1% de grasa
⅛ cdta. sal
2 tazas queso Monterey Jack, rallado
6 chiles Anaheim, tostados, pelados, sin semillas, pero con el tallo

Se sofríe la cebolla, el ajo, jalapeños y tomate en la mantequilla hasta que la cebolla esté blandita. Se añade la leche y la sal y se cocina hasta que la leche llegue al punto de ebullición. Se agrega el queso lentamente y se cocina a fuego muy lento hasta que el queso se derrita.

Se precalienta el horno a 350°. Se corta cada chile por un lado, se rellena con 4 cdas. de la mezcla de queso y se hornea hasta que se caliente.

ANALYSIS / ANÁLISIS

1 serving/porción = 1 stuffed chile/chile relleno

Each serving contains / **Cada porción contiene**		**ADA exchange value** / **Intercambio para el diabético**	
Calories/Calorías	331	Vegetable/Vegetal	1.3
Protein/Proteína	20.3g	Bread/Pan	0.0
Carbohydrates/Carbohidratos	8.5g	Meat/Carne	2.6
Fat/Grasa	24.5g	Fat/Grasa	3.1
Dietary fiber/Fibra dietética	1.9g	Milk/Leche	0.1
Cholesterol/Colesterol	0.8mg	Fruit/Fruta	0.0
Sodium/Sodio	486mg		

Stuffed Peppers

Makes 4 servings

2   egg whites
1   egg yolk, beaten
4   Anaheim or poblano chiles, roasted, peeled, seeds
    removed, but with stems
1½ cups Monterey Jack cheese, grated
3   tsp. corn oil

Beat the egg whites until stiff peaks form. Fold in the beaten egg yolk.

Preheat the oven to 375°. Make a slit along one side of each chile and fill with ⅓ cup cheese. Dip the stuffed chile in the egg mixture to coat. Brush the coated chile with corn oil and bake until the cheese begins to melt, 12 to 15 minutes. Serve immediately.

Comment: Stuffed Peppers may be served with *Fresh Tomato Sauce* (p. 219) or stuffed with *Shredded Chicken Filling* (p. 89). Add 2 tbsp. *Fresh Tomato Sauce* and/or 2 tbsp. *Shredded Chicken Filling* per serving.

Chiles Rellenos

Rendimiento: 4 porciones

2   claras de huevo
1   yema de huevo, batida
4   chiles Anaheim o poblanos, asados, pelados, sin
    semilla pero con tallo
1½ tazas queso Monterey Jack, rallado
3   cdtas. aceite de maíz

Se baten las claras de huevo a punto de nieve. Se bate la yema y se mezcla con las claras.

Se precalienta el horno a 375°. Se hace un corte a un lado de cada chile y se rellena con ⅓ taza de queso rallado. Se pasa cada chile por la mezcla de huevo. Con una brocha se unta de aceite y se hornea hasta que el queso se empieza a derretir, de 12 a 15 minutos. Se sirven inmediatamente.

Comentario: Los chiles rellenos pueden servirse con 2 cdas. de *Salsa Fresca de Tomate* (pág. 219). También se pueden rellenar con 2 cdas. de *Pollo Deshebrado* (pág. 89).

ANALYSIS / ANÁLISIS   *See Guide to Tables, p. 15 / Ver Guía para Tablas, pág. 15*

1 serving = 1 pepper (with 2 tbsp. *Fresh Tomato Sauce*) [and with 2 tbsp. *Shredded Chicken Filling*]
1 porción = 1 chile (con 2 cdas. *Salsa Fresca de Tomate*) [y con 2 cdas. *Pollo Deshebrado*]

Each serving contains
Cada porción contiene

Calories/Calorías	389	(393)	[402]
Protein/Proteína	23.9g	(24.1)	[24.7]
Carbohydrates/Carbohidratos	4.7g	(5.7)	[5.7]
Fat/Grasa	30.7g	(30.8)	[31.4]
Dietary fiber/Fibra dietética	0.9g	(1.4)	[1.4]
Cholesterol/Colesterol	53.3mg		
Sodium/Sodio	486mg	(513)	[519]

ADA exchange value
Intercambio para el diabético

Vegetable/Vegetal	0.7	(0.8)	[0.8]
Bread/Pan	0.0		
Meat/Carne	3.3		[3.4]
Fat/Grasa	4.2		
Milk/Leche	0.0		
Fruit/Fruta	0.0		

Enchiladas with Red Chile Sauce

Makes 12 servings

Red chile sauce
9   dry red chiles
1   clove garlic
2   cups water
⅛   tsp. salt

Break the chiles into several pieces. Place in a sauce-pan and cover with water. Simmer for 5 minutes. Drain. Place in a blender with garlic, 2 cups of water, and salt. Blend until smooth. Keep warm.

Enchiladas
12   corn tortillas
1½   cups *red chile sauce*
2   cups Monterey Jack cheese, grated
¾   cup onion, chopped

Preheat the oven to 350°. Dip a tortilla in warm *Red Chile Sauce* for a few seconds to soften. Spread 2 tbsp. grated cheese and 1 tbsp. onion down the middle of the tortilla. Roll the tortilla around the filling. Repeat until all tortillas are filled and rolled. Bake for 20 to 25 minutes. Enchiladas may be placed on a baking dish as assembled and covered with the remaining sauce. Keep warm in a 225° oven.

Enchiladas Rojas

Rendimiento: 12 porciones

Salsa de chiles rojos
9   chiles rojos secos
1   diente de ajo
2   tazas de agua
⅛   cdta. sal

Se quiebran los chiles en pedazos grandes. Se colocan en una olla con suficiente agua para que queden cubiertos. Se cocinan a fuego lento por 5 minutos y se escurren. Se colocan en la licuadora con el ajo, 2 tazas de agua y la sal. Se licúa a velocidad alta hasta que la mezcla esté cremosa y sin grumos. Mantenga tibio.

Enchiladas
12   tortillas de maíz
1½   tazas *salsa de chiles rojos*
2   tazas queso Monterey Jack, rallado
¾   taza de cebolla, picada

Se precalienta el horno a 350°. Se remoja cada tortilla en salsa roja por unos segundos para suavizarlas. Se colocan en un plato. Se rellena cada tortilla en el centro con 2 cdas. de queso rallado y 1 cda. de cebolla. Se enrolla y se asa por 20 a 25 minutos. Si se desea, se colocan las enchiladas enrolladas en una cacerola a prueba de calor, se asan y se rocían con la salsa restante. Se mantienen calientes en el horno a 225° hasta el momento de servir.

ANALYSIS / ANÁLISIS

1 serving/porción = 1 enchilada

Each serving contains **Cada porción contiene**		**ADA exchange value** **Intercambio para el diabético**	
Calories/Calorías	220	Vegetable/Vegetal	0.3
Protein/Proteína	11.5g	Bread/Pan	0.8
Carbohydrates/Carbohidratos	15.5g	Meat/Carne	1.3
Fat/Grasa	12.6g	Fat/Grasa	1.7
Dietary fiber/Fibra dietética	2.9g	Milk/Leche	0.0
Cholesterol/Colesterol	0.0mg	Fruit/Fruta	0.0
Sodium/Sodio	390mg		

Green Enchiladas

Makes 6 servings

¼ cup corn oil
6 corn tortillas
1½ cups Monterey Jack cheese, grated
½ cup onion, chopped
1 cup green enchilada sauce (see *Green Enchiladas with Chicken*, p. 90)

Preheat the oven to 350°. Heat the oil in a skillet. Fry each tortilla for a few seconds on each side to soften. Spread about 2 tbsp. cheese and 1 tbsp. onion on each tortilla. Roll the tortilla around the filling. Place the enchilada in the sauce and turn until coated. Place the coated enchiladas in an ovenproof dish and heat approximately 15 to 20 minutes in a 350° oven.

Enchiladas Verdes

Rendimiento: 6 porciones

¼ taza aceite de maíz
6 tortillas de maíz
1½ tazas queso Monterey Jack, rallado
½ taza cebolla, picada
1 taza salsa de chile verde (ver *Enchiladas Verdes con Pollo*, pág. 90)

Se precalienta el horno a 350°. Se calienta el aceite en una sartén. Se fríe cada tortilla por unos segundos de cada lado para suavizarlas. Se rellenan con 2 cdas. de queso y 1 cda. de cebolla. Se enrolla la tortilla con el relleno. Se coloca cada enchilada en la salsa y se le da vuelta hasta que esté totalmente cubierta con salsa. Se calienta bien en el horno de 15 a 20 minutos y se sirve.

ANALYSIS / ANÁLISIS

1 serving/porción = 1 enchilada

Each serving contains
Cada porción contiene

		ADA exchange value **Intercambio para el diabético**	
Calories/Calorías	484	Vegetable/Vegetal	1.8
Protein/Proteína	18.0g	Bread/Pan	0.8
Carbohydrates/Carbohidratos	22.6g	Meat/Carne	2.0
Fat/Grasa	36.9g	Fat/Grasa	6.0
Dietary fiber/Fibra dietética	3.0g	Milk/Leche	0.0
Cholesterol/Colesterol	0.0mg	Fruit/Fruta	0.0
Sodium/Sodio	375mg		

Low-Fat Cheese Enchiladas

Makes 12 servings

Sauce
1   4-oz. can tomato sauce
2   tsp. chili powder
½   tsp. salt

Enchiladas
12 red corn tortillas (yellow or white corn tortillas may be substituted)
1   cup mozzarella cheese, shredded
¼   cup onion, chopped

Mix the sauce ingredients and simmer 3 to 4 minutes (add water if a thinner sauce is desired).

Dip the tortillas in the hot sauce to coat. Drain. Spread 3 tsp. cheese and 1 tsp. onions down each tortilla and roll. Repeat until all the enchiladas are prepared. Place the enchiladas in a casserole dish; pour the remaining sauce over and spread the remaining 12 tsp. shredded cheese on top.

Enchiladas a la Mozzarella

Rendimiento: 12 porciones

Salsa
1   lata de 4 ozs. de salsa de tomate
2   cdtas. chile en polvo
½   cdta. sal

Enchiladas
12 tortillas de maíz rojas
1   taza. queso mozzarella, rallado
¼   taza cebolla, picada

Mezcle los ingredientes para la salsa (puede agregar agua si desea una salsa menos espesa). Hierva a fuego lento por 3 a 4 minutos.

Sumerja cada tortilla en la salsa caliente una a una. La tortilla debe cubrirse por los dos lados con la salsa y deje que escurra el exceso. Ponga 3 cdtas. de queso y 1 cdta. de cebolla en el centro de la tortilla y enrolle. Repita hasta hacer todas las enchiladas. Ponga las enchiladas en un molde refractario y cubra con la salsa y el queso que sobre (12 cdtas.).

ANALYSIS / ANÁLISIS

1 serving/porción = 1 enchilada

Each serving contains **Cada porción contiene**		**ADA exchange value** **Intercambio para el diabético**	
Calories/Calorías	121	Vegetable/Vegetal	0.2
Protein/Proteína	7.0g	Bread/Pan	0.8
Carbohydrates/Carbohidratos	14.5g	Meat/Carne	0.7
Fat/Grasa	4.2g	Fat/Grasa	0.4
Dietary fiber/Fibra dietética	1.9g	Milk/Leche	0.0
Cholesterol/Colesterol	10.6mg	Fruit/Fruta	0.0
Sodium/Sodio	237mg		

Chile Poblano Flautas

Makes 10 servings

3   tbsp. safflower oil
3   tbsp. white onion, finely chopped
1   cup poblano pepper strips, ⅓ inch wide, seeds and veins discarded
½   lb. tomatoes, unpeeled and finely chopped
⅛   tsp. salt
10 corn tortillas
10 heaping tbsp. crumbled white cheese, such as queso de hoja (found in markets that cater to Hispanics)

Heat the oil in a skillet, add the onion and pepper strips, and sauté gently until the onion is transparent, 2 to 3 minutes. Add the tomatoes and salt and continue cooking until the sauce has reduced, about 8 minutes.

Preheat the oven to 350°. Divide the mixture equally among 10 corn tortillas, top each with 1 tbsp. of cheese, then roll. Heat the flautas until warm, 15 to 20 minutes.

Flautas de Chile Poblano

Rendimiento: 10 porciones

3   cdas. aceite de cártamo
3   cdas. cebolla blanca, picadita
1   taza rajas de chile poblano, de ⅓ pulgada, sin semillas y venas
½   lb. tomates, sin pelar y picaditos
⅛   cdta. sal
10 tortillas de maíz
10 cdas. colmadas de queso blanco, desmoronado

Se calienta el aceite en una sartén; se agregan la cebolla y las rajas de chile y se fríe lentamente hasta que la cebolla esté transparente, 2 a 3 minutos. Se añaden los tomates y la sal y se continúa cocinando hasta que se haya consumido el líquido, aproximadamente 8 minutos.

Se precalienta el horno a 350°. Se rellenan las tortillas con las rajas y antes de enrollarlas se les añade 1 cda. de queso. Se hornean las flautas hasta que estén calientes, 15 a 20 minutos.

ANALYSIS / ANÁLISIS

1 serving/porción = 1 flauta

Each serving contains *Cada porción contiene*		*ADA exchange value* *Intercambio para el diabético*	
Calories/Calorías	169	Vegetable/Vegetal	0.4
Protein/Proteína	6.1g	Bread/Pan	0.8
Carbohydrates/Carbohidratos	15.5g	Meat/Carne	0.5
Fat/Grasa	9.8g	Fat/Grasa	1.6
Dietary fiber/Fibra dietética	0.7g	Milk/Leche	0.0
Cholesterol/Colesterol	0.0mg	Fruit/Fruta	0.0
Sodium/Sodio	148mg		

Oaxacan-Style Tortillas in Tomato Sauce

Makes 6 servings

Tomato sauce

2   tbsp. corn oil, divided
½   cup white onion, thickly sliced
4   small cloves garlic, chopped
½   tsp. ground allspice
2   serrano peppers, roasted
½   cup water
1½ lb. canned stewed tomatoes, with juice
2   tsp. epazote
⅛   tsp. salt

Heat 1 tbsp. oil in a skillet; add the onion and garlic and sauté over medium heat, stirring occasionally, until they begin to turn golden. Place the onion and garlic in a blender with the allspice, serranos, and water and blend until smooth. Gradually add the tomatoes and continue to blend until smooth. (This step may have to be done in two batches.)

Heat 1 tbsp. oil in the pan in which the onion was sautéed. Add the tomato sauce, the epazote, and the salt. Cook over fairly high heat, scraping the bottom of the pan, until slightly thickened, about 10 minutes. Keep warm.

Entomatadas Oaxaquenses

Rendimiento: 6 porciones

Salsa de tomate

2   cdas. aceite de maíz, dividido
½   taza cebolla blanca, cortada en trozos
4   dientes de ajo pequeños, picados
½   cdta. polvo de calicanto
2   chiles serranos, asados al fuego
½   taza de agua
1½ lb. tomates en lata cocidos, sin escurrir
2   cdtas. epazote
⅛   cdta. sal

Se calienta 1 cda. de aceite en una sartén. Se añaden el ajo y cebolla y se fríe a fuego medio, revolviendo de vez en cuando, hasta que estén ligeramente dorados. Se colocan el ajo y la cebolla en la licuadora con el polvo de calicanto, los chiles y el agua y se licúa. Poco a poco se le va agregando el tomate hasta que quede como pasta. (Podría ser necesario efectuar este paso en dos porciones.)

Se añade otra cda. de aceite a la sartén en que se frieron la cebolla y el ajo y se calienta bien. Se agrega la salsa de tomate, el epazote y la sal. Se cocina a fuego bastante alto, revolviendo y raspando el fondo, hasta que esté ligeramente espeso, más o menos 10 minutos. Se pone a un lado pero se mantiene caliente.

(continued/continúa)

Tortillas

¼　cup corn oil
12　large corn tortillas
1　cup white onion, cut into thick rings
¾　cup crumbled farmer cheese
2　tbsp. cilantro, torn into small pieces

Heat ¼ cup of oil in a small skillet and fry the tortillas one at a time for a few seconds on each side until heated. Drain the tortillas on paper towels.

Dip each tortilla in the warm sauce to lightly coat. (If the sauce is too thick, ⅓ cup of water can be added and the sauce reheated.) Fold the coated tortillas in four, sprinkle each with a few onion rings, 3 tbsp. crumbled cheese, and a few sprigs of cilantro. Serve immediately.

Comments: This dish is popular in Oaxaca for brunch, usually accompanied by broiled air-dried beef (*tasajo*) or broiled chicken or other meat and a salad. These are simply Enchiladas, but the tortillas are folded and the tomato sauce is uniquely Oaxacan. The sauce can be prepared in advance, but the assembly should be done at the last minute to prevent sogginess.

Tortillas

¼　taza aceite de maíz
12　tortillas de maíz grandes
1　taza cebolla blanca, cortada en ruedas gruesas
¾　taza queso blanco, desmoronado
2　cdas. de cilantro, en pedazos pequeños

Se calienta ¼ taza de aceite en una sartén pequeña y se fríen las tortillas de una en una por unos segundos de cada lado hasta que estén calientes. Se colocan las tortillas sobre papel toalla para eliminar el exceso de grasa.

Se sumerge cada tortilla en la salsa hasta que la tortilla quede ligeramente cubierta. (Si la salsa está muy espesa se le puede añadir ⅓ taza de agua y se cocina a fuego lento por unos minutos.) Se doblan las tortillas en cuatro, se rocía cada una con unas cuantas ruedas de cebolla, 3 cdas. queso desmoronado y unas cuantas ramitas de cilantro. Se sirven inmediatamente.

Comentario: Las entomatadas son un plato popular en Oaxaca, especialmente para la comida del mediodía, y generalmente se acompañan con tasajo o pollo asado y una ensalada. Las entomatadas realmente no son más que enchiladas, pero la tortilla se dobla en cuatro y la salsa es originaria de Oaxaca. La salsa se puede preparar con anticipación, pero el resto del procedimiento para la confección de las entomatadas debe hacerse al último momento antes de servir para evitar que las tortillas se entrapen en la salsa.

ANALYSIS / ANÁLISIS

1 serving/porción = 2 Oaxacan-Style Tortillas/Entomatadas Oaxaquenses

Each serving contains **Cada porción contiene**		**ADA exchange value** **Intercambio para el diabético**	
Calories/Calorías	477	Vegetable/Vegetal	2.1
Protein/Proteína	14.2g	Bread/Pan	1.6
Carbohydrates/Carbohidratos	42.3g	Meat/Carne	1.0
Fat/Grasa	30.3g	Fat/Grasa	6.3
Dietary fiber/Fibra dietética	5.2g	Milk/Leche	0.0
Cholesterol/Colesterol	0.0mg	Fruit/Fruta	0.0
Sodium/Sodio	574mg		

Potato Flautas

Makes 9 servings

½ lb. cooked, red new potatoes, unpeeled
1   cup water
3   tbsp. safflower oil
3   tbsp. white onion, finely chopped
1   clove garlic, chopped
¼ lb. tomatoes, unpeeled and roughly chopped
⅛ tsp. salt
9   corn tortillas

Quarter the potatoes, place in a pan with 1 cup water, and boil for about 10 minutes, or until potatoes are translucent. Drain. Mash the potatoes, skin and all, leaving some texture.

Heat the oil in a skillet, add the onion and garlic, and sauté gently until the onion is transparent, about 3 minutes. Add the tomatoes and cook over medium heat for 3 minutes, stirring and scraping the bottom of the pan. Add the potatoes and cook until the mixture is almost dry, about 3 minutes. Season with salt.

Preheat the oven to 350°. Divide the filling equally among 9 corn tortillas and roll. Bake until warm, 8 to 10 minutes.

Flautas de Papas Guisadas al Tomate

Rendimiento: 9 porciones

½ lb. papas criollas, cocidas y sin pelar
1   taza agua
3   cdas. aceite de cártamo
3   cdas. cebolla blanca, picadita
1   diente de ajo, picado
¼ lb. tomates, en trozos, sin pelar
⅛ cdta. sal
9   tortillas de maíz

Se cortan las papas en 4, se colocan en una olla con una taza de agua y se hierven por 10 minutos, o hasta que las papas estén transparentes. Se escurren y se machacan las papas ligeramente, sin quitarles la piel.

Se calienta el aceite en una sartén; se añade el ajo y la cebolla y se fríe lentamente hasta que estén transparentes, 3 minutos más o menos. Se agrega el tomate y se cocina a fuego medio por 3 minutos, revolviendo constantemente y raspando el fondo de la olla. Se añaden las papas y se cocina todo hasta que la mezcla esté seca, 3 minutos. Se añade la sal.

Se precalienta el horno a 350°. Se le agrega el relleno a cada tortilla y se enrollan. Se hornean hasta que estén calientes, más o menos de 8 a 10 minutos.

ANALYSIS / ANÁLISIS

1 serving/porción = 1 flauta

Each serving contains **Cada porción contiene**		**ADA exchange value** **Intercambio para el diabético**	
Calories/Calorías	133	Vegetable/Vegetal	0.2
Protein/Proteína	2.8g	Bread/Pan	1.1
Carbohydrates/Carbohidratos	18.7g	Meat/Carne	0.0
Fat/Grasa	5.7g	Fat/Grasa	1.1
Dietary fiber/Fibra dietética	0.5g	Milk/Leche	0.0
Cholesterol/Colesterol	0.0mg	Fruit/Fruta	0.0
Sodium/Sodio	115mg		

Soft Tomato Enchiladas

Makes 6 servings

Tomato sauce

1   1-lb. can whole, peeled tomatoes
1   8-oz. can tomato sauce
1   clove garlic, crushed

Purée the ingredients in a blender until smooth and creamy. Keep warm in a skillet until ready to use.

Enchiladas

18 corn tortillas
⅔   lb. Monterey Jack cheese, grated
4   tbsp. corn oil
½   cup onion, chopped
1   clove garlic, finely chopped
3   cups *Tomato sauce*

Lightly brush each tortilla with corn oil to soften. Preheat the oven to 350°. Fill each softened tortilla with 2 tbsp. cheese, sprinkle with onion, and fold into quarters. Place the stuffed, folded tortilla in the *Tomato sauce* and turn to coat. Heat thoroughly.

Entomatadas

Rendimiento: 6 porciones

Salsa de tomate

1   lb. tomates en lata enteros, pelados
1   lata de 8 oz. salsa de tomate
1   diente de ajo, machacado

Se mezclan todos los ingredientes en la licuadora hasta que estén cremosos y sin grumos. Se mantienen calientes en una sartén. Se dejan a un lado.

Entomatadas

18 tortillas de maíz
4   cdas. aceite de maíz
⅔   lb. queso Monterey Jack, rallado
½   taza cebolla, picada
1   diente de ajo, finamente picado
3   tazas de *Salsa de tomate*

Cada tortilla se unta de aceite con una brocha para suavizarla. Se rellena cada tortilla con 2 cdas. de queso. Se rocían con cebolla picada y se doblan en cuartos. Se colocan en la salsa y se les da vuelta hasta que estén completamente cubiertas de salsa y se asan en un horno previamente calentado a 350°.

ANALYSIS / ANÁLISIS   *See Guide to Tables, p. 15 / Ver Guía para Tablas, pág. 15*

1 serving = ½ cup tomato sauce (with 3 enchiladas)
1 porción = ½ taza *Salsa de tomate* (con 3 entomatadas)

Each serving contains **Cada porción contiene**			**ADA exchange value** **Intercambio para el diabético**		
Calories/Calorías	27.8	(504)	Vegetable/Vegetal	1.2	(1.5)
Protein/Proteína	1.3g	(20.2)	Bread/Pan	0.0	(2.4)
Carbohydrates/Carbohidratos	6.3g	(46.8)	Meat/Carne	0.0	(1.7)
Fat/Grasa	0.3g	(27.9)	Fat/Grasa	0.0	(4.4)
Dietary fiber/Fibra dietética	1.2g	(6.3)	Milk/Leche	0.0	
Cholesterol/Colesterol	0.0mg		Fruit/Fruta	0.0	
Sodium/Sodio	370mg	(831)			

Gorditas

Makes 20 servings

4 cups masa harina
1 tsp. salt
2½ cups water
1½ cups corn oil

Combine the masa and salt in a large bowl. Add the water and mix with hands until smooth. Using 1 rounded tablespoon of dough per ball, form 20 balls. Flatten the balls into circles about ¼ inch thick. Fry the flattened balls in hot oil until golden, 4 to 5 minutes.

Comments: The basic *Gordita* recipe may be altered as follows: (1) Brown ½ lb. ground turkey to which 1 tsp. salt has been added. Drain excess fat. To assemble, slit the edge of the gordita and place 2 rounded tsp. of filling into pocket. Fill the remaining space with 3 tbsp. shredded lettuce. Serve with 1 tbsp. *Hot Sauce* (p. 221). (2) To a gordita filled with turkey, lettuce, and Hot Sauce, add 1 tbsp. shredded cheddar cheese.

Gorditas

Rendimiento: 20 porciones

4 tazas masa harina
1 cdta. sal
2½ tazas agua
1½ tazas aceite de maíz

Se combina la masa y la sal en un tazón grande. Se añade el agua y se mezcla con las manos hasta que esté bien mezclada y no tenga grumos. Se hacen bolitas de masa de más o menos 1 cda. cada una. Se aplanan en círculos de aproximadamente ¼ de pulgada de espesor. Se fríen en el aceite caliente hasta que estén dorados.

Comentario: La receta básica de *gordita* puede ser alterada: (1) Se prepara dorando media libra de carne negra de pavo. Se le añade y revuelve 1 cdta. de sal. Se escurre el exceso de grasa. Se hace un corte sobre la gordita por un lado y se rellena con 2 cdas. de carne de pavo. Termine de rellenar con 3 cdas. de lechuga cortadas en tiritas. Sírva con una cda. de ajípique (p. 221). (2) A una gordita rellena con pavo, lechuga y *Ajípique* añada una cda. de queso cheddar rallado.

ANALYSIS / ANÁLISIS   *See Guide to Tables, p. 15 / Ver Guía para Tablas, pág. 15*

1 serving = 1 gordita (with turkey, lettuce, and *Hot Sauce*) [and with Cheddar cheese]
1 porción = 1 gordita (con pavo, lechuga y *Ajípique*) [y con queso Cheddar]

Each serving contains / *Cada porción contiene*				*ADA exchange value* / *Intercambio para el diabético*			
Calories/Calorías	228	(258)	[286]	Vegetable/Vegetal	0.0	(0.1)	[0.1]
Protein/Proteína	2.1g	(5.7)	[7.5]	Bread/Pan	1.2		
Carbohydrates/Carbohidratos	17.4g	(19.4)	[19.5]	Meat/Carne	0.0	(0.4)	[0.6]
Fat/Grasa	17.2g	(18.5)	[20.8]	Fat/Grasa	3.3	(3.4)	[3.8]
Dietary fiber/Fibra dietética	0.4g	(1.7)	[1.7]	Milk/Leche	0.0		
Cholesterol/Colesterol	0.0mg	(7.9)	[15.3]	Fruit/Fruta	0.0		
Sodium/Sodio	109mg	(247)	[291]				

Mexican Hominy

Makes 6 servings

3 tbsp. flour
2 tbsp. corn oil
2 tbsp. onion, chopped
1 clove garlic, chopped
½ medium bell pepper, sliced
1 medium tomato, chopped
1 29-oz. can white hominy, drained and rinsed
1½ cups water
2 cups chicken broth
⅛ tsp. salt
⅛ tsp. pepper

Brown the flour in the oil. Add the onion and garlic and sauté until the onion is transparent. Add the bell pepper and tomato and stir over medium heat, 2 to 3 minutes. Stir in the hominy, water, and chicken stock. Add the salt and pepper and simmer 10 to 15 minutes, covered, stirring occasionally.

Maíz Blanco

Rendimiento: 6 porciones

3 cdas. harina
2 cdas. aceite de maíz
2 cdas. cebolla, picada
1 diente de ajo, picado
½ pimiento verde mediano, cortado
1 tomate mediano, picado
1 lata (29 oz.) maíz grande blanco (mote blanco; pozole), escurrido
1½ tazas agua
2 tazas caldo de pollo
⅛ cdta. sal
⅛ cdta. pimienta

Se dora la harina en el aceite; se agrega la cebolla y el ajo y se sofríen por 2 a 3 minutos, hasta que la cebolla esté transparente. Se añade el pimiento y tomate, se revuelve y se cocina a fuego medio. Se agrega el maíz blanco y luego se añade el agua y el caldo de pollo. Se le agrega sal y pimienta. Se cocina a fuego medio, cubierto, por 10 a 15 minutos, revolviendo de vez en cuando.

ANALYSIS / ANÁLISIS

1 serving/porción = 10 oz.

Each serving contains / **Cada porción contiene**		**ADA exchange value** / **Intercambio para el diabético**	
Calories/Calorías	189	Vegetable/Vegetal	0.4
Protein/Proteína	6.1g	Bread/Pan	1.8
Carbohydrates/Carbohidratos	31.1g	Meat/Carne	0.2
Fat/Grasa	6.6g	Fat/Grasa	1.2
Dietary fiber/Fibra dietética	2.6g	Milk/Leche	0.0
Cholesterol/Colesterol	0.3mg	Fruit/Fruta	0.0
Sodium/Sodio	696mg		

Vegetables

Vegetales

Green Beans with Cheese

Makes 4 servings

2   tbsp. corn oil
2   tbsp. flour
3   tbsp. chili powder
¾   cup water
1   clove garlic, minced
⅛   tsp. salt
1   16-oz. can green beans, drained
¼   cup Cheddar cheese, grated

In a saucepan, heat the oil and brown the flour. Dissolve the chili powder in the water, then stir into the browned flour. Stir in the garlic, salt and green beans. Add the cheese and cover; simmer until the cheese melts completely. Keep covered until ready to serve.

Ejotes (Habichuelas) con Queso

Rendimiento: 4 porciones

2   cdas. aceite de maíz
2   cdas. harina
3   cdas. polvo de chile
¾   taza de agua
1   diente de ajo, finamente picado
⅛   cdta. sal
1   lata de 16 oz. de ejotes (habichuelas), escurridos
¼   taza queso Cheddar, rallado

En una olla se calienta el aceite y se dora la harina. Se disuelve el polvo de chile en el agua y se mezcla con la harina. Se sazona con el ajo y la sal y se mezclan los ejotes. Se añade el queso, se tapa y se cocina hasta que el queso se derrita totalmente. Se mantiene tapado hasta el momento de servir.

ANALYSIS / ANÁLISIS

1 serving/porción = 5 oz.

Each serving contains **Cada porción contiene**		**ADA exchange value** **Intercambio para el diabético**	
Calories/Calorías	163	Vegetable/Vegetal	1.7
Protein/Proteína	5.1g	Bread/Pan	0.2
Carbohydrates/Carbohidratos	13.6g	Meat/Carne	0.3
Fat/Grasa	10.5g	Fat/Grasa	1.7
Dietary fiber/Fibra dietética	4.2g	Milk/Leche	0.0
Cholesterol/Colesterol	7.4mg	Fruit/Fruta	0.0
Sodium/Sodio	174mg		

Steamed Mushrooms with Serrano Peppers

Makes 3 servings

¾ lb. mushrooms
2 tbsp. corn oil
2 tbsp. white onion, finely chopped
2 small cloves garlic, finely chopped
2 serrano peppers, finely chopped
2 tbsp. cilantro, coarsely chopped
⅛ tsp. salt

Rinse the mushrooms quickly under cold running water to remove any soil. Wipe the tops with a damp cloth and trim the ends of the stems.

Heat the oil in a skillet and sauté the onion, garlic, and peppers for about 1 minute. Do not brown. Add the mushrooms, cilantro, and salt. Cover and cook over medium heat until the mushrooms are tender but not soft, about 8 minutes.

Comment: Steamed Mushrooms with Serrano Peppers are sometimes served as a first course with corn tortillas. If the juice is reduced, but the mushrooms are still moist, they serve as a filling for omelets or as a topping for steak. Add chicken broth and you have a delicious mushroom soup.

Champiñones al Vapor con Rajas de Chile

Rendimiento: 3 porciones

¾ lb. champiñones
2 cdas. aceite de maíz
2 cdas. cebolla blanca, finamente picada
2 dientes de ajo, finamente picados
2 chiles serranos, finamente picados
2 cdas. cilantro, picado
⅛ cdta. sal

Se enjuagan los champiñones rápidamente en agua fría para quitar cualquier partícula de tierra. Se limpian las cabezas con un trapo húmedo para eliminar todo sucio y se cortan las bases de los tallos.

Se calienta el aceite en una sartén y se añaden la cebolla, el ajo y los chiles. Se cocina sin dorar por 1 minuto más o menos. Se agregan los champiñones, cilantro y la sal. Se cubre y se cocina a fuego medio hasta que los champiñones estén tiernos pero no blanditos, aproximadamente 8 minutos.

Comentario: En ocasión los *Champiñones al Vapor* se sirven como un aperitivo con tortillas de maíz. Si se reduce el líquido, pero los champiñones aún están húmedos, se pueden usar como relleno para tortas de huevo o como mojo para biftec. Si se añade caldo de pollo, se obtiene una magnífica sopa de champiñones.

ANALYSIS / ANÁLISIS   *See Guide to Tables, p. 15 / Ver Guía para Tablas, pág. 15*

1 serving = ½ cup (with 4 oz. T-bone steak and ½ cup *White Rice*)
1 porción = ½ taza (con 4 oz. biftec y ½ taza *Arroz Blanco*)

Each serving contains **Cada porción contiene**			**ADA exchange value** **Intercambio para el diabético**		
Calories/Calorías	127	(559)	Vegetable/Vegetal	1.8	
Protein/Proteína	3.0g	(38.2)	Bread/Pan	0.0	(2.4)
Carbohydrates/Carbohidratos	9.2g	(46.2)	Meat/Carne	0.0	(1.2)
Fat/Grasa	9.8g	(24.2)	Fat/Grasa	1.8	
Dietary fiber/Fibra dietética	2.5g	(3.0)	Milk/Leche	0.0	
Cholesterol/Colesterol	0.0mg	(91.0)	Fruit/Fruta	0.0	
Sodium/Sodio	95mg	(198)			

Baked Ripe Plantain with Cheese

Makes 2 servings

1   medium yellow plantain (8 oz.)
1   oz. Cheddar cheese, sliced

Preheat the oven to 350°. Take a golden yellow plantain, peel, and make a longitudinal cut. Do not cut all the way through. Insert a long, narrow slice of Cheddar cheese in the cut and place the plantain on a baking sheet and bake until it is tender, 45 minutes to 1 hour. Cut in half and serve with a glass of milk.

Comment: Plantains are the vegetable version of the banana (a fruit exchange).

Plátano Maduro Asado con Queso

Rendimiento: 2 porciones

1   plátano maduro, tamaño mediano (8 oz.)
1   oz. queso Cheddar, rebanado

Se precalienta el horno a 350°. Se usa plátano maduro. Se pela y se le hace un corte longitudinal pero no muy hondo. Se coloca una lonja larga y delgada de queso Cheddar en la abertura y se asa sobre una tartera hasta que el plátano esté suave, de 45 minutos a 1 hora. Se corta en 2 y se sirven con un vaso de leche.

Comentario: El plátano es la versión vegetal del banano (1 intercambio de fruta).

ANALYSIS / ANÁLISIS

1 serving/porción = ½ plantain/plátano, ½ oz. cheese/queso

Each serving contains **Cada porción contiene**		**ADA exchange value** **Intercambio para el diabético**	
Calories/Calorías	118	Vegetable/Vegetal	0.0
Protein/Proteína	4.0g	Bread/Pan	1.1
Carbohydrates/Carbohidratos	16.5g	Meat/Carne	0.5
Fat/Grasa	4.8g	Fat/Grasa	0.6
Dietary fiber/Fibra dietética	0.0g	Milk/Leche	0.0
Cholesterol/Colesterol	14.9mg	Fruit/Fruta	0.0
Sodium/Sodio	87.8mg		

Mexican Spinach

Makes 4 servings

2   tbsp. corn oil
4   tbsp. flour
3   tbsp. onion, chopped
1   clove garlic, minced
4   tomatoes, chopped
1   16 oz.-can spinach, drained, or thawed
    frozen spinach
¼   tsp. pepper
¼   tsp. salt

In a skillet, heat the oil and brown the flour. Sauté the onions and garlic in the browned flour until tender, 2 to 3 minutes, then add the tomatoes. Cook 1 minute. Add the spinach and seasonings and mix well. Cover and simmer over low heat for 15 minutes, stirring occasionally. Serve hot.

Espinaca a la Mexicana

Rendimiento: 4 porciones

2   cdas. aceite de maíz
4   cdas. harina
3   cdas. cebolla, picada
1   diente de ajo, finamente picado
4   tomates, picados
1   lata de 16 oz. de espinaca, escurrida, o espinaca
    congelada, deshelada
¼   cdta. pimienta
¼   cdta. sal

En una sartén se calienta el aceite y se dora la harina. Se sofríen la cebolla y el ajo hasta que estén suaves, 2 a 3 minutos, y luego se añade el tomate. Se cocina por 1 minuto. Se agrega la espinaca y las especies y se mezcla bien. Se tapa y se deja cocinar a fuego lento por 15 minutos, revolviendo de vez en cuando. Se sirve caliente.

ANALYSIS / ANÁLISIS

1 serving/porción = 10 oz.

Each serving contains **Cada porción contiene**		**ADA exchange value** **Intercambio para el diabético**	
Calories/Calorías	146	Vegetable/Vegetal	2.2
Protein/Proteína	5.5g	Bread/Pan	0.4
Carbohydrates/Carbohidratos	16.5g	Meat/Carne	0.0
Fat/Grasa	7.8g	Fat/Grasa	1.4
Dietary fiber/Fibra dietética	5.7g	Milk/Leche	0.0
Cholesterol/Colesterol	0.0mg	Fruit/Fruta	0.0
Sodium/Sodio	307mg		

Pickled Potatoes

Makes 2 servings

2   medium potatoes, peeled and cut into bite-sized pieces
4   tbsp. apple cider vinegar
4   tbsp. onion, chopped
2   jalapeños, sliced
¼   tsp. salt
¼   tsp. pepper

Boil the potatoes until tender but still firm, about 15 to 20 minutes. Rinse in cold water and set aside to drain. In a bowl, combine the vinegar, onion, and jalapeños. Add the cooled potatoes. Season with salt and pepper. Cover and refrigerate overnight. Serve chilled.

Papas en Escabeche

Rendimiento: 2 porciones

2   papas medianas, peladas y cortadas en cubitos
4   cdas. vinagre de sidra de manzana
4   cdas. cebolla, en cubitos
2   jalapeños, en rebanadas
¼   cdta. sal
¼   cdta. pimienta

Se hierven los cubitos de papa hasta que estén tiernos pero firmes, de 15 a 20 minutos. Se enjuagan con agua fría y se pone a un lado. En un tazón se coloca el vinagre, la cebolla y los jalapeños; se le añade la papa fría y se mezcla bien. Se sazona con sal y pimienta. Se cubre y se coloca en el refrigerador hasta el día siguiente. Se sirve frío.

ANALYSIS / ANÁLISIS

1 serving/porción = ⅔ cup/taza

Each serving contains / Cada porción contiene		ADA exchange value / Intercambio para el diabético	
Calories/Calorías	144	Vegetable/Vegetal	1.0
Protein/Proteína	3.4g	Bread/Pan	1.7
Carbohydrates/Carbohidratos	34.9g	Meat/Carne	0.0
Fat/Grasa	0.5g	Fat/Grasa	0.0
Dietary fiber/Fibra dietética	3.1g	Milk/Leche	0.0
Cholesterol/Colesterol	0.0mg	Fruit/Fruta	0.0
Sodium/Sodio	275mg		

Skillet Potatoes

Makes 5 servings

3   large baking potatoes, peeled, cut into bite-sized pieces
3   tbsp. corn oil
½   small onion, cut into rings
1   clove garlic, chopped
1   small bell pepper, cut into bite-sized pieces
¼   tsp. salt
¼   tsp. coarsely ground pepper
4   cilantro leaves, chopped

Rinse the potatoes thoroughly and drain. Heat the oil in a skillet and cook the drained potatoes, covered, over medium heat until they are tender but firm, 10 to 12 minutes. Add the onion, garlic, bell pepper, and salt. Cover and cook until the bell pepper is tender, about 5 minutes. Stir in the pepper and cilantro and simmer 10 minutes. Serve hot.

Papas al Sartén

Rendimiento: 5 porciones

3   papas para asar, grandes, peladas y cortadas en cubitos
3   cdas. aceite de maíz
½   cebolla pequeña, cortada en ruedas
1   diente de ajo, picado
1   pimiento verde pequeño, picado
¼   cdta. sal
¼   cdta. pimienta molida grueso
4   hojas de cilantro, picadas

Se lavan las papas bien. Se calienta el aceite en una sartén y se cocinan las papas, tapadas, a fuego medio hasta que estén suaves pero firmes, 10 a 12 minutos. Se añade la cebolla, ajo, pimiento verde y sal. Se tapa y se cocina hasta que el pimiento esté suave, aproximadamente 5 minutos. Se sazona con pimienta y cilantro y se cocina a fuego lento por 10 minutos. Se sirve caliente.

ANALYSIS / ANÁLISIS

1 serving/porción = 6 oz.

Each serving contains *Cada porción contiene*		*ADA exchange value* *Intercambio para el diabético*	
Calories/Calorías	187	Vegetable/Vegetal	0.2
Protein/Proteína	2.6g	Bread/Pan	1.5
Carbohydrates/Carbohidratos	26.2g	Meat/Carne	0.0
Fat/Grasa	8.4g	Fat/Grasa	1.6
Dietary fiber/Fibra dietética	1.7g	Milk/Leche	0.0
Cholesterol/Colesterol	0.0mg	Fruit/Fruta	0.0
Sodium/Sodio	114mg		

Baked Sweet Potatoes

Makes 6 servings

6   medium sweet potatoes

Preheat the oven to 400°. Place the sweet potatoes on a baking sheet and bake until they are soft and syrup starts to appear, about 1 hour. While the sweet potatoes are still hot, pack them in an earthenware casserole, cover, and let them sit at room temperature overnight. The next day they should exude plenty of syrup. Serve, at room temperature or reheated, with a glass of milk for breakfast.

Comment: Sweet potatoes are indigenous to tropical America. They were an important staple in the diet of pre-Columbian Mexico.

Camotes Asados

Rendimiento: 6 porciones

6   camotes medianos

Se precalienta el horno a 400°. Se colocan 6 camotes medianos en una vasija con tapa y se asan hasta que estén suaves y empiecen a exudar el sirope, como 1 hora. Cuando todavía están calientes, se colocan los camotes en un recipiente de barro, se cubren y se dejan reposar hasta el día siguiente. Al próximo día deberán estar exudando bastante sirope. Si se desea un desayuno caliente, se calienta la leche, se rebana en 2 el camote, se rocea con 1 cdta. de agua y se calienta en un horno de microondas por 3 minutos.

Comentario: Los camotes son indígenos de la América tropical. Siempre fueron un alimento básico de suma importancia para el México pre-Colombino.

ANALYSIS / ANÁLISIS

1 serving/porción = 1 sweet potato/camote

Each serving contains *** Cada porción contiene***		***ADA exchange value*** *** Intercambio para el diabético***	
Calories/Calorías	118	Vegetable/Vegetal	0.0
Protein/Proteína	2.0g	Bread/Pan	1.9
Carbohydrates/Carbohidratos	27.7g	Meat/Carne	0.0
Fat/Grasa	0.1g	Fat/Grasa	0.0
Dietary fiber/Fibra dietética	3.4g	Milk/Leche	0.0
Cholesterol/Colesterol	0.0mg	Fruit/Fruta	0.0
Sodium/Sodio	12mg		

Squash with Corn

Makes 6 servings

2 lb. summer squash, cut into bite-sized pieces
1 tbsp. vegetable oil
2 tbsp. onion, chopped
1 clove garlic, chopped
3 canned stewed tomatoes, chopped
⅛ tsp. salt
⅛ tsp. pepper
½ cup Cheddar cheese, grated
1 8-oz. can yellow corn
1 4-oz. can diced green chiles

Boil the squash until tender, 10 to 12 minutes. Drain and set aside.

Heat the oil in a skillet and sauté the onion until transparent, about 2 minutes, then add the garlic, tomatoes, squash, chiles, salt, and pepper. Mix well. Add the cheese and stir to melt. Stir in the corn and cook for 1 to 2 minutes.

Calabacitas con Maíz

Rendimiento: 6 porciones

2 lbs. calabaza amarilla, en cubitos
1 cda. aceite vegetal
2 cdas. cebolla, picada
1 diente de ajo, picado
3 tomates en lata, cocidos, cortados
⅛ cdta. sal
⅛ cdta. pimienta
½ taza queso Cheddar, rallado
1 lata de 8 oz. de maíz amarillo
1 lata de 4 oz. de chiles verdes, cortados

Se hierve la calabaza hasta que esté tierna, 10 a 12 minutos. Se escurre y se deja a un lado en la coladera.

En una sartén se coloca el aceite y se sofríe la cebolla hasta que esté transparente, aproximadamente 2 minutos. Se añade el ajo, el tomate, la calabaza, los chiles, sal y pimienta y se continúa calentando. Se agrega el queso y se deja derretir. Se añade el maíz y se cocina durante 1 a 2 minutos.

ANALYSIS / ANÁLISIS

1 serving/porción = 1 cup/taza

Each serving contains *** Cada porción contiene***		***ADA exchange value*** *** Intercambio para el diabético***	
Calories/Calorías	151	Vegetable/Vegetal	2.6
Protein/Proteína	6.5g	Bread/Pan	0.4
Carbohydrates/Carbohidratos	21.2g	Meat/Carne	0.3
Fat/Grasa	6.3g	Fat/Grasa	1.0
Dietary fiber/Fibra dietética	4.2g	Milk/Leche	0.0
Cholesterol/Colesterol	9.9mg	Fruit/Fruta	0.0
Sodium/Sodio	538mg		

Zucchini with Chile

Makes 6 servings

2   lbs. zucchini, cut into bite-sized pieces
1   tbsp. vegetable oil
½   small onion, cut into bite-sized pieces
1   clove garlic, chopped
3   tomatoes, peeled, chopped
4   green chiles, peeled, chopped
⅛   tsp. salt
⅛   tsp. pepper
½   cup Monterey Jack cheese, shredded

Place the zucchini in a pan with just enough water to cover. Cook over medium heat until tender, about 10 minutes. Drain.

In a skillet, heat the oil and sauté the onion and garlic until the onion is transparent, 2 to 3 minutes. Add the tomatoes, chiles, salt, pepper, and zucchini and blend well. Cook 2 to 3 minutes over low heat. Stir in the cheese, cover, and heat 1 to 2 minutes, or until the cheese is melted.

Calabacitas con Chile

Rendimiento: 6 porciones

2   lbs. calabacita, en cubitos
1   cda. aceite vegetal
½   cebolla pequeña, picada
1   diente de ajo, picado
3   tomates, pelados, picados
4   chiles verdes, pelados, picados
⅛   cdta. sal
⅛   cdta. pimienta
½   taza queso Monterey Jack, rallado

Se cocina la calabacita en suficiente agua para cubrir y a fuego medio hasta que se ablande. Se escurre.

En una sartén se calienta el aceite y se sofríe la cebolla y el ajo, 2 a 3 minutos. Se agregan la calabacita, tomates, chiles verdes, sal y pimienta y se mezcla bien. Se cocina por 2 a 3 minutos a fuego lento. Se añade el queso y se mezcla bien. Se tapa y se calienta por 1 a 2 minutos. Se sirve cuando el queso está completamente derretido.

ANALYSIS / ANÁLISIS

1 serving/porción = 10 oz.

Each serving contains **Cada porción contiene**		**ADA exchange value** **Intercambio para el diabético**	
Calories/Calorías	139	Vegetable/Vegetal	1.9
Protein/Proteína	7.4g	Bread/Pan	0.0
Carbohydrates/Carbohidratos	10.3g	Meat/Carne	0.7
Fat/Grasa	8.6g	Fat/Grasa	1.2
Dietary fiber/Fibra dietética	1.6g	Milk/Leche	0.0
Cholesterol/Colesterol	0.0mg	Fruit/Fruta	0.0
Sodium/Sodio	156mg		

Rice

Arroz

Rice

Makes 8 servings

3   tbsp. olive oil
½   lb. long-grain white rice
½   medium onion, chopped
1   clove garlic, chopped
4   cups chicken stock
½   tsp. pepper
⅛   tsp. salt
1   6-oz. can tomato sauce
¾   cup water

Heat the oil in a skillet, add the rice, and cook over medium heat until golden, stirring constantly, 3 to 4 minutes. Add the onion, garlic, and chicken stock and stir well. Add the pepper, salt, tomato sauce, and water and cook over medium-low heat, covered, for 45 to 50 minutes.

Comments: Rice tastes best when meat stock, instead of bouillon cubes, is used. Chicken stock has a more subtle taste and can go with both poultry and meat dishes. To save meat stock, use milk cartons cut in half and freeze the stock. When you are ready to use it, you can remove the carton easily by running warm water over the frozen container.

Arroz

Rendimiento: 8 porciones

3   cdas. aceite de oliva
½   lb. arroz blanco de grano largo
½   cebolla mediana, picada
1   diente ajo, picado
4   tazas caldo de pollo
½   cdta. pimienta
⅛   cdta. sal
1   lata de 6 oz. de salsa de tomate
¾   taza de agua

Se calienta el aceite en una sartén a fuego medio, se coloca y se cocina el arroz hasta que esté dorado, revolviendo constantemente, 3 a 4 minutos. Se añaden la cebolla, el ajo y el caldo y se revuelve bien. Se añade la sal y la pimienta, salsa de tomate y el agua. Se tapa y se cocina a fuego lento por 45 a 50 minutos.

Comentario: El arroz sabe mejor cuando se usa caldo fresco y no cubitos de caldo. Se prefiere el caldo de pollo ya que tiene un sabor más sutil y combina bien aún con platos de carne de res. Para conservar el caldo se pueden cortar los cartones de leche por mitad y congelar en ellos el caldo siempre que se cubra con papel plástico para proteger el caldo. De esta manera cuando se desee usar el caldo, se saca del cartón congelado colocándolo en agua caliente por unos minutos.

ANALYSIS / ANÁLISIS

1 serving/porción = 6 oz.

Each serving contains **Cada porción contiene**		**ADA exchange value** **Intercambio para el diabético**	
Calories/Calorías	110	Vegetable/Vegetal	0.4
Protein/Proteína	3.6g	Bread/Pan	0.5
Carbohydrates/Carbohidratos	10.6g	Meat/Carne	0.4
Fat/Grasa	5.8g	Fat/Grasa	1.0
Dietary fiber/Fibra dietética	0.8g	Milk/Leche	0.0
Cholesterol/Colesterol	0.5mg	Fruit/Fruta	0.0
Sodium/Sodio	562mg		

White Rice

Makes 8 servings

5½ cups water
2   tbsp. olive oil
⅛   tsp. salt
3   cups white rice
1   clove garlic, minced
1   tbsp. onion, minced

Add the oil and salt to the water and bring to a boil. Add the rice, garlic, and onion to the boiling water, mix well with a wooden spoon, reduce the heat to medium-low, and cook, covered, until most of the water is absorbed and the grains have separated, 40 to 45 minutes. It is advisable to place a banana leaf, a kitchen towel, or dry or green corn husks under the lid, thus allowing the rice to cook more evenly.

Arroz Blanco

Rendimiento: 8 porciones

5½ tazas de agua
2   cdas. aceite de oliva
⅛   cdta. sal
3   tazas de arroz
1   diente de ajo, finamente picado
1   cda. de cebolla, picada

Se pone a hervir el agua con el aceite y la sal. Cuando ya está hirviendo se le agrega el arroz, ajo y cebolla y se revuelve bien con una cuchara de palo. Se tapa y se continúa cociendo a fuego lento hasta que se seque completamente. Es aconsejable poner entre la olla y la tapa una hoja de plátano, una toalla o una hoja de maíz para que la cocción sea más pareja.

ANALYSIS / ANÁLISIS

1 serving/porción = 10 oz.

Each serving contains **Cada porción contiene**		**ADA exchange value** **Intercambio para el diabético**	
Calories/Calorías	285	Vegetable/Vegetal	0.0
Protein/Proteína	5.0g	Bread/Pan	3.7
Carbohydrates/Carbohidratos	55.7g	Meat/Carne	0.0
Fat/Grasa	3.9g	Fat/Grasa	0.7
Dietary fiber/Fibra dietética	0.7g	Milk/Leche	0.0
Cholesterol/Colesterol	0.0mg	Fruit/Fruta	0.0
Sodium/Sodio	41mg		

Spanish Rice #1

Makes 5 servings

1   tbsp. olive oil
1   medium onion, diced
2   cups cooked *White Rice* (p. 143)
⅛   tsp. saffron
½   cup water
⅛   tsp. salt
⅛   tsp. cayenne pepper
¼   cup bell pepper, chopped
¼   cup pimento, cut into bite-sized pieces
½   cup chicken or beef stock

In a skillet, heat the olive oil and sauté the onion 2 to 3 minutes. Add the rice and stir fry for 1 to 2 minutes. Stir the saffron into the water. Add the salt, cayenne pepper, bell pepper, and pimento. Add the stock and cook, covered, until the bell pepper is tender, about 5 minutes.

Arroz Español #1

Rendimiento: 5 porciones

1   cda. aceite de oliva
1   cebolla mediana, en trocitos
2   tazas *Arroz Blanco* (pág. 143)
⅛   cdta. azafrán
½   taza agua
⅛   cdta. sal
⅛   cdta. pimienta roja molida
¼   taza pimiento verde, picado
¼   taza pimiento rojo, picado
½   taza caldo de pollo o carne de res

En una sartén se calienta el aceite de oliva y se sofríe la cebolla por 2 a 3 minutos. Se añade el arroz y se fríe rápidamente por 1 a 2 minutos. Se mezcla el azafrán con el agua. Se agrega el agua de azafrán, sal, pimienta roja molida, pimiento verde y pimiento rojo; se añade el caldo y se cocina, tapado, hasta que el pimiento verde esté suave, unos 5 minutos.

ANALYSIS / ANÁLISIS

1 serving/porción = 5 oz.

Each serving contains **Cada porción contiene**		**ADA exchange value** **Intercambio para el diabético**	
Calories/Calorías	145	Vegetable/Vegetal	0.4
Protein/Proteína	3.1g	Bread/Pan	1.5
Carbohydrates/Carbohidratos	25.5g	Meat/Carne	0.1
Fat/Grasa	3.2g	Fat/Grasa	0.5
Dietary fiber/Fibra dietética	1.3g	Milk/Leche	0.0
Cholesterol/Colesterol	0.1mg	Fruit/Fruta	0.0
Sodium/Sodio	187mg		

Spanish Rice #2

Makes 12 servings

1 tbsp. corn oil
½ cup onion, minced
½ cup bell pepper, chopped
1 clove garlic, minced
12 chicken thighs, skin removed
12 oz. *Fresh Tomato Sauce* (p. 219)
1 36-oz. can tomatoes
½ tsp. thyme
2 cups *White Rice* (p. 143)

Sauté the onions, bell pepper, and garlic in corn oil until the onion is transparent, about 2 minutes. Set aside.

Simmer the chicken thighs in *Fresh Tomato Sauce* for 30 minutes (the sauce should cover the chicken; add water if necessary). Add the tomatoes, thyme, and rice.

Preheat the oven to 350°. Pour the chicken and rice mixture into an ovenproof casserole and bake for 25 minutes.

Arroz Español #2

Rendimiento: 12 porciones

1 cda. aceite de maíz
½ taza cebolla, picada
½ taza pimiento verde, picado
1 diente de ajo, finamente picado
12 muslos de pollo, sin piel
12 oz. *Salsa Fresca de Tomate* (pág. 219)
1 lata de 36 oz. de tomates
½ cdta. tomillo
2 tazas *Arroz Blanco* (pág. 143)

Dore la cebolla, el pimiento verde y el ajo en el aceite de maíz hasta que la cebolla quede transparente, 2 minutos. Se cocina a fuego lento el pollo en *Salsa Fresca de Tomate*, aproximadamente 30 minutos. La salsa debe cubrir el pollo. Si hace falta líquido le agrega agua. Agregue los tomates, el tomillo, el pollo en su salsa y el arroz.

Se precalienta el horno a 350°. Se hornea el pollo y arroz por 25 minutos.

ANALYSIS / ANÁLISIS

1 serving/porción = 2 oz. rice/arroz, 1 piece chicken/pieza de pollo

Each serving contains / **Cada porción contiene**		**ADA exchange value** / **Intercambio para el diabético**	
Calories/Calorías	192	Vegetable/Vegetal	1.1
Protein/Proteína	15.7g	Bread/Pan	0.6
Carbohydrates/Carbohidratos	15.8g	Meat/Carne	1.9
Fat/Grasa	7.2g	Fat/Grasa	0.2
Dietary fiber/Fibra dietética	0.4g	Milk/Leche	0.0
Cholesterol/Colesterol	49.0mg	Fruit/Fruta	0.0
Sodium/Sodio	206mg		

Mexican-Style Rice

Makes 8 servings

½   lb. long-grain white rice
3   tbsp. olive oil
½   small onion, chopped
1   clove garlic, minced
4   cups chicken broth, fresh or canned
1   tsp. cilantro, chopped
½   tsp. salt
1   small bell pepper, chopped
4   canned stewed tomatoes, chopped
½   cup frozen peas, thawed

Soak the rice in hot water to cover for 15 minutes. Work the rice with the fingers when the water is cool enough to touch. Rinse the rice in cold water until the water runs clear. Spread the rice out on waxed paper to dry evenly.

Heat the olive oil in a skillet and fry the dry rice over medium heat until golden, 3 to 4 minutes. Add the onion and cook until softened, about 2 minutes. Stir in the garlic and chicken broth, bring to a boil, then reduce heat. Add the cilantro, salt, bell pepper, and tomatoes. Cover and cook for 30 minutes. Add the peas and cook for 5 minutes.

Arroz a la Mexicana

Rendimiento: 8 porciones

½   lb. arroz blanco de grano largo
3   cdas. aceite de oliva
½   cebolla pequeña, picada
1   diente de ajo, finamente picado
4   tazas caldo de pollo, fresco o enlatado
1   cdta. cilantro, picado
½   cdta. sal
1   pimiento verde pequeño, picado
4   tomates en lata cocidos, picados
½   taza guisantes congelados, descongelados

Se coloca el arroz en agua caliente y se deja en remojo por 15 minutos. Cuando el agua no esté tan caliente, se le da vuelta al arroz con las manos. Se lava bien el arroz con agua fría hasta que el agua salga clara. Se riega el arroz sobre papel encerado para que se seque parejo.

Se calienta el aceite en una sartén y se fríe el arroz seco a fuego medio hasta que quede dorado, 3 a 4 minutos. Se añade la cebolla y se cocina hasta que esté suave, aproximadamente 2 minutos. Se agrega el ajo y el caldo de pollo. Se cocina a punto de ebullición y se reduce el fuego. Se sigue cocinando a fuego lento y se añade el cilantro, la sal, el pimiento verde y tomate. Se tapa y se cocina por 30 minutos. Se agregan los guisantes y se cocina por 5 minutos.

ANALYSIS / ANÁLISIS

1 serving/porción = 10 oz.

Each serving contains ***Cada porción contiene***		***ADA exchange value*** ***Intercambio para el diabético***	
Calories/Calorías	218	Vegetable/Vegetal	1.7
Protein/Proteína	6.4g	Bread/Pan	1.6
Carbohydrates/Carbohidratos	34.5g	Meat/Carne	0.4
Fat/Grasa	6.3g	Fat/Grasa	1.0
Dietary fiber/Fibra dietética	2.2g	Milk/Leche	0.0
Cholesterol/Colesterol	0.5mg	Fruit/Fruta	0.0
Sodium/Sodio	870mg		

Rice with Celery

Makes 8 servings

2 tbsp. olive oil
½ cup bell peppers, cut into bite-sized pieces
½ cup celery, chopped
1 clove garlic, minced
3 tbsp. onion, chopped
⅛ tsp. salt
⅛ tsp. pepper
⅛ tsp. oregano
3½ cups *White Rice* (p. 143)
3 tomatoes, peeled and chopped

In a skillet, heat the oil and sauté the bell peppers, celery, garlic, and onion until tender, 3 to 4 minutes. Add the salt, pepper, and oregano and combine well over medium heat. Add the rice, mix well, then add the tomatoes. Reduce heat to low, cover, and simmer for 5 minutes.

Arroz con Apio

Rendimiento: 8 porciones

2 cdas. aceite de oliva
½ taza pimiento verde, en cubitos
½ taza apio, picado
1 diente de ajo, finamente picado
3 cdas. cebolla, picada
⅛ cdta. sal
⅛ cdta. pimienta
⅛ cdta. orégano
3½ tazas *Arroz Blanco* (pág. 143)
3 tomates, pelados y picados

En una sartén se calienta el aceite a fuego medio y se sofríen el pimiento verde, el ajo y la cebolla hasta que estén suaves, 3 a 4 minutos. Se añaden la sal, pimienta y orégano y se mezcla bien. Se añade el arroz, se mezcla, y luego se añaden los tomates. Se reduce el fuego, se tapa la sartén y se cocina a fuego lento por 5 minutos.

ANALYSIS / ANÁLISIS

1 serving/porción = ¾ cup/taza

Each serving contains *Cada porción contiene*		*ADA exchange value* *Intercambio para el diabético*	
Calories/Calorías	160	Vegetable/Vegetal	0.6
Protein/Proteína	3.1g	Bread/Pan	1.6
Carbohydrates/Carbohidratos	28.2g	Meat/Carne	0.0
Fat/Grasa	3.8g	Fat/Grasa	0.7
Dietary fiber/Fibra dietética	1.9g	Milk/Leche	0.0
Cholesterol/Colesterol	0.0mg	Fruit/Fruta	0.0
Sodium/Sodio	2.6mg		

Rice with Pimentos and Peas

Makes 6 servings

1	tbsp. olive oil
1	cup uncooked brown rice
1	clove garlic, minced
½	small onion, chopped
3	cups beef broth
⅔	cup corn (frozen or fresh cooked)
½	cup pimentos, cut into strips
½	cup canned or frozen peas
½	cup Cheddar cheese, grated

In a skillet, brown the rice in the olive oil. Add the garlic and onion and sauté until the onion is tender, 2 to 3 minutes. Add the beef broth and corn and cook, covered, until the rice is tender, approximately 35 minutes. Add the pimentos, peas, and cheese and mix well. Simmer, covered, for 15 minutes.

Arroz con Pimientos y Guisantes

Rendimiento: 6 porciones

1	cda. aceite de oliva
1	taza arroz moreno crudo
1	diente de ajo, picado
½	cebolla pequeña, picada
3	tazas caldo de carne de res
⅔	taza maíz (congelado o cocido fresco)
½	taza pimiento rojo, cortado en tiras
½	taza guisantes enlatados o congelados
½	taza queso Cheddar, rallado

En una sartén se calienta el aceite y se sofríe el arroz. Se añade el ajo y la cebolla. Se sofríe hasta que la cebolla esté tierna, 2 a 3 minutos, y se añade el caldo. Se añade el maíz y se cocina, tapado, hasta que el arroz esté completamente cocido, aproximadamente 35 minutos. Se añade el pimiento, el queso y los guisantes y se mezcla todo. Se cocina, tapado, a fuego lento por 15 minutos más.

ANALYSIS / ANÁLISIS

1 serving/porción = 1 cup/taza

Each serving contains **Cada porción contiene**		**ADA exchange value** **Intercambio para el diabético**	
Calories/Calorías	211	Vegetable/Vegetal	0.3
Protein/Proteína	7.5g	Bread/Pan	1.9
Carbohydrates/Carbohidratos	30.7g	Meat/Carne	0.5
Fat/Grasa	6.8g	Fat/Grasa	0.9
Dietary fiber/Fibra dietética	0.7g	Milk/Leche	0.0
Cholesterol/Colesterol	10.2mg	Fruit/Fruta	0.0
Sodium/Sodio	535mg		

Rice with Carrots and Chayote

Makes 6 servings

1½   cups unconverted long-grain white rice
Boiling water
½   medium white onion, coarsely chopped
4   small cloves garlic, chopped
½   cup cold water
¼   cup corn oil
2   ancho peppers, chopped
4   cups carrots, finely grated, loosely packed
1   large chayote or zucchini squash, peeled and cut
     into ½-inch cubes
1   qt. water
⅛   tsp. salt

Cover the rice with boiling water and soak for 15 minutes; rinse and drain. While the rice is soaking, in a blender purée the onion, garlic, and ½ cup cold water and set aside.

Heat the oil in a heavy pan and fry the chiles, turning them from time to time, until evenly blistered. Remove the chiles from the pan, drain, and set aside.

Stir the rice into the oil left in the pan and sauté over medium heat for about 10 minutes. Drain the excess oil and add the onion and garlic mixture to the rice in the pan. Cook over high heat for 1 or 2 minutes, or until the onion and garlic mixture has been well mixed into the rice. Stir in the chiles, carrots, squash, water, and salt. Bring the mixture to a boil, cover the pan, lower the heat to medium, and cook until all the liquid has been absorbed, about 20 minutes. Remove the pan from the heat and set aside, still covered, in a warm place for about 15 minutes. Before serving, gently turn the rice over from the bottom with a fork to distribute the vegetables evenly.

Comment: This vegetarian dish lends itself to many adaptations and can be served alone or with salsa.

Arroz con Zanahoria y Chayote

Rendimiento: 6 porciones

1½   tazas arroz blanco de grano largo
Agua hirviendo
½   cebolla blanca mediana, en trozos
4   dientes de ajo pequeños, picados
½   taza de agua fría
¼   taza aceite de maíz
2   chiles anchos, picados
4   tazas zanahoria, rallada, sin compactar
1   chayote o calabacita grande, pelado y cortado en
     cubitos
4   tazas de agua
⅛   cdta. sal

Se cubre el arroz con agua hirviendo y se deja en remojo por 15 minutos; se enjuaga y se cuela. Mientras tanto, se mezclan en la licuadora la cebolla, ajo y ½ taza de agua fría y se deja a un lado.

Se calienta el aceite en una olla gruesa, se agregan los chiles y se fríen, dándoles vuelta de vez en cuando, hasta que estén envejigados. Se sacan los chiles de la olla y se dejan a un lado.

Se coloca el arroz en el mismo aceite y se fríe a fuego medio por aproximadamente 10 minutos. Se cuela para eliminar el exceso de aceite, se añade la mezcla de cebolla y ajo y se fríe a fuego alto por 1 minuto, o hasta que el arroz absorba la mezcla totalmente. Se añaden los chiles, zanahoria, calabaza, agua y sal. Se deja hervir, se cubre y se continúa cocinando a fuego medio hasta que se consuma todo el líquido, aproximadamente 20 minutos. Se quita la olla del fuego y se coloca, aún tapada, en un lugar cálido por unos 15 minutos. Antes de servir, se le da vuelta al arroz desde el fondo con un tenedor para que se distribuyan las verduras.

Comentario: Este plato vegetariano se presta para muchas adaptaciones y se puede servir por sí solo o con salsa.

(continued/continúa)

1 serving/porción = 10 oz.

Each serving contains *Cada porción contiene*		*ADA exchange value* *Intercambio para el diabético*	
Calories/Calorías	300	Vegetable/Vegetal	2.2
Protein/Proteína	5.1g	Bread/Pan	2.5
Carbohydrates/Carbohidratos	48.4g	Meat/Carne	0.0
Fat/Grasa	9.7g	Fat/Grasa	1.8
Dietary fiber/Fibra dietética	1.5g	Milk/Leche	0.0
Cholesterol/Colesterol	0.0mg	Fruit/Fruta	0.0
Sodium/Sodio	75.2mg		

Beans

Frijoles

Basic Beans

Makes 6 servings

2   cups uncooked pinto beans
6   cups water
1   tsp. salt
1   small onion, chopped
3   cloves garlic, chopped
1   tsp. ground cumin
1   tsp. ground oregano

Pick over the beans and wash in cold water. Soak in cold water to cover overnight. Drain and rinse.

Bring 6 cups of water to a boil. Add the salt and beans, cover, and reduce heat to medium. Cook the beans until they are tender and brownish pink, about 1 hour and 15 minutes, adding warm water as necessary. Add the onion, garlic, cumin, and oregano, and cook for 10 minutes more.

Comments: Basic Beans are a staple in most Mexican households. Pinto beans, the most commonly used, can be prepared whole, mashed, or refried. Beans with picante sauce as garnish make a basic side dish for any Mexican meal. Creamed or mashed, beans are used for tostadas, tacos, burritos, and dips.

Frijoles Básicos

Rendimiento: 6 porciones

2   tazas frijoles pintos sin cocinar
6   tazas agua
1   cdta. sal
1   cebolla pequeña, picada
3   dientes de ajo, picado
1   cdta. comino molido
1   cdta. orégano molido

Se lavan los frijoles en agua fresca. Se dejan remojando en agua fría la noche anterior. Al día siguiente se pone a hervir el agua en una olla grande; se le añade la sal y los frijoles, y se reduce el fuego a fuego medio y se pone la tapadera a la olla. Se cocinan los frijoles hasta que estén tiernos, aproximadamente 1 hora y 15 minutos. Se le agrega agua caliente a la olla si es necesario. Luego se añaden la cebolla, el ajo, el comino y el orégano y se cocinan por 10 minutos más.

Comentario: Los Frijoles Básicos son una comida básica en la gran mayoría de los hogares mexicanos. Los frijoles pintos, los más usados, se pueden preparar enteros, molidos o refritos. Los frijoles son un acompañamiento básico para cualquier comida mexicana, utilizándose la salsa picante como aderezo. Los frijoles en crema o majados se usan para tostadas, tacos, burritos, y como entremés.

ANALYSIS / ANÁLISIS

1 serving/porción = 1 cup/taza

Each serving contains **Cada porción contiene**		**ADA exchange value** **Intercambio para el diabético**	
Calories/Calorías	374	Vegetable/Vegetal	0.2
Protein/Proteína	21.3g	Bread/Pan	5.1
Carbohydrates/Carbohidratos	71.3g	Meat/Carne	0.0
Fat/Grasa	1.2g	Fat/Grasa	0.0
Dietary fiber/Fibra dietética	11.2g	Milk/Leche	0.0
Cholesterol/Colesterol	0.0mg	Fruit/Fruta	0.0
Sodium/Sodio	364mg		

Drunken Beans

Makes 8 servings

1   lb. dry pinto or black turtle beans
8   cups hot water
½   white onion, roughly sliced
½   lb. smoked ham hock
1   clove garlic, minced
⅛   tsp. salt
½   tsp. oregano
½   tsp. cumin
6   oz. beer, room temperature
1   tsp. fresh cilantro, chopped

Pick out any small stones or pieces of earth as you run the beans through your hands. Rinse the beans in cold water and drain. Cover the beans with the hot water. Add the onion, ham hock, and garlic and bring to a boil. Reduce the heat and simmer until the beans are soft, about 1½ to 2 hours. Add hot water as needed. Add salt, oregano, and cumin and continue cooking until the beans are very soft and the broth has thickened, 30 to 40 minutes. Remove the pot from the heat and add the beer and cilantro. Mix well and serve hot with corn tortillas and *Hot Sauce* (p. 221).

Note: Do *not* add salt until the skins of the beans are soft, or you will toughen them. Beans ferment easily; therefore, do not leave them at room temperature for any length of time.

Frijoles Borrachos

Rendimiento: 8 porciones

1   lb. de frijoles pintos o negros
8   tazas agua caliente
½   cebolla blanca, en rodajas grandes
½   lb. codillo de jamón
1   diente de ajo, picado
⅛   cdta. sal
½   cdta. orégano
½   cdta. comino
6   oz. cerveza, a temperatura ambiente
1   cdta. cilantro fresco, picado

Se eliminan cualesquier piedritas o pedazos de sucio a medida que se dejan pasar los frijoles por las manos y dedos. Se lavan con agua fresca y se cuelan. Se colocan los frijoles en una olla con el agua caliente. Se añaden la cebolla, el codillo y el ajo y se cocina hasta que empieza a hervir. Se reduce el fuego y se continúa cocinando hasta que la piel de los frijoles esté suave, 1½ a 2 horas. Se agrega agua caliente si se necesita. Se añade la sal, el orégano y el comino y se continúa cocinando hasta que los frijoles estén bien suaves y el caldo haya espesado, de 30 a 40 minutos. Se quitan del fuego, se añade la cerveza y el cilantro. Se mezcla todo bien y se sirven calientes con tortillas de maíz y *Ajipique* (pág. 221).

Nota: No se debe añadir la sal hasta que la piel de los frijoles esté suave, para que no queden duros. Los frijoles se fermentan con facilidad; por lo tanto, no deben permanecer en la olla a temperatura ambiental por mucho tiempo.

ANALYSIS / ANÁLISIS   *See Guide to Tables, p. 15 / Ver Guía para Tablas, pág. 15*

1 serving = 1 cup (with 2 corn tortillas and 1 tbsp. *Hot Sauce*)
1 porción = 1 taza (con 2 tortillas de maíz y 1 cda. *Ajipique*)

Each serving contains **Cada porción contiene**			**ADA exchange value** **Intercambio para el diabético**		
Calories/Calorías	115	(261)	Vegetable/Vegetal	0.1	(0.2)
Protein/Proteína	11.3g	(15.7)	Bread/Pan	1.3	(2.9)
Carbohydrates/Carbohidratos	20.2g	(47.5)	Meat/Carne	0.8	
Fat/Grasa	6.4g	(9.5)	Fat/Grasa	0.7	(1.3)
Dietary fiber/Fibra dietética	3.2g	(6.6)	Milk/Leche	0.0	
Cholesterol/Colesterol	16.4mg		Fruit/Fruta	0.0	
Sodium/Sodio	341mg	(471)			

Pinto Beans

Makes 12 servings

2 cups pinto beans
2 onions, finely chopped, divided
2 cloves garlic, chopped, divided
1 bay leaf
2 serrano chiles, chopped
5 tsp. corn oil, divided
½ tsp. salt
1 tomato, peeled, seeded, and chopped
⅛ tsp. black pepper, freshly ground

Wash the beans, place in a large pot, and add enough water to cover. Add half of the chopped onions, half of the garlic, the bay leaf, and the serranos. Cover and bring to a boil. Reduce heat and simmer, adding hot water as necessary, for 2 to 2½ hours. When the beans begin to wrinkle, add 1 tsp. corn oil. Continue cooking until the beans are soft, about 30 minutes. Stir in the salt. Continue to cook for 30 minutes over low heat, covered, but do not add more water.

Heat the remaining oil in a skillet and sauté the rest of the onion and garlic until the onion is limp, 2 to 3 minutes. Add the tomato and pepper and cook for about 2 minutes over medium heat. Add 3 tbsp. of beans, bit by bit, with some of the liquid from the pot, and mash the mixture until it forms a smooth, heavy paste. Return the paste to the bean pot and stir into the beans over low heat to thicken the remaining liquid.

Frijoles

Rendimiento: 12 porciones

2 tazas frijoles pintos crudos
2 cebollas, finamente picadas, divididas
2 dientes de ajo, picados, divididos
1 hoja de laurel
2 chiles serranos, picados
5 cdas. aceite de maíz, dividido
½ cdta. sal
1 tomate, pelado, sin semillas y picado
⅛ cdta. pimienta negra, recién molida

Se lavan los frijoles y se colocan en una olla. Se añade suficiente agua para que cubra los frijoles. Se añade la mitad de las cebollas picadas, la mitad del ajo, la hoja de laurel y los chiles. Se tapa y se deja hervir. Se reduce el fuego y se cocina lentamente, de 2 a 2½ horas, añadiendo agua caliente a medida que ésta se va evaporando al hervir. Cuando los frijoles empiezan a arrugarse se añade 1 cdta. de aceite. Se continúa cocinando hasta que los frijoles estén suaves, unos 30 minutos. Se añade la sal. Se cocinan por unos 30 minutos más a fuego medio, pero no se les añade agua.

Se calienta el aceite restante en una sartén y se sofríen la cebolla y el ajo restantes hasta que estén tiernos, 2 a 3 minutos. Se añaden los tomates y la pimienta y se cocina por unos 2 minutos a fuego medio. Se añaden 3 cdas. de frijol, poco a poco, con algo del líquido de los frijoles y se maceran hasta que se vuelva una pasta suave y cremosa. Se vierte esta pasta en la olla de los frijoles, se revuelve y se cuece a fuego lento para espesar el líquido.

ANALYSIS / ANÁLISIS

1 serving/porción = 6 oz.

Each serving contains **Cada porción contiene**		**ADA exchange value** **Intercambio para el diabético**	
Calories/Calorías	139	Vegetable/Vegetal	0.5
Protein/Proteína	7.7g	Bread/Pan	1.4
Carbohydrates/Carbohidratos	22.8g	Meat/Carne	0.5
Fat/Grasa	2.4g	Fat/Grasa	0.4
Dietary fiber/Fibra dietética	1.6g	Milk/Leche	0.0
Cholesterol/Colesterol	0.0mg	Fruit/Fruta	0.0
Sodium/Sodio	94.4mg		

Refried Beans

Makes 8 servings

6   tbsp. safflower oil
1   tbsp. white onion, finely chopped
1   recipe *Basic Beans* with broth (p. 152)

Heat the oil in a heavy 10-inch skillet. Add the onion and sauté over low heat until transparent, about 1 minute. Add 1 cup of the beans and their broth and mash over fairly high heat. As the beans begin to reduce, add more and keep mashing until they have all been used. Continue frying, scraping the sides and bottom of the pan to prevent sticking, until the mixture becomes a thick paste and you can see the bottom of the pan as you stir.

Comment: Mashed and fried beans can appear on a Mexican table three times a day: with breakfast eggs, after the main meat course at noon, or with the evening's tacos. Beans are spread on tostadas, chalupas, tacos, and other appetizers. Use of a blender is not recommended, since the beans lose their texture. A wooden bean or potato masher is best. Beans can be refried ahead of time by cooking them to the point where all the beans have been added and mashed. Cover tightly so that a hard crust does not form over the top and sprinkle the surface with ¼ cup warm water before reheating. Mix well and continue with the final frying.

Frijoles Refritos

Rendimiento: 8 porciones

6   cdas. aceite de cártamo
1   cda. cebolla blanca, finamente picada
1   receta *Frijoles Básicos* con caldo (pág. 152)

Se calienta el aceite en una sartén gruesa de 10 pulgadas. Se añade la cebolla y se fríe a fuego lento hasta que esté transparente, 1 minuto. Se añade 1 taza de los frijoles con su caldo y se majan, manteniendo el fuego alto. A medida que se va absorbiendo el líquido, se agregan más frijoles y caldo hasta que se usen todos. Se continúa friendo, raspando el fondo y los lados de la sartén para que no se pegue, hasta que la mezcla parezca una pasta espesa y cuando se revuelva se pueda ver el fondo de la sartén.

Comentario: Los frijoles fritos y majados se usan generalmente en las tres comidas diarias de los mexicanos, ya sea con huevos al desayuno, al mediodía después del plato de carne o con los tacos para la cena. Los frijoles se pueden usar untados sobre tostadas, chalupas, tacos y otros entremeses. El uso de una licuadora no se recomienda ya que los frijoles pierden su textura. Lo mejor es usar un majador de papas o de frijoles. Los frijoles refritos se pueden preparar con anticipación. Se cocinan hasta el punto en que todos los frijoles se hayan majado y frito. Se cubren herméticos para evitar que se les forme una costra seca, y al momento de usarlos se les añade ¼ taza de agua, se mezclan bien y se fríen hasta que parezcan una pasta espesa.

ANALYSIS / ANÁLISIS

1 serving/porción = ½ cup/taza

Each serving contains **Cada porción contiene**		**ADA exchange value** **Intercambio para el diabético**	
Calories/Calorías	370	Vegetable/Vegetal	0.2
Protein/Proteína	10.7g	Bread/Pan	2.6
Carbohydrates/Carbohidratos	36.2g	Meat/Carne	0.0
Fat/Grasa	21.0g	Fat/Grasa	4.1
Dietary fiber/Fibra dietética	5.8g	Milk/Leche	0.0
Cholesterol/Colesterol	0.0mg	Fruit/Fruta	0.0
Sodium/Sodio	544mg		

Spicy Chickpeas

Makes 6 servings

3   tbsp. flour
2   tbsp. corn oil
1   clove garlic, chopped
2   tbsp. onion, chopped
2   tbsp. pimento, diced
2   canned stewed tomatoes, chopped
2   tbsp. canned green chiles, chopped
1   cup water
1   15-oz. can chickpeas, drained
⅛   tsp. salt
⅛   tsp. pepper

In a skillet, brown the flour in the oil. Add the garlic, onion, and pimento and sauté until the onion is tender, 3 to 4 minutes. Add the tomatoes and chiles and stir to make a gravy. Add the water and chickpeas and stir well. Season with salt and pepper and simmer, covered, 10 minutes over low heat, stirring occasionally. Remove from heat and let sit 5 minutes before serving.

Garbanzos con Especies

Rendimiento: 6 porciones

3   cdas. harina
2   cdas. aceite de maíz
1   diente de ajo, picado
2   cdas. cebolla, picada
2   cdas. pimiento rojo, picado
2   tomates en lata cocidos, picados
2   cdas. chiles verdes en lata, picados
1   taza de agua
1   lata (15 oz.) de garbanzos, escurridos
⅛   cdta. sal
⅛   cdta. pimienta

En una sartén se dora la harina en el aceite. Se añade el ajo, cebolla y pimiento y se sofríe a fuego lento hasta que estén suaves, 3 a 4 minutos. Se agregan los tomates y chiles para lograr una salsa medio espesa. Se añade el agua y garbanzos y se mezcla bien. Se agregan la sal y pimienta y se cocina a fuego lento, tapado, por 10 minutos. Se revuelve de vez en cuando. Se quita del fuego 5 minutos antes de servir.

ANALYSIS / ANÁLISIS

1 serving/porción = ⅔ cup/taza

Each serving contains
Cada porción contiene

		ADA exchange value **Intercambio para el diabético**	
Calories/Calorías	152	Vegetable/Vegetal	1.1
Protein/Proteína	4.7g	Bread/Pan	0.4
Carbohydrates/Carbohidratos	21.2g	Meat/Carne	0.2
Fat/Grasa	6.1g	Fat/Grasa	0.9
Dietary fiber/Fibra dietética	4.5g	Milk/Leche	0.0
Cholesterol/Colesterol	0.0mg	Fruit/Fruta	0.0
Sodium/Sodio	544mg		

Pasta in Bean Broth

Makes 6 servings

1   small tomato (approx. ¼ lb.), unpeeled and coarsely chopped
2   tbsp. white onion, finely chopped
1   small clove garlic, chopped
3   tbsp. corn oil, divided
⅔   cup *Basic Beans* (p. 152)
5   cups bean broth
4   oz. vermicelli, broken into 4-inch pieces
1   leafy stem of epazote
⅓   cup romano cheese, finely grated
⅓   cup white onion, finely chopped

For the pasta, put the tomato, onion, and garlic into a blender and blend until smooth. Heat 1 tbsp. of the oil, add the tomato purée, and sauté over medium-high heat, stirring and scraping the bottom of the pan, until the sauce has reduced and thickened, about 3 minutes. Set aside.

Put the beans and bean broth into a blender and blend to a smooth purée. Set aside.

Heat the remaining oil in a heavy saucepan. Add the vermicelli and fry, stirring, until it is golden, about 3 minutes. Drain off the excess oil, add the tomato purée, and fry, stirring and scraping the bottom of the pan, until the mixture is dry. Add the bean purée, cover, and cook over medium heat for about 10 minutes. Add the epazote, cover, and cook until the pasta is soft, about 5 minutes. Sprinkle each serving with 4 tsp. each of cheese and onion.

Comment: Epazote is also called goosefoot or wormseed. It is strongly aromatic and is commonly used to season *Drunken Beans* (p. 153). Interestingly, since prehistoric times in Mesoamerica, epazote has also been used as an effective vermifuge.

Sopa de Fideo con Salsa de Frijol

Rendimiento: 6 porciones

1   tomate pequeño (¼ lb.), en trozos, sin pelar
2   cdas. cebolla blanca, picadita
1   diente de ajo pequeño, picado
3   cdas. aceite de maíz, dividido
⅔   taza *Frijoles Básicos* (pág. 152)
5   tazas caldo de frijoles
4   oz. vermicelli, quebrado en pedazos de 4 pulgadas cada uno
1   ramita de epazote
⅓   taza de queso romano, rallado
⅓   taza cebolla blanca, picadita

Se coloca el tomate, cebolla y ajo en una licuadora y se licúa hasta que parezca puré. Se calienta 1 cda. de aceite, se añade el puré de tomate y se fríe a fuego alto, revolviendo y raspando el fondo de la olla, hasta que el líquido se haya consumido y la mezcla esté espesa, 3 minutos aproximadamente. Se coloca a un lado.

Se licúan los frijoles con el caldo a punto de puré y se pone a un lado.

Se coloca el aceite restante en una olla gruesa, se añaden los fideos y se fríen, revolviendo y dándoles vuelta, hasta que se doren, más o menos 3 minutos. Se elimina el exceso de grasa y se añaden el puré de tomate y se cocina, revolviendo y raspando el fondo de la olla, hasta que la mezcla esté seca. Se agrega el puré de frijoles y se tapa. Se cocina a fuego medio por unos 10 minutos y se agrega el epazote, se vuelve a tapar y se cocina hasta que los fideos estén suaves, 5 minutos más. Se rocía cada porción con 4 cdtas. cada uno del queso y cebolla.

Comentario: El epazote es una yerba aromática que se usa para sazonar los *Frijoles Borrachos* (pág. 153). En Mesoamérica, desde tiempos prehistóricos, se ha usado el epazote como un vermífugo muy eficaz.

ANALYSIS / ANÁLISIS

1 serving/porción = 10 oz.

Each serving contains **Cada porción contiene**		**ADA exchange value** **Intercambio para el diabético**	
Calories/Calorías	204	Vegetable/Vegetal	0.5
Protein/Proteína	8.8g	Bread/Pan	1.1
Carbohydrates/Carbohidratos	18.9g	Meat/Carne	0.6
Fat/Grasa	10.7g	Fat/Grasa	1.7
Dietary fiber/Fibra dietética	2.5g	Milk/Leche	0.0
Cholesterol/Colesterol	19.2mg	Fruit/Fruta	0.0
Sodium/Sodio	266mg		

Pot Beans with Chile

Makes 6 servings

3   cups uncooked pinto beans
1½ qt. water
1   tsp. salt
3   cups beef broth
2   tsp. cumin
1   tsp. oregano
½   tsp. black pepper
½   cup onion, chopped
5   tbsp. chili powder
12 corn tortillas

Pick over the beans and wash in cold water. Bring 1½ qt. water to a boil. Add the salt and beans, reduce heat to medium, cover, and cook beans until they are tender, about 1 hour and 15 minutes. Add the beef broth and enough water to make 6 cups of liquid. Stir in the cumin, oregano, black pepper, onion, and chili powder and simmer 25 minutes. Serve with hot corn tortillas.

Frijoles con Chile

Rendimiento: 6 porciones

3   tazas de frijoles pintos crudos
6   tazas agua
1   cdta. sal
3   tazas caldo de res
2   cdtas. comino
1   cdta. orégano
½   cdta. pimienta negra molida
½   taza cebolla, picada
5   cdas. polvo de chile
12 tortillas de maíz

Se lavan los frijoles en agua fresca. Se pone a hervir el agua en una olla grande; se le añade la sal y los frijoles, se reduce el fuego a fuego medio y se pone la tapadera a la olla. Se cocinan los frijoles hasta que estén tiernos, aproximadamente 1 hora y 15 minutos. Se agrega el caldo de res y agua para obtener 6 tazas. Se añade el comino, orégano, pimienta, la cebolla y el chile en polvo. Se mezcla bien y se deja cocinar a fuego lento por 25 minutos. Se sirve con tortillas de maíz calientes.

ANALYSIS / ANÁLISIS

1 serving/porción = 12 oz. beans/frijoles, 2 corn tortillas/tortillas de maíz

Each serving contains **Cada porción contiene**		**ADA exchange value** **Intercambio para el diabético**	
Calories/Calorías	502	Vegetable/Vegetal	0.2
Protein/Proteína	28.5g	Bread/Pan	5.7
Carbohydrates/Carbohidratos	91.3g	Meat/Carne	1.6
Fat/Grasa	5.0g	Fat/Grasa	0.4
Dietary fiber/Fibra dietética	2.2g	Milk/Leche	0.0
Cholesterol/Colesterol	0.3mg	Fruit/Fruta	0.0
Sodium/Sodio	936mg		

Beans with Mexican Sausage #1

Makes 6 servings

2 cups uncooked pinto beans
6 cups water
1 tsp. salt
¼ lb. Mexican sausage (chorizo)
2 cloves garlic, chopped
4 tbsp. onion, chopped

Cook the pinto beans as described in the recipe for *Basic Beans* (p. 152).

In a skillet, cook the sausage until no pink remains. Drain well.

Pour off any grease from the skillet, add the drained beans, and mash with a potato masher until the beans are the consistency of mashed potatoes. Add the sausage and blend well. Add the onion and garlic. Cook the beans over medium heat until bubbly.

Frijoles con Chorizo Mexicano #1

Rendimiento: 6 porciones

2 tazas frijoles pintos sin cocinar
6 tazas agua
1 cdta. sal
¼ lb. chorizo
2 dientes de ajo, picado
4 cdas. cebolla, picada

Se cocinan los frijoles de la misma manera que para *Frijoles Básicos* (pág. 152). En una sartén se cocina el chorizo y se escurre bien.

En la misma sartén se colocan los frijoles escurridos y se majan con un majador de papas hasta que queden bien cremosos. Se agrega el chorizo y se mezcla bien. Se añade la cebolla y el ajo y se cocinan a fuego medio hasta que hagan burbujas.

ANALYSIS / ANÁLISIS

1 serving/porción = 6 oz.

Each serving contains **Cada porción contiene**		**ADA exchange value** **Intercambio para el diabético**	
Calories/Calorías	454	Vegetable/Vegetal	0.1
Protein/Proteína	25.8g	Bread/Pan	5.1
Carbohydrates/Carbohidratos	70.9g	Meat/Carne	0.6
Fat/Grasa	8.3g	Fat/Grasa	1.1
Dietary fiber/Fibra dietética	11.2g	Milk/Leche	0.0
Cholesterol/Colesterol	0.0mg	Fruit/Fruta	0.0
Sodium/Sodio	48mg		

Beans with Mexican Sausage #2

Makes 3 servings

2 tsp. corn oil
2 cups *Basic Beans* (p. 152)
1 cup Mexican sausage (chorizo), cooked and drained
⅓ cup onion, chopped
¼ cup fresh cilantro, chopped

Heat the oil in a skillet. Add the drained *Basic Beans* and mash with a potato masher until the beans are the consistency of mashed potatoes. Cook the beans on high heat for 2 minutes. Add the sausage and blend well. Add the onion and cilantro, cover, and simmer over low heat for 10–15 minutes, stirring frequently. Serve as a side dish.

Frijoles con Chorizo Mexicano #2

Rendimiento: 3 porciones

2 cdtas. aceite de maíz
2 tazas *Frijoles Básicos* (pág. 152)
1 taza chorizo, cocido y escurrido
⅓ taza cebolla, picada
¼ taza cilantro fresco, picado

En una sartén, se calienta el aceite y se colocan los *Frijoles Básicos* escurridos. Se machucan con un majador de papas hasta que queden bien cremosos y se cocinan por 2 minutos. Se le añade el chorizo cocido y bien escurrido. Se mezcla bien. Se añade la cebolla y el cilantro. Se cubre y se deja cocinar a fuego lento por 10 ó 15 minutos, revolviendo con frecuencia. Se sirve como plato adicional.

ANALYSIS / ANÁLISIS

1 serving/porción = 1 cup/taza

Each serving contains **Cada porción contiene**		**ADA exchange value** **Intercambio para el diabético**	
Calories/Calorías	618	Vegetable/Vegetal	0.2
Protein/Proteína	33.1g	Bread/Pan	3.4
Carbohydrates/Carbohidratos	49.2g	Meat/Carne	2.6
Fat/Grasa	32.9g	Fat/Grasa	4.9
Dietary fiber/Fibra dietética	7.7g	Milk/Leche	0.0
Cholesterol/Colesterol	0.0mg	Fruit/Fruta	0.0
Sodium/Sodio	5.5mg		

Breads

Panes

Corn Tortillas

Makes 24 servings

4   cups masa harina
1½ tsp. salt
2   cups water, more if necessary

Mix the flour and salt thoroughly. Add water a little at a time while mixing. Knead until the dough is smooth and not crumbly, 2 to 3 minutes. Divide the dough into 24 balls of approximately 1 oz. each. Roll the balls until smooth and about 1 inch in diameter. Place all but one of the balls under plastic wrap so that they do not dry out.

Heat an ungreased griddle over medium heat. With a rolling pin, flatten one ball of dough at a time to make a 5–6-inch circle. Place the circle on the griddle and cook for about 16 seconds. The underside will now be opaque and speckled. Turn the tortilla and cook for 32 seconds. Flip back to the first side and cook for 16 seconds more. The tortilla should puff up and be opaque and speckled.

As the tortillas are made, stack them in a basket lined with a cloth to keep them warm, moist, and elastic. Serve warm.

Cooked tortillas can also be wrapped in foil packages and frozen. To reheat, defrost the tortillas first. Heat an ungreased griddle and place one tortilla at a time on it, reheating for 6 to 8 seconds on each side. Serve immediately or they will harden.

Tortillas de Maíz

Rendimiento: 24 porciones

4   tazas de harina de maíz
1½ cdta. sal
2   tazas de agua, y un poquito más si es necesario

En un tazón se mezcla la harina y la sal y luego se añade agua poco a poco mientras se va mezclando. Se amasa hasta que la masa esté suave y no grumosa, de 2 a 3 minutos. Se divide la masa en 24 bolitas de aproximadamente 1 oz. cada una. Se colocan todas las bolitas (con excepción de una) debajo de un pliego de papel transparente para que no se sequen.

Se calienta una parrilla sobre fuego medio y con un rodillo de pastelero se aplana cada bolita individualmente para lograr un círculo de 5 ó 6 pulgadas. Se coloca cada tortilla sobre la parrilla y se cocina por aproximadamente 16 segundos. La parte inferior deberá estar opaca y moteada. Se da vuelta a la tortilla y se cocina del lado opuesto por 16 segundos más. Se le da vuelta una vez más y se cocina por 16 segundos adicionales. La tortilla debe inflarse y verse opaca y moteada. A medida que se van cocinando las tortillas se van colocando, una sobre otra, en una canasta forrada con una servilleta de tela para conservar el calor y mantenerlas húmedas y suavecitas. Se sirven calientes.

También se pueden colocar en papel de aluminio y guardar los paquetes en el congelador. Para calentar las tortillas, primero se dejan descongelar y luego se calientan en una parrilla sin grasa previamente calentada. Cada tortilla se debe calentar por 6 u 8 segundos de cada lado. Se deben servir inmediatamente, antes de que se endurezcan.

ANALYSIS / ANÁLISIS

1 serving/porción = 1 tortilla

Each serving contains **Cada porción contiene**		**ADA exchange value** **Intercambio para el diabético**	
Calories/Calorías	69	Vegetable/Vegetal	0.0
Protein/Proteína	1.8g	Bread/Pan	1.0
Carbohydrates/Carbohidratos	14.5g	Meat/Carne	0.0
Fat/Grasa	0.7g	Fat/Grasa	0.0
Dietary fiber/ Fibra dietética	1.1g	Milk/Leche	0.0
Cholesterol/Colesterol	0.0mg	Fruit/Fruta	0.0
Sodium/Sodio	135mg		

Flour Tortillas

Makes 36 servings

2   tsp. salt
1   cup shortening
2½ cups warm water
8   cups white flour

Mix the flour and salt. Work small amounts of shortening and water into the flour while mixing so that the ingredients are evenly distributed throughout and form a smooth and cohesive dough. Roll into 36 smooth balls of about 1½ inches in diameter. Place all but one of the balls under plastic wrap so that they do not dry out. Set aside for 30 minutes.

Heat an ungreased griddle over medium heat. With a rolling pin, flatten one ball of dough at a time to make a 10 to 12-inch circle. Place a flattened ball on the griddle and cook for about 16 seconds. The underside will now be transparent. Turn the tortilla and cook for 30 seconds. Move the tortilla around so that all the uncooked spots are cooked. Unlike corn tortillas, flour tortillas are turned only once. As the tortillas are made, stack them in a basket lined with a cloth to preserve the heat and keep them moist and elastic. Serve warm.

The tortillas can also be wrapped in foil packages and frozen. To reheat, defrost the tortillas first. Heat an ungreased griddle over the fire. Reheat one tortilla at a time for 6 to 8 seconds on each side. Serve immediately or they will harden.

Tortillas de Harina

Rendimiento: 36 porciones

2   cdtas. sal
1   taza manteca
2½ tazas de agua tibia
8   tazas de harina

Se mezcla la harina y la sal. Se añaden pequeñas cantidades de manteca y agua a la mezcla de harina y sal mientras se mezcla de manera que los ingredientes se vayan distribuyendo de manera uniforme para lograr una masa suave y elástica. Se hacen 36 bolitas de masa de aproximadamente 1½ pulgadas de diámetro. Se colocan todas las bolitas de masa debajo de un pliego de papel transparente. Se dejan a un lado por 30 minutos.

Se calienta una parrilla sobre fuego medio y con un rodillo de pastelero se aplana cada una de las bolitas de masa hasta lograr un círculo de 10 ó 12 pulgadas. Se coloca una tortilla sobre la parrilla y se cocina por aproximadamente 16 segundos. La parte inferior de la tortilla debe estar transparente. Se voltea la tortilla y se cocina el segundo lado por unos 30 segundos más. La tortilla debe moverse de un lado a otro de la parrilla para que se cocinen todos los puntos crudos. A diferencia de las tortillas de maíz, las tortillas de harina se voltean una sola vez. A medida que las tortillas se van cocinando, se van colocando una sobre otra en una canasta forrada con una servilleta de tela para conservarles el calor y mantenerlas húmedas y suavecitas. Se sirven calientes.

También se pueden envolver las tortillas en papel de aluminio y colocar los paquetes en el congelador. Para calentar las tortillas, primero se dejan descongelar. Se coloca una parrilla sin grasa sobre el fuego hasta que esté bien caliente y se colocan las tortillas, de una a una, por unos 6 u 8 segundos de cada lado. Se sirven inmediatamente, antes de que se endurezcan.

ANALYSIS / ANÁLISIS

1 serving/porción = 1 tortilla

Each serving contains ***Cada porción contiene***		***ADA exchange value*** ***Intercambio para el diabético***	
Calories/Calorías	138	Vegetable/Vegetal	0.0
Protein/Proteína	2.0g	Bread/Pan	1.3
Carbohydrates/Carbohidratos	18.9g	Meat/Carne	0.0
Fat/Grasa	5.9g	Fat/Grasa	1.1
Dietary fiber/ Fibra dietética	0.6g	Milk/Leche	0.0
Cholesterol/Colesterol	0.0mg	Fruit/Fruta	0.0
Sodium/Sodio	119mg		

Anisette Bread

Makes 10 servings

2   eggs
8   tbsp. corn oil, divided
1   cup brown sugar, packed
2   cups flour
3   tsp. baking powder
½   tsp. salt
1   tsp. ground anise
½   tsp. ground cinnamon
1   cup raisins
1   tbsp. honey

Beat the eggs until creamy. Mix 7 tbsp. oil and the sugar; mix in eggs. Combine the dry ingredients, then blend in the egg mixture. Add the raisins and honey.

Preheat the oven to 375°. Form the dough into a ball and knead well, until the dough is elastic. Oil a loaf pan with 1 tbsp. of the oil. Bake the bread for 1 hour 15 minutes, or until golden brown.

Pan de Anís

Rendimiento: 10 porciones

2   huevos
8   cdas. aceite de maíz, dividido
1   taza azúcar moreno, compactada
2   tazas harina
3   cdtas. polvo de hornear
½   cdta. sal
1   cdta. anís en polvo
½   cdta. canela en polvo
1   taza pasitas
1   cda. miel

Se baten los huevos hasta que estén cremosos. Se mezclan 7 cdas. de aceite y el azúcar y se añaden los huevos batidos. Se combinan los ingredientes secos y se les agrega la mezcla de huevo. Se añaden las pasitas y la miel.

Se precalienta el horno a 375°. Se amasa la masa hasta que esté bien elástica. Se engrasa un molde de pan con 1 cda. de aceite. Se coloca la masa en el molde y se asa por 1 hora y 15 minutos, o hasta que el pan tenga un color dorado.

ANALYSIS / ANÁLISIS

1 serving/porción = 2 oz. slice/rebanada de 2 oz.

Each serving contains *Cada porción contiene*		*ADA exchange value* *Intercambio para el diabético*	
Calories/Calorías	334	Vegetable/Vegetal	0.0
Protein/Proteína	5.0g	Bread/Pan	2.7
Carbohydrates/Carbohidratos	54.9g	Meat/Carne	0.2
Fat/Grasa	12.5g	Fat/Grasa	2.3
Dietary fiber/Fibra dietética	1.7g	Milk/Leche	0.0
Cholesterol/Colesterol	42.6mg	Fruit/Fruta	0.0
Sodium/Sodio	227mg		

Whole Wheat Loaf

Makes 36 servings

1 package active dry yeast
1½ cups warm water
1½ cups 1% milk
1½ tsp. salt
3 tbsp. honey
3 tbsp. corn oil
6 cups unsifted whole wheat flour

Dissolve the yeast in warm water. Scald the milk and pour into a large bowl. Add the salt, honey, and oil to the milk and stir until the honey is dissolved. Cool the milk to room temperature and add the yeast. Stir in the whole wheat flour, a little at a time, mixing well after each addition (whole wheat flour is slow to absorb liquids). When the dough is firm, place it on a floured board (use some of the flour from the list of ingredients). Knead the dough for 6 to 8 minutes, adding the rest of the flour as needed. Place the kneaded dough in a greased bowl (use some of the oil from the recipe ingredients), cover, and let rise in a warm place for 2 to 3 hours, or until it has doubled.

Punch down the dough and form two loaves. Place the dough in two 9 × 5 bread pans (preferably nonstick) and let it rise in a warm place until doubled, approximately 2 hours.

Preheat the oven to 325°. Bake the bread for 1½ hours, or until the loaves sound hollow when the bottom is tapped. Remove the bread from the pans and cool on wire racks.

Pan de Trigo Integral

Rendimiento: 36 porciones

1 paquete levadura seca activa
1½ tazas agua tibia
1½ tazas 1% leche descremada
1½ cdtas. sal
3 cdas. miel
3 cdas. aceite de maíz
6 tazas harina de trigo integral sin cernir

Disuelva la levadura en agua tibia. Escalfe la leche y vierta en un recipiente grande. Agregue la sal, miel y el aceite a la leche. Revuelva hasta que la miel se disuelva. Cuando la mezcla de leche esté tibia agregue a la mezcla de levadura. Agregue la harina de trigo integral poco a poco. Revuelva bien después de agregar cada porción de harina (la harina de trigo integral absorbe los líquidos lentamente). Cuando la masa esté bastante firme para amasar, remueva del recipiente, ponga en una superficie rociada con harina (úsese harina ya incluida en la lista de ingredientes) y amase bien, 6 a 8 minutos, agregando poco a poco el resto de la harina. Ponga la masa en un recipiente engrasado (úsese parte del aceite de la lista de ingredientes), cúbrala y coloquela en un lugar tibio por 2–3 horas, o hasta que doble en volumen.

Desesponje y forme 2 hogazas. Ponga la masa en moldes de pan (que no se pegan) de 9 × 5 pulgadas y déjelas crecer en un lugar tibio hasta que casi doblen en tamaño, aproximadamente 2 horas. Se precalienta el horno a 325°. Hornee por 1½ horas, o hasta que las hogazas suenen huecas cuando le de golpecitos con los dedos. Se sacan de los moldes y se dejan en parrillas de alambre para que se enfríen.

ANALYSIS / ANÁLISIS

1 serving/porción = 2 oz. slice/rebanada de 2 oz.

Each serving contains *Cada porción contiene*		*ADA exchange value* *Intercambio para el diabético*	
Calories/Calorías	88.1	Vegetable/Vegetal	0.0
Protein/Proteína	3.2g	Bread/Pan	0.9
Carbohydrates/Carbohidratos	16.5g	Meat/Carne	0.0
Fat/Grasa	1.6g	Fat/Grasa	0.2
Dietary fiber/Fibra dietética	2.6g	Milk/Leche	0.0
Cholesterol/Colesterol	0.4mg	Fruit/Fruta	0.0
Sodium/Sodio	95.4mg		

Jalapeño Corn Bread

Makes 24 servings

4   cups yellow cornmeal
1   cup white flour
2   level tbsp. baking powder
2   tsp. salt
2   tsp. sugar
½   tsp. paprika
2   eggs, well beaten
1½ cups 1% milk
1   cup evaporated skim milk
8   tbsp. corn oil
2   15-oz. cans cream-style corn
½   cup butter, divided
4   tbsp. onion, chopped
6   jalapeño chiles, chopped
2   4-oz. cans green chiles, chopped
⅓   cup pimento, chopped
1   cup Cheddar cheese, shredded

    Combine the cornmeal, flour, baking powder, salt, sugar, and paprika in a large mixing bowl. Combine the egg, milks, oil, and cream-style corn in another bowl; add to the dry ingredients.

    Preheat the oven to 400°. In a saucepan, melt ¼ cup butter and sauté the onions, chiles, and pimentos until the onions are tender, 3 to 4 minutes. Add the vegetables to the corn mixture. Do not overmix. Stir in the cheese.

    Butter two 8-inch square pans with the remaining ¼ cup butter and pour half the batter into each. Bake for 35 minutes, or until a knife inserted in the center of the cornbread comes out clean.

Pan de Maíz con Jalapeños

Rendimiento: 24 porciones

4   tazas harina de maíz amarillo
1   taza harina blanca
2   cdas. rasas polvo de hornear
2   cdtas. sal
2   cdtas. azúcar
½   cdta. pimentón rojo, molido
2   huevos, bien batidos
1½ tazas de leche descremada (1%)
1   taza leche evaporada descremada
8   cdas. aceite de maíz
2   latas de 15 oz. de maíz en crema
½   taza mantequilla, dividida
4   cdas. cebolla, picada
6   chiles jalapeños, picados
2   latas de 4 oz. de chiles verdes, picados
⅓   taza pimiento rojo, picado
1   taza queso Cheddar, rallado

    Se mezcla la harina de maíz, harina blanca, polvo de hornear, sal, azúcar y pimentón molido en un tazón grande. Aparte se combinan los huevos, leches, aceite y maíz en crema. Se agrega la mezcla de huevo a los ingredientes secos.

    Se precalienta el horno a 400°. En una sartén se derrite ¼ taza de mantequilla y se sofríe la cebolla, chiles y pimientos rojos hasta que estén suaves, de 3 a 4 minutos. Se añade al resto de la masa y se mezcla, teniendo cuidado de no mezclar en exceso. Se agrega el queso y se mezcla. Se engrasan dos moldes cuadrados de 8 pulgadas con ¼ taza de mantequilla y se vierte la mitad de la masa en cada uno. Se asa por 35 minutos. Para probar si el pan está cocido, se puede insertar la punta de un cuchillo en el centro del pan y si el cuchillo sale limpio, el pan está listo.

ANALYSIS / ANÁLISIS

1 serving/porción = 4 oz.

Each serving contains *Cada porción contiene*		*ADA exchange value* *Intercambio para el diabético*	
Calories/Calorías	238	Vegetable/Vegetal	0.3
Protein/Proteína	6.2g	Bread/Pan	1.7
Carbohydrates/Carbohidratos	29.2g	Meat/Carne	0.3
Fat/Grasa	11.6g	Fat/Grasa	2.0
Dietary fiber/Fibra dietética	4.9g	Milk/Leche	0.2
Cholesterol/Colesterol	34.0mg	Fruit/Fruta	0.0
Sodium/Sodio	376mg		

Mexican-Style Cornbread

Makes 6 servings

1½ cups yellow cornmeal
¾ cup flour
1 tsp. salt
2½ tsp. baking powder
1 tbsp. sugar
2 tbsp. chili powder
2 eggs
1¼ cups milk
4 tbsp. corn oil
2 tbsp. butter
¼ cup onion, chopped
1 cup cream-style corn

In a mixing bowl, combine the first 6 ingredients. In a separate bowl, beat the eggs, then add the milk and oil. Add to the dry ingredients and mix well.

Preheat the oven to 400°. In a saucepan, sauté the onions in 1 tbsp. oil until tender, 2 to 3 minutes. Add to the batter. Mix in the corn. Using the 2 tbsp. butter, grease a square baking pan. Spread the batter in the pan and bake for 20–25 minutes, or until lightly browned.

Pan de Maíz Mexicano

Rendimiento: 6 porciones

1½ tazas harina de maíz amarillo
¾ taza de harina blanca
2½ cdtas. polvo de hornear
1 cdta. sal
1 cda. azúcar
2 cdas. polvo de chile
2 huevos
1¼ tazas de leche
4 cdas. aceite de maíz
2 cdas. mantequilla
¼ taza cebolla, picada
1 taza maíz en crema

En un tazón de mezclar se combinan los 6 primeros ingredientes. En un tazón aparte se baten los huevos ligeramente y se agregan la leche y el aceite. Se mezcla bien con los ingredientes secos.

Se precalienta el horno a 400°. En una olla se dora la cebolla en 1 cda. de aceite hasta que la cebolla esté suave, 2 a 3 minutos. Se agrega al resto de la masa. Se engrasa un molde cuadrado con las 2 cdas. de mantequilla. Se añade el maíz en crema a la masa y se mezcla bien; se coloca en el molde y se asa por 20 a 25 minutos, hasta que esté ligeramente dorado.

ANALYSIS / ANÁLISIS

1 serving/porción = 3 × 4 inch slice / rebanada de 3 × 4 pulgadas

Each serving contains **Cada porción contiene**		**ADA exchange value** **Intercambio para el diabético**	
Calories/Calorías	383	Vegetable/Vegetal	0.1
Protein/Proteína	9.3g	Bread/Pan	2.9
Carbohydrates/Carbohidratos	48.2g	Meat/Carne	0.3
Fat/Grasa	18.2g	Fat/Grasa	3.2
Dietary fiber/Fibra dietética	1.3g	Milk/Leche	0.0
Cholesterol/Colesterol	88.1mg	Fruit/Fruta	0.0
Sodium/Sodio	630mg		

Mexican-Style Corn Muffins

Makes 24 servings

1   cup cornmeal
1   cup flour
¾   tbsp. baking powder
1   tsp. salt
1   egg, beaten
1   cup whole milk
1   tbsp. sugar
1   6 oz.-can cream-style corn
¼   cup onion, chopped
½   cup green chiles, chopped
2   tbsp. pimentos
¼   cup butter

Combine the dry ingredients in a large bowl. Combine the egg, milk, and sugar. Stir into the dry ingredients. Add the corn.

Preheat the oven to 400°. In a saucepan, sauté the onion, chiles, and pimentos in the butter for 5–8 minutes. Add to the batter and stir. Line muffin tins with paper baking cups. Spoon 4 tbsp. of batter into each muffin cup and bake for 20 minutes, or until golden brown.

Panecillos de Maíz

Rendimiento: 24 porciones

1   taza harina de maíz
1   taza harina blanca
¾   cda. polvo de hornear
1   cdta. sal
1   huevo, batido
1   taza leche
1   cda. azúcar
1   lata de 6 oz. de maíz en crema
¼   taza cebolla, picada
½   taza chiles verdes, picados
2   cdas. pimientos rojos
¼   taza mantequilla

Se combinan los ingredientes secos en un tazón grande. Se baten el huevo y la leche y se les agrega el azúcar. Se vierte el líquido sobre los ingredientes secos y se mezcla. Se agrega el maíz y se mezcla.

Se precalienta el horno a 400°. En una sarten se sofríe la cebolla, chiles y pimientos rojos en la mantequilla por 5 a 8 minutos. Se añade esta mezcla a los otros ingredientes y se mezcla bien. Se vierten 4 cdas. de la mezcla en cada uno de los moldes forrados con papel para panecillos y se asan por 20 minutos, o hasta que estén dorados.

ANALYSIS / ANÁLISIS

1 serving/porción = 1 muffin/panecillo

Each serving contains *Cada porción contiene*		*ADA exchange value* *Intercambio para el diabético*	
Calories/Calorías	147	Vegetable/Vegetal	0.2
Protein/Proteína	3.8g	Bread/Pan	1.3
Carbohydrates/Carbohidratos	21.2g	Meat/Carne	0.1
Fat/Grasa	5.6g	Fat/Grasa	1.0
Dietary fiber/Fibra dietética	0.3g	Milk/Leche	0.0
Cholesterol/Colesterol	30.7mg	Fruit/Fruta	0.0
Sodium/Sodio	303mg		

Skillet Corn Bread

Makes 8 servings

¾   cup stoneground cornmeal
1   heaping tbsp. flour
1   tsp. sugar
½   tsp. salt
½   tsp. baking powder
½   tsp. baking soda
1   egg
¾   cup buttermilk
2   tbsp. melted butter

Heat a cast iron skillet while preparing the batter.
Lightly mix all the ingredients except the butter. Pour in the melted butter and mix lightly. Pour the batter in the hot cast iron skillet and cook on medium heat until golden brown on the bottom. Using a spatula, flip the bread over and cook the other side until brown. The bread can also be baked in a 350° oven.

Pan de Maíz en Sartén

Rendimiento: 8 porciones

¾   taza harina de maíz
1   cda. colmada harina blanca
1   cdta. azúcar
½   cdta. sal
½   cdta. polvo de hornear
½   cdta. bicarbonato de sosa
1   huevo
¾   taza leche agria
2   cdas. mantequilla, derretida

Se precalienta una sartén mientras se prepara la masa.
Se mezclan todos los ingredientes menos la mantequilla, sin batir demasiado. Se le mezcla la mantequilla derretida. Se coloca la masa en la sartén bien caliente y se cocina a fuego medio hasta que el lado de abajo esté dorado; entonces con una espátula se voltea el pan y se continúa cocinando hasta que ese lado también quede dorado. También se puede asar en el horno a 350°.

ANALYSIS / ANÁLISIS

1 serving/porción = 2 oz. slice/rebanada de 2 oz.

Each serving contains
Cada porción contiene

Calories/Calorías	87.4	
Protein/Proteína	2.6g	
Carbohydrates/Carbohidratos	10.4g	
Fat/Grasa	4.1g	
Dietary fiber/Fibra dietética	1.3g	
Cholesterol/Colesterol	27.5mg	
Sodium/Sodio	418mg	

ADA exchange value
Intercambio para el diabético

Vegetable/Vegetal	0.0
Bread/Pan	0.6
Meat/Carne	0.1
Fat/Grasa	0.7
Milk/Leche	0.1
Fruit/Fruta	0.0

Desserts

Postres

Almond Pudding

Makes 6 servings

1   tbsp. unflavored gelatin
¼   cup cold water
¾   cup boiling water
1   cup granulated sugar
5   egg whites
⅛   tsp. salt
½   tsp. almond extract
½   tsp. vanilla
¾   cup almonds, chopped and divided
6   servings *Custard Sauce for Almond Pudding*
    (recipe follows)

Soak the gelatin in the cold water for 5 minutes, or until all the water is absorbed. Add the boiling water and stir to dissolve the gelatin completely; add the sugar and stir to dissolve. Chill for a few minutes until set, then beat thoroughly.

Beat the egg whites until frothy, add to the gelatin, and beat again thoroughly. Add the salt, almond extract and vanilla and beat again. Stir in half the almonds. Pour the mixture into a 9 × 5 × 3 loaf pan and chill until set, 1 hour. Top with *Custard Sauce* and the rest of the almonds.

Budín de Almendras

Rendimiento: 6 porciones

1   cda. gelatina simple
¼   taza de agua fría
¾   taza de agua hirviendo
1   taza azúcar granulado
5   claras de huevo
⅛   cdta. sal
½   cdta. extracto de almendras
½   cdta. vainilla
¾   taza almendras, picadas
6   porciones *Melado para Budín de Almendras*
    (receta a continuación)

Se deja reposar la gelatina en el agua fría por 5 minutos, hasta que todo el líquido haya sido absorbido. Se añade el agua hirviendo y se disuelve la gelatina; se añade el azúcar y se disuelve. Se coloca en el refrigerador por unos minutos hasta que cuaje; se saca y se bate bien.

Se baten las claras de huevo hasta que estén espumosas, se añaden a la mezcla de gelatina y se vuelve a batir muy bien. Se añade la sal, el extracto de almendras y la vainilla. Se vuelve a batir y se incorpora la mitad de las almendras. Se vierte la mezcla en un molde de pan 9 × 5 × 3 y se deja enfriar en el refrigerador hasta que esté totalmente cuajado, aproximadamente 1 hora. Se sirve con una porción de *Melado* y un rociado del resto de las almendras.

ANALYSIS / ANÁLISIS

1 serving/porción = ½ cup/taza

Each serving contains *** Cada porción contiene***		***ADA exchange value*** *** Intercambio para el diabético***	
Calories/Calorías	419	Vegetable/Vegetal	0.0
Protein/Proteína	14.8g	Bread/Pan	2.7
Carbohydrates/Carbohidratos	51.5g	Meat/Carne	0.8
Fat/Grasa	18.9g	Fat/Grasa	3.3
Dietary fiber/Fibra dietética	2.2g	Milk/Leche	0.3
Cholesterol/Colesterol	181mg	Fruit/Fruta	0.0
Sodium/Sodio	190mg		

Custard Sauce for Almond Pudding

Makes 6 servings

2   cups whole milk
5   egg yolks, well beaten
¼   cup sugar
⅛   tsp. salt
⅔   tsp. vanilla
½   tsp. almond extract
¼   tsp. cinnamon
12   tbsp. light whipped topping
⅓   cup almonds, finely chopped

Scald the milk. Stir in the egg yolks and sugar over low heat until the sugar dissolves. Add the salt and stir until the mixture thickens, about 7 minutes. Cool to room temperature. Add the vanilla, almond extract, and cinnamon and spoon the sauce over the entire *Almond Pudding* or over individual servings, as desired. Top with light whipped topping and chopped almonds.

Melado para Budín de Almendras

Rendimiento: 6 porciones

2   tazas de leche
5   yemas de huevo, bien batidas
¼   taza azúcar
⅔   cdta. vainilla
½   cdta. extracto de almendras
¼   cdta. canela en polvo
⅛   cdta. sal
12   cdas. de crema de batir de baja caloría
⅓   taza almendras, finamente picadas

Se calienta la leche en una olla, se añaden las yemas y se disuelve el azúcar a fuego lento. Se añade la sal y se mezcla bien. Se cuece, revolviendo constantemente, hasta que la mezcla esté espesa, unos 7 minutos. Se deja enfriar y se añaden la vainilla y el extracto de almendras. Se mezcla la canela y se vierte sobre todo el budín o por cucharadas sobre cada porción individual. Se decora cada porción con 1 cda. de crema de batir y se rocía con las almendras.

ANALYSIS / ANÁLISIS

1 serving/porción = 7 tbsp./cdas.

Each serving contains **Cada porción contiene**		**ADA exchange value** **Intercambio para el diabético**	
Calories/Calorías	179	Vegetable/Vegetal	0.0
Protein/Proteína	6.6g	Bread/Pan	0.5
Carbohydrates/Carbohidratos	15.8g	Meat/Carne	0.3
Fat/Grasa	10.5g	Fat/Grasa	1.6
Dietary fiber/Fibra dietética	0.7g	Milk/Leche	0.3
Cholesterol/Colesterol	181mg	Fruit/Fruta	0.0
Sodium/Sodio	94.1mg		

Bread Pudding #1

Makes 10 servings

6   small French rolls (about 4–6 inches long)
½   cup light brown sugar, packed
4   cups water
1   tsp. whole cloves
2   3-inch cinnamon sticks
5   tbsp. butter
⅓   lb. Monterey Jack cheese, ¼-inch slices
½   cup raisins
2   tbsp. raw Spanish peanuts
⅔   oz. multicolored nonpareils
⅛   tsp. nutmeg

Preheat the oven to 275°. Slice the rolls into 1-inch-thick slices, place on a cookie sheet, and bake until dry and toasted, 3 to 4 minutes.

Combine the brown sugar, water, cloves, and cinnamon in a saucepan and heat until the brown sugar dissolves. Stir in the butter.

Line the bottom of a square baking pan with the sliced, toasted bread and top with ⅓ of the cheese. Sprinkle with ⅓ of the raisins and peanuts. Repeat to make three layers. Remove the cinnamon sticks and whole cloves from the brown sugar syrup and pour over the ingredients in the dish. Sprinkle with nonpareils and nutmeg. Bake at 275° for 45 minutes. May be served warm or chilled.

Comments: This *Bread Pudding* is a traditional Lenten food but may be served throughout the year.

Budín de Pan #1 (Capirotada)

Rendimiento: 10 porciones

6   panecillos franceses pequeños (de aproximadamente 4 a 6 pulgadas)
½   taza azúcar moreno, bien compacta
4   tazas agua
2   rajas canela de aproximadamente 3 pulgadas cada una
1   cdta. clavo de olor, entero
5   cdas. mantequilla
⅓   lb. queso Monterey Jack en rebanadas de ¼ pulgada
2   cdas. cacahuates crudos
½   taza pasitas
⅔   oz. grageas
⅛   cdta. nuez moscada

Precaliente el horno a 275°. Se cortan los panecillos franceses en rebanadas de aproximadamente 1 pulgada y se colocan sobre una tartera en el horno hasta que queden secas y tostadas, 3 a 4 minutos.

Se coloca el azúcar moreno en una olla con el agua, la canela y el clavo de olor. Se calienta hasta que el azúcar se disuelva y se le añade la mantequilla.

Se colocan las rebanadas de pan en el fondo de un molde cuadrado y se cubren con ⅓ del queso. Se rocían ⅓ de las pasitas y los cacahuates. Se repite este procedimiento hasta tener 3 capas de pan. Se quitan las rajas de canela del sirope y se vierte el sirope sobre los ingredientes en el molde de asar. Se rocía con las grageas y la nuez moscada y se asa por 45 minutos en horno a 275°. Se puede servir frío o caliente.

Comentario: La *Capirotada* es una comida tradicional de la Cuaresma, pero puede servirse durante todo el año.

ANALYSIS / ANÁLISIS

1 serving/porción = ½ cup/taza

Each serving contains **Cada porción contiene**		**ADA exchange value** **Intercambio para el diabético**	
Calories/Calorías	270	Vegetable/Vegetal	0.0
Protein/Proteína	7.0g	Bread/Pan	2.0
Carbohydrates/Carbohidratos	36.1g	Meat/Carne	0.5
Fat/Grasa	11.5g	Fat/Grasa	1.9
Dietary fiber/Fibra dietética	0.5g	Milk/Leche	0.0
Cholesterol/Colesterol	15.4mg	Fruit/Fruta	0.4
Sodium/Sodio	318mg		

Bread Pudding #2

Makes 10 servings

3   well-beaten eggs
4   tbsp. whole milk
⅛   tsp. salt
1   tsp. ground cinnamon
¼   tsp. ground cloves
½   tsp. nutmeg
2   tbsp. light brown sugar
3   tbsp. butter
8   slices toasted white bread
1   cup longhorn cheese, cubed
⅔   cup raisins
⅓   cup roasted, unsalted peanuts
1   medium apple, peeled, cored, cut into bite-sized pieces
8   tbsp. *Piloncillo Syrup* (p. 197)

Preheat the oven to 375°. Combine the eggs, milk, salt, cinnamon, cloves, nutmeg, and brown sugar in a bowl and blend well. Grease a square baking pan with the 3 tbsp. butter. Place 4 toasted bread slices in the buttered pan. Pour half of the egg mixture over the bread, sprinkle with half of the cheese, raisins, peanuts, and apple. Repeat the procedure, using the remaining ingredients. Top the pudding with 14 tsp. of *Piloncillo Syrup* and bake for 15 minutes, until the cheese melts. Cut into squares and serve warm with 1 tsp. *Piloncillo Syrup* per serving.

Budín de Pan #2 (Capirotada)

Rendimiento: 10 porciones

3   huevos, bien batidos
4   cdas. leche
⅛   cdta. sal
1   cdta. canela en polvo
¼   cdta. clavo de olor en polvo
½   cdta. nuez moscada
2   cdas. azúcar moreno claro
3   cdas. mantequilla
8   rebanadas pan blanco tostado
1   taza queso longhorn, en cubitos
⅔   taza pasitas
⅓   taza cacahuates tostados, sin sal
1   manzana mediana, pelada, sin semillas y cortada en cubitos
8   cdas. *Melado de Piloncillo* (pág. 197)

Se precalienta el horno a 375°. Se combinan los huevos, leche, sal, canela, clavo de olor, nuez moscada y azúcar en un tazón y se bate hasta que esté bien mezclado. En un molde cuadrado de asar engrasado con las 3 cdas. de mantequilla se colocan 4 rebanadas de pan tostado. Se añade la mitad de la mezcla de huevo y se rocía con la mitad del queso, pasitas, cacahuates y manzana. Se coloca una segunda capa de pan tostado y se repite el procedimiento hasta usar todos los ingredientes restantes. Se cubre todo el budín con 14 cdtas. de *Melado de Piloncillo* y se asa por 15 minutos, o hasta que se derrita el queso. Se sirve caliente cortado en cuadros y a cada porción se le agregan 1 cdta. de *Melado de Piloncillo*.

ANALYSIS / ANÁLISIS

1 serving/porción = ½ cup/taza

Each serving contains *Cada porción contiene*		*ADA exchange value* *Intercambio para el diabético*	
Calories/Calorías	340	Vegetable/Vegetal	0.0
Protein/Proteína	11.0g	Bread/Pan	1.9
Carbohydrates/Carbohidratos	40.8g	Meat/Carne	1.1
Fat/Grasa	15.8g	Fat/Grasa	2.5
Dietary fiber/Fibra dietética	1.9g	Milk/Leche	0.0
Cholesterol/Colesterol	97.3mg	Fruit/Fruta	1.6
Sodium/Sodio	336mg		

Bread Pudding #3

Makes 10 servings

8   slices white bread
3   tbsps. butter
1½ cups evaporated milk
2   tbsps. light brown sugar
1   tsp. ground cinnamon
¼ tsp. ground cloves
½ tsp. nutmeg
⅛ tsp. salt
¾ cup almond slivers
⅓ cup raisins
⅔ cup unsweetened applesauce

Toast the bread and cut into cubes. Melt the butter in a skillet and sauté the bread cubes.

Heat the milk (do not boil) and dissolve the sugar in it. Add the cinnamon, cloves, nutmeg, and salt and mix well. Combine the toasted bread cubes, almonds, and raisins with the milk. Stir gently over medium heat until the bread cubes have absorbed all the milk. Add the applesauce and mix well. Place in a nonstick pan and chill for about 45 minutes. Serve cold.

Budín de Pan #3 (Capirotada)

Rendimiento: 10 porciones

8   rebanadas de pan blanco
3   cdas. mantequilla
1½ tazas leche evaporada
2   cdas. azúcar moreno claro
1   cdta. canela en polvo
¼ cdta. clavo de olor en polvo
½ cdta. nuez moscada
⅛ cdta. sal
¾ taza almendras en rajitas
⅓ taza pasitas
⅔ taza puré de manzana sin azúcar

Se tuesta el pan y se corta en cubitos. Se calienta la mantequilla y se sofríen los cubitos de pan.

Se calienta la leche (no debe dejarse hervir) para disolver el azúcar. Se añaden la canela, clavo de olor, nuez moscada y sal y se mezcla bien. Se incorporan los cubitos de pan, almendras y pasitas a la leche y se cocinan a fuego medio, revolviendo cuidadosamente, hasta que el pan haya absorbido toda la leche. Se añade el puré de manzanas y se mezcla bien. Se coloca en un molde cuadrado de Teflón y se deja enfriar en el refrigerador por aproximadamente 45 minutos. Se sirve frío.

ANALYSIS / ANÁLISIS

1 serving/porción = ½ cup/taza

Each serving contains / **Cada porción contiene**		**ADA exchange value** / **Intercambio para el diabético**	
Calories/Calorías	204	Vegetable/Vegetal	0.0
Protein/Proteína	6.7g	Bread/Pan	0.8
Carbohydrates/Carbohidratos	24.6g	Meat/Carne	0.0
Fat/Grasa	9.5g	Fat/Grasa	1.9
Dietary fiber/Fibra dietética	0.5g	Milk/Leche	0.4
Cholesterol/Colesterol	10.7mg	Fruit/Fruta	0.4
Sodium/Sodio	212mg		

Rice Pudding

Makes 4 servings

2 cups *White Rice* (p. 143), *without salt*
1½ cups evaporated milk
½ cup raisins
½ cup sugar
½ tsp. vanilla
¼ tsp. nutmeg
½ cup whole milk
¼ tsp. cinnamon

Mix the rice and evaporated milk in a saucepan; add the raisins, sugar, vanilla, and nutmeg and blend thoroughly. Add the ½ cup milk and stir over medium heat until the mixture thickens. Serve warm or chilled (refrigerate for at least 30 minutes). Sprinkle with cinnamon before serving.

Arroz con Leche

Rendimiento: 4 porciones

2 tazas *Arroz Blanco* (pág. 143), *sin sal*
1½ tazas leche evaporada
½ taza pasitas
½ taza azúcar
½ cdta. vainilla
¼ cdta. nuez moscada
½ taza leche
¼ cdta. canela en polvo

Se mezcla el arroz con la leche evaporada en una olla; se añaden las pasitas, el azúcar, vainilla y nuez moscada y se mezcla bien. Se añade ½ taza de leche y se revuelve mientras se cocina a fuego medio hasta que la mezcla espese. Se sirve caliente o frío (se refrigera por 30 minutos al menos). Se rocía con canela antes de servir.

ANALYSIS / ANÁLISIS

1 serving/porción = 1 cup/taza

Each serving contains **Cada porción contiene**		**ADA exchange value** **Intercambio para el diabético**	
Calories/Calorías	367	Vegetable/Vegetal	0.0
Protein/Proteína	11.6g	Bread/Pan	3.5
Carbohydrates/Carbohidratos	79.6g	Meat/Carne	0.0
Fat/Grasa	0.9g	Fat/Grasa	0.1
Dietary fiber/Fibra dietética	2.0g	Milk/Leche	1.1
Cholesterol/Colesterol	5.1mg	Fruit/Fruta	1.0
Sodium/Sodio	130mg		

Custard Apple Gelatin

Makes 8 servings

1 cup custard apple pulp
1 cup sweetened condensed milk
1 envelope unflavored gelatin
½ cup boiling water
3 egg whites

Rinse and dry the fruit. Place each custard apple on a cutting board and slice in half lengthwise. Spoon the pulp from the skin into a nonmetallic container and de-seed it. Freeze all but 1 cup.

Mix 1 cup of fruit pulp with the condensed milk. Dissolve the gelatin in ½ cup boiling water and add to the fruit mixture. Refrigerate the mixture for at least 45 minutes. Beat the egg whites until stiff, then fold them into the gelled mixture. Refrigerate again until mixture sets, about 2 hours.

Comment: Custard Apple Gelatin may be served as a salad on a bed of lettuce or as a dessert with plain sugar wafers or other mild-flavored cookies. *Custard Apple Gelatin* has a delicate flavor that can be easily overpowered by strongly flavored cookies. The custard apple is nearly the size of a watermelon, so a large amount of pulp will remain after this gelatin is made. It may be frozen for 6 months.

Gelatina de Guanábana

Rendimiento: 8 porciones

1 taza de pulpa de guanábana
1 sobre de gelatina sin sabor
1 taza de leche condensada
½ taza aqua hirviendo
3 claras de huevo

Se lava y se seca bien la guanábana. Se coloca sobre una tabla de cortar y se parte la fruta a lo largo en 2 pedazos. Se saca la pulpa con una cuchara y se coloca en un recipiente no metálico. Se quitan las semillas. Se congela todo menos 1 taza.

Se mezcla 1 taza de la pulpa con la leche condensada. Se disuelve la gelatina en ½ taza de agua hirviendo y se agrega a la mezcla anterior. Se refrigera hasta que cuaje, aproximadamente 45 minutos. Se baten las claras a la nieve, se incorporan a la mezcla ya cuajada y se refrigera nuevamente hasta que esté totalmente cuajada, unas 2 horas.

Comentario: Se puede servir como ensalada encima de hojas de lechuga o como postre, acompañado con 2 galletitas de vainilla. El sabor de la guanábana es delicado y no debe de abrumarse con galletas de sabores fuertes. Dado que una guanábana puede ser tan grande como una sandía, la pulpa restante puede ser congelada en porciones individuales por 6 meses.

ANALYSIS / ANÁLISIS

1 serving/porción = ⅓ cup/taza

Each serving contains **Cada porción contiene**		**ADA exchange value** **Intercambio para el diabético**	
Calories/Calorías	147	Vegetable/Vegetal	0.0
Protein/Proteína	4.9g	Bread/Pan	0.3
Carbohydrates/Carbohidratos	25.1g	Meat/Carne	0.1
Fat/Grasa	3.4g	Fat/Grasa	0.7
Dietary fiber/Fibra dietética	0.0g	Milk/Leche	1.2
Cholesterol/Colesterol	13.0mg	Fruit/Fruta	0.0
Sodium/Sodio	63.4mg		

Flan

Makes 6 servings

3   eggs, slightly beaten
⅛   tsp. salt
⅓   cup sugar
3   cups scalded whole milk + 2 tbsp. evaporated milk
½   tsp. vanilla
⅛   tsp. nutmeg
6   servings *Caramel Sauce* (p. 196)

Preheat the oven to 350°. Combine the eggs, salt, and sugar and add the milk slowly, stirring constantly. Add the vanilla and blend well. Pour the mixture into six custard cups and sprinkle each with nutmeg. Place the cups in a baking pan and add hot water ⅔ up the sides of the cups. Bake for 30 to 35 minutes, or until a knife inserted in the center of the flan comes out clean. Top with *Caramel Sauce* before serving.

Flan

Rendimiento: 6 porciones

3   huevos, ligeramente batidos
⅛   cdta. sal
⅓   taza azúcar
3   tazas leche caliente + 2 cdas. leche evaporada
½   cdta. de vainilla
⅛   cdta. nuez moscada
6   porciones *Melado* (pág. 196)

Se precalienta el horno a 350°. Se combinan los huevos, sal y azúcar y se les incorpora la leche lentamente, batiendo bien. Se añade la vainilla y se mezcla bien. Se vierte la mezcla en seis pocillos para flan y se espolvorea nuez moscada sobre cada uno. Se colocan los pocillos llenos en un molde de asar hondo y se añade agua caliente al molde hasta que cubra ⅔ partes del borde de los pocillos. Se asan por 30 a 35 minutos, o hasta que un cuchillo que se inserte en el centro de cada pocillo salga limpio. Se les corona con *Melado* antes de servir.

ANALYSIS / ANÁLISIS

1 serving/porción = ¾ cup/taza

Each serving contains **Cada porción contiene**		**ADA exchange value** **Intercambio para el diabético**	
Calories/Calorías	185	Vegetable/Vegetal	0.0
Protein/Proteína	7.5g	Bread/Pan	1.6
Carbohydrates/Carbohidratos	30.8g	Meat/Carne	0.5
Fat/Grasa	3.8g	Fat/Grasa	0.5
Dietary fiber/Fibra dietética	0.0g	Milk/Leche	0.5
Cholesterol/Colesterol	112mg	Fruit/Fruta	0.0
Sodium/Sodio	148mg		

Mexican Flan

Makes 8 servings

The caramel
¾ cup sugar
1 cup water

In a small, heavy skillet heat the sugar in water. Continue cooking on low, shaking the pan gently as necessary, until all the sugar has melted. When the sugar is melted, increase the heat and cook, stirring constantly, until the sugar turns golden. Pour the caramel into a mold and quickly tip the mold in a circle until the bottom and about 2 inches up the sides is coated with the caramel. If the caramel thickens, gently heat the mold in a pan of hot water or, depending on what type of mold you are using, heat it over low heat until the caramel is liquid enough to coat the pan. Set aside.

The custard
1 qt. whole milk
¼ tsp. salt
½ cup sugar
1 cinammon stick, 3 inches long
4 eggs
5 egg yolks
1 piece orange rind, 1 × 1 inch, grated (optional)

Place the milk, salt, sugar, and cinammon in a 2-qt. saucepan and slowly bring to a boil, stirring until the sugar dissolves. Lower the heat and simmer until the milk has reduced by about ⅔ cup. Cool to room temperature.

Preheat the oven to 325°. Beat the eggs and yolks and stir into the milk. Pour the mixture through a strainer into the prepared mold, place the mold in a pan filled with hot water ⅓ up the sides of the mold, and bake on

Flan Mexicano

Rendimiento: 8 porciones

Caramelo
¾ taza azúcar
1 taza de agua

En una sartén pequeña se calienta el azúcar en agua. Se sigue cocinando a fuego lento hasta que se haya derretido todo el azúcar, agitando la sartén levemente según sea necesario. Cuando se haya derretido todo el azúcar, se aumenta el fuego y se cocina hasta que el azúcar esté haciendo burbujas y cambie de color. Inmediatamente se vierte la melaza en el molde y se gira el molde en todas direcciones en un movimiento circular para que el fondo y por lo menos 2 pulgadas de los bordes del molde estén cubiertos con la melaza. Si se enfría la melaza y no corre, se puede colocar el molde en un recipiente con agua caliente o, dependiendo del tipo de molde que se esté usando, se puede colocar sobre fuego lento hasta que la melaza se suavice y así terminar de cubrir el molde.

Flan
4 tazas de leche
½ taza azúcar
¼ cdta. sal
1 raja canela, 3 pulgadas de largo
4 huevos
5 yemas de huevo
1 pedacito cáscara de naranja, 1 × 1 rallada (opcional)

Se coloca la leche, sal, azúcar y canela en una olla de ½ galón de capacidad y se deja hervir lentamente, revolviendo hasta que se haya disuelto el azúcar. Se continúa hirviendo lentamente hasta que se hayan reducido aproximadamente ⅔ taza de leche, se baja del fuego y se deja enfriar.

Se coloca una tablilla del horno en el barrote más bajo y se precalienta a 325°. Se baten los huevos y las yemas y se unen a la leche. Se pasa la mezcla por una

(continued/continúa)

the lowest shelf of the oven for about 2 hours, or until a toothpick or knife inserted in the center comes out clean.

Remove the mold from the oven and allow it to sit in the hot water about 15 minutes. Remove the mold from the water and allow it to cool completely before placing in the refrigerator. Sprinkle with the grated orange rind and unmold onto a platter with a rim to hold the syrup. Serve in wedges with 2 tbsp. syrup over each serving.

Note: Flan should be made one day ahead so that it has time to set and is easier to cut.

coladera y se vierte en el molde preparado. Se coloca el molde con el flan en una asadera llena de agua bien caliente que cubra aproximadamente una tercera parte del borde del molde y se coloca en el horno por aproximadamente 2 horas o hasta que un palillo que se inserte en el centro salga limpio. Se saca del horno y se deja en el agua caliente por unos 15 minutos más. Se saca del agua, se corona con cáscara de naranja rallada y se deja enfriar completamente antes de refrigerarse. Antes de servir se coloca en una tartera lo suficientemente honda para que no se derrame la melaza, se corta en triángulos y se rocía con 2 cdas. de melaza por porción.

Favor tomar nota: Se recomienda que este flan se prepare un día antes de servirse para que tenga tiempo de cuajar y se corte más bonito.

ANALYSIS / ANÁLISIS

1 serving/porción = ¾ cup/taza flan, 2 tbsp. caramel/cdas. melaza

Each serving contains **Cada porción contiene**		**ADA exchange value** **Intercambio para el diabético**	
Calories/Calorías	263	Vegetable/Vegetal	0.0
Protein/Proteína	8.9g	Bread/Pan	2.0
Carbohydrates/Carbohidratos	36.4g	Meat/Carne	0.7
Fat/Grasa	9.8g	Fat/Grasa	1.8
Dietary fiber/Fibra dietética	0.0g	Milk/Leche	0.5
Cholesterol/Colesterol	256mg	Fruit/Fruta	0.0
Sodium/Sodio	163mg		

Banana Cake

Makes 8 servings

3   tbsp. butter
2   cups light brown sugar, packed
2   large, very ripe bananas, mashed
2   well-beaten eggs
½   tsp. vanilla
¼   cup shortening
¼   cup granulated sugar
½   tsp. salt
1½ cups cake flour
3   tsp. baking powder
½   tsp. ground anise
½   tsp. ground cinnamon
⅔   cup evaporated milk
2   tbsp. water

Melt the butter and dissolve the brown sugar in the melted butter. Add the mashed bananas and mix well. Cool.

Preheat the oven to 350°. Combine the eggs and vanilla in a bowl. In a separate bowl, cream the shortening and granulated sugar and stir into the egg mixture with the banana mixture. Mix until smooth. Combine the dry ingredients and stir in alternately with the milk, a little at a time, mixing well after each addition. Add the water and mix.

Pour the batter into a well-greased and floured 9-inch cake pan. Bake at 350° for 50 minutes, or until the cake is golden brown and a toothpick inserted in the center comes out clean.

Note: Use small portions of the butter and flour from recipe ingredients to prepare the cake pan. Additional butter and flour for this purpose were NOT included in the nutritional analysis.

Bizcocho de Banano

Rendimiento: 8 porciones

3   cdas. mantequilla
2   tazas azúcar moreno claro, compactado
2   bananos bien maduros, majados
2   huevos, bien batidos
½   cdta. vainilla
¼   taza manteca vegetal
¼   taza azúcar granulado
½   cdta. sal
1½ tazas harina para bizcocho
3   cdtas. polvo de hornear
½   cdta. anís en polvo
½   cdta. canela en polvo
⅔   taza leche evaporada
2   cdas. agua

Se derrite la mantequilla y se disuelve el azúcar moreno en la mantequilla. Se añaden los bananos batidos y se mezcla bien. Se deja enfriar.

Se precalienta el horno a 350°. En un tazón se mezclan los huevos y la vainilla. En otro tazón se bate la manteca vegetal y el azúcar granulado hasta que esté cremoso y luego se añade a la mezcla de huevo. Se incorpora la mezcla de banano y se bate bien hasta que esté bien cremoso. Se mezclan todos los ingredientes secos y se van añadiendo poco a poco, alternando con la leche, batiéndose bien entre cada porción. Se bate todo hasta que esté bien delicado, se añade el agua y se mezcla. Se coloca el batido en un molde de 9 pulgadas, bien engrasado y enharinado. Se asa a 350° por 50 minutos, o hasta que esté dorado y un palillo que se inserte en el centro salga limpio.

Favor tomar nota: Para preparar el molde de asar deben usarse porciones pequeñas de manteca y de harina ya incluidas en la receta.

ANALYSIS / ANÁLISIS

1 serving/porción = 2 oz.

Each serving contains *Cada porción contiene*		*ADA exchange value* *Intercambio para el diabético*	
Calories/Calorías	492	Vegetable/Vegetal	0.0
Protein/Proteína	6.7g	Bread/Pan	5.2
Carbohydrates/Carbohidratos	90.8g	Meat/Carne	0.2
Fat/Grasa	12.6g	Fat/Grasa	2.3
Dietary fiber/Fibra dietética	1.5g	Milk/Leche	0.2
Cholesterol/Colesterol	65.6mg	Fruit/Fruta	0.7
Sodium/Sodio	358mg		

Ginger Cake

Makes 16 servings

5   cups cake flour
1   tsp. baking soda
1   tsp. salt
½   tsp. ground cloves
1   tsp. ground cinnamon
3   tsp. ground ginger
1   cup shortening
1½ cups dark brown sugar, packed
⅔   cup granulated sugar
⅔   cup blackstrap molasses
½   cup hot coffee
1   egg, well beaten
2   tsp. vanilla

Preheat the oven to 350°. Combine the flour, baking soda, salt, cloves, cinnamon, and ginger in a bowl. In another bowl, cream the shortening and both sugars until fluffy. Combine the hot coffee and molasses and stir into the shortening mixture. Add the egg and vanilla, mixing well. Combine the dry ingredients with the molasses mixture to make a smooth batter. Place in a greased and floured 9-inch cake pan and bake at 350° for 35 to 40 minutes, or until a toothpick inserted in the center of the cake comes out clean.

Note: This is a variation of the *Gingerbread Pigs* (p. 190), but this time in the form of a delicious, spicy cake. Use some of the shortening and flour from recipe ingredients to prepare the cake pan. Additional shortening and flour for this purpose is NOT included in the nutritional analysis.

Torta de Jengibre

Rendimiento: 16 porciones

5   tazas de harina para bizcocho
1   cdta. bicarbonato de sosa
1   cdta. sal
½   cdta. clavo de olor en polvo
1   cdta. canela en polvo
3   cdtas. jengibre en polvo
1   taza manteca vegetal
1½ tazas azúcar moreno oscuro, compactado
⅔   taza azúcar granulado
⅔   taza melaza oscura
½   taza café caliente
1   huevo, bien batido
2   cdtas. vainilla

Se precalienta el horno a 350°. Se combinan la harina, bicarbonato, sal, clavo de olor, canela y jengibre en un tazón. En otro tazón se baten los 2 azúcares con la manteca vegetal hasta que esté cremosa. Se mezcla la melaza con el café caliente y se incorpora a la mezcla de manteca vegetal. Se añade el huevo y la vainilla y se mezcla bien. Se incorporan los ingredientes secos a esta mezcla de la melaza para hacer un batido cremoso y delicado. Se vierte el batido en un molde de asar de 9 pulgadas, engrasado y enharinado, y se asa a 350° por 35 a 40 minutos, o hasta que un palillo que se inserte en el centro salga limpio.

Favor tomar nota: Esta receta es una variante de los *Cochinitos de Jengibre* (pág. 190), únicamente que ésta es una torta con especies, muy deliciosa. Para preparar el molde de asar deben usarse porciones pequeñas de manteca y de harina ya incluidas en la receta.

ANALYSIS / ANÁLISIS

1 serving/porción = 2 × 2 inch square/cuadrito

Each serving contains **Cada porción contiene**		**ADA exchange value** **Intercambio para el diabético**	
Calories/Calorías	413	Vegetable/Vegetal	0.0
Protein/Proteína	5.6g	Bread/Pan	4.4
Carbohydrates/Carbohidratos	66.7g	Meat/Carne	0.1
Fat/Grasa	13.9g	Fat/Grasa	2.6
Dietary fiber/Fibra dietética	1.4g	Milk/Leche	0.0
Cholesterol/Colesterol	13.3mg	Fruit/Fruta	0.0
Sodium/Sodio	157mg		

Pineapple Turnovers

Makes 10 servings

1   12-oz. can unsweetened pineapple chunks
8   tsp. cornstarch
8   tbsp. sugar
1   recipe *Turnover Pastry* (p. 198)

Place the pineapple, its juice, and the cornstarch in a saucepan and stir thoroughly over medium heat until the cornstarch is completely dissolved. Add the sugar and, stirring frequently, bring to a boil. Cool while preparing the pastry.

Empanadas de Piña

Rendimiento: 10 porciones

1   lata de 12 oz. de piña sin azúcar, en su jugo, en trocitos
8   cdtas. maizena
8   cdas. azúcar
1   receta *Pasta para Empanadas* (pág. 198)

Se coloca la piña, su jugo y la maizena en una olla y se cuece a fuego medio revolviendo constantemente hasta que la maizena esté totalmente disuelta. Se añade el azúcar y, sin dejar de revolver, se cocina hasta que hierva y haga burbujas. Se deja a un lado a que se enfríe mientras se prepara la *Pasta para Empanadas*.

ANALYSIS / ANÁLISIS   *See Guide to Tables, p. 15 / Ver Guía para Tablas, pág. 15*

1 serving = 4 tbsp. filling (1 turnover)
1 porción = 4 cdas. relleno (1 empanada)

Each serving contains *Cada porción contiene*			*ADA exchange value* *Intercambio para el diabético*		
Calories/Calorías	64.5	(264)	Vegetable/Vegetal	0.0	
Protein/Proteína	0.1g	(1.9)	Bread/Pan	1.1	(2.2)
Carbohydrates/Carbohidratos	16.9g	(33.9)	Meat/Carne	0.0	
Fat/Grasa	0.0g	(13.7)	Fat/Grasa	0.0	(2.7)
Dietary fiber/Fibra dietética	0.02g	(0.5)	Milk/Leche	0.0	
Cholesterol/Colesterol	0.0mg		Fruit/Fruta	0.0	
Sodium/Sodio	0.8mg	(162.8)			

Pumpkin and Spice Turnovers

Makes 10 servings

3	cups cooked fresh pumpkin (may substitute canned, but flavor will be affected)
1	tsp. salt
4	tsp. pumpkin pie spice
¾	cup granulated sugar
1	tsp. cinnamon
¼	tsp. nutmeg
1	recipe *Turnover Pastry* (p. 198)

Heat the pumpkin and add the remaining ingredients, blending well. Bring to a boil, cover, and set aside to cool while preparing *Turnover Pastry*.

Empanaditas de Calabaza con Especies

Rendimiento: 10 porciones

3	tazas de calabaza fresca, cocida (se puede usar calabaza en lata pero el sabor es diferente)
1	cdta. sal
4	cdtas. especies para pastel de calabaza
¾	taza azúcar granulado
1	cdta. canela en polvo
¼	cdta. nuez moscada
1	receta *Pasta para Empanadas* (pág. 198)

Se calienta la calabaza y se añaden todos los demás ingredientes, mezclando todo bien. Se deja hervir hasta que haga burbujas, se cubre y se deja a un lado mientras se prepara la *Pasta para Empanadas*.

ANALYSIS / ANÁLISIS   *See Guide to Tables, p. 15 / Ver Guía para Tablas, pág. 15*

1 serving = 6 tbsp. filling (1 turnover)
1 porción = 6 cdas. relleno (1 empanada)

Each serving contains / Cada porción contiene			ADA exchange value / Intercambio para el diabético		
Calories/Calorías	72	(271)	Vegetable/Vegetal	0.0	
Protein/Proteína	0.6g	(2.4)	Bread/Pan	1.2	(2.3)
Carbohydrates/Carbohidratos	18.7g	(35.7)	Meat/Carne	0.0	
Fat/Grasa	0.2g	(13.9)	Fat/Grasa	0.0	(2.7)
Dietary fiber/Fibra dietética	0.5g		Milk/Leche	0.0	
Cholesterol/Colesterol	0.0mg		Fruit/Fruta	0.0	
Sodium/Sodio	215	(376)			

Sweet Fritters

Makes 12 servings

2½ cups flour, unsifted
¼ cup sugar + 4 tbsp.
¼ tsp. salt
1½ tsp. nutmeg, divided
1½ tsp. cinnamon
1 egg, beaten
¼ cup butter
5 oz. water
1 cup corn oil, for frying

Combine the flour, ¼ cup sugar, salt, ¼ tsp. nutmeg, and ¼ tsp. cinnamon in a bowl. Add the egg, butter, and water, mixing well between additions. Allow the dough to rest for 5 minutes.

Divide the dough into 12 balls. Roll each ball very thin, then stretch with the hands until each fritter is about 10 inches in diameter. Allow to dry for 30 minutes on waxed paper or a clean surface. Deep fry each fritter in hot corn oil until golden brown. Sprinkle each fritter with a dash of cinnamon, a dash of nutmeg, and 1 tsp. sugar.

Comments: Sweet Fritters are traditionally served at Christmas.

Buñuelos

Rendimiento: 12 porciones

2½ tazas de harina, sin cernir
¼ taza azúcar + 4 cdas.
¼ cdta. sal
1½ cdtas. nuez moscada, dividida
1½ cdtas. canela, dividida
1 huevo batido
¼ taza mantequilla
5 oz. agua
1 taza aceite de maíz, para freir

Se combinan la harina, ¼ taza azúcar, ¼ cdta. de sal, ¼ cdta. de nuez moscada y canela. Se añaden el huevo, mantequilla, y agua y se mezcla bien después de cada ingrediente. Se deja reposar la masa por 5 minutos y luego se divide en 12 bolas.

Se le pasa el rodillo a cada bola hasta que esté bien delgadita y luego se estiran con la mano hasta que cada buñuelo mida aproximadamente 10 pulgadas en diámetro. Se colocan los buñuelos sobre papel encerado o sobre una mesa limpia y se dejan secar por aproximadamente 30 minutos. Se fríe cada buñuelo en aceite bien caliente hasta que esté dorado. Se rocía cada buñuelo con canela, nuez moscada y 1 cdta. de azúcar.

Comentario: Los buñuelos son tradicionales de las fiestas navideñas.

ANALYSIS / ANÁLISIS

1 serving/porción = 1 fritter/buñuelo

Each serving contains **Cada porción contiene**		**ADA exchange value** **Intercambio para el diabético**	
Calories/Calorías	336	Vegetable/Vegetal	0.0
Protein/Proteína	4.0g	Bread/Pan	1.9
Carbohydrates/Carbohidratos	29.2g	Meat/Carne	0.1
Fat/Grasa	23.0g	Fat/Grasa	4.5
Dietary fiber/Fibra dietética	0.9g	Milk/Leche	0.0
Cholesterol/Colesterol	28.0mg	Fruit/Fruta	0.0
Sodium/Sodio	89.3mg		

Sweet Potato Patties

Makes 10 servings

1 cup flour
3 tsp. baking powder
3 tsp. butter
1 cup yams, cooked and mashed (may substitute canned)
½ cup 1% milk

Preheat the oven to 425°. Sift the dry ingredients together; cut in the butter until the texture resembles cornmeal. Stir in the yams. Add the milk, a little at a time, to make a dough.

Roll the dough on a lightly floured board to ½-inch thickness. Cut into 10 biscuits with a biscuit cutter. Place on a nonstick baking sheet and bake for 12 to 15 minutes.

Note: Use some of the flour from recipe ingredients to flour board. Additional flour for this purpose is not included in the nutritional analysis.

Bizcochos de Camote

Rendimiento: 10 porciones

1 taza de harina
3 cdtas. polvo de hornear
3 cdtas. mantequilla
1 taza camotes, cocidos y machacados (se puede usar camotes en lata)
½ taza leche descremada 1%

Precaliente el horno a 425°. Cierna los ingredientes secos juntos; agregue la mantequilla y mezcle. Agregue los camotes. Agregue la leche poco a poco para hacer una masa.

Extender la masa con el rodillo en una superficie rociada con harina hasta que tenga un espesor de ½ pulgada. Corte en 10 pedazos con una cortadora de bizcochos. Hornée en una tartera para hornear que no se pegue por 12–15 minutos.

Favor tomar Nota: Para preparar el molde de asar deben usarse porciones pequeñas de manteca y harina ya incluidas en la receta.

ANALYSIS / ANÁLISIS

1 serving/porción = 1 patty/bizcocho

Each serving contains *** Cada porción contiene***		***ADA exchange value*** *** Intercambio para el diabético***	
Calories/Calorías	85.1	Vegetable/Vegetal	0.0
Protein/Proteína	1.8g	Bread/Pan	1.1
Carbohydrates/Carbohidratos	17.3g	Meat/Carne	0.0
Fat/Grasa	0.9g	Fat/Grasa	0.2
Dietary fiber/Fibra dietética	1.2g	Milk/Leche	0.0
Cholesterol/Colesterol	0.5mg	Fruit/Fruta	0.0
Sodium/Sodio	122mg		

Christmas Cookies

Makes 12 servings

¾ cup shortening
1¼ cups sugar
1 egg, beaten
⅓ cup warm 1% milk
3¾ cups flour
¼ tsp. salt
1 tsp. almond extract
½ tsp. ground cloves
1 tsp. cinnamon
½ cup pecans, chopped
½ cup red and green nonpareils

Cream the shortening and sugar until fluffy; stir in the egg and milk, then incorporate the flour, salt, almond extract, cloves, and cinnamon. Stir in the pecans and form a ball with the dough. Cover the dough and chill for about 2 hours.

Preheat the oven to 375°. Knead the dough on a lightly floured board for 5 to 7 minutes. Roll the dough out to approximately ⅓ inch thickness and cut as desired with approximately 1½-inch-long cookie cutters. Place on a lightly greased cookie sheet and bake at 375° for 8 to 10 minutes, or until golden.

Remove the cookies to a rack to cool. Sprinkle the warm cookies with red or green nonpareils, or dye two tablespoons of sugar with vegetable food coloring, one red and one green, and sprinkle on cookies.

Note: With a little imagination and a variety of cookie cutters, you can make genuine works of art out of these cookies! Use some of the shortening and flour from recipe ingredients to prepare the rolling board and cookie sheet, or use a nonstick cookie sheet. Additional shortening and flour for this purpose are NOT included in the nutritional analysis.

Galletas Navideñas

Rendimiento: 12 porciones

¾ taza manteca vegetal
1¼ tazas de azúcar
1 huevo, batido
⅓ taza leche descremada (1%), tibia
3¾ tazas harina
¼ cdta. sal
1 cdta. extracto de almendra
½ cdta. clavo de olor en polvo
1 cdta. canela en polvo
½ taza pacanas, picadas
½ taza grageas rojas y verdes

Se bate la manteca y el azúcar hasta que esté cremoso y se añade el huevo y la leche. Se incorporan la harina, sal, extracto de almendra, clavo de olor y canela. Se añaden las nueces y se forma una bola con la masa. Se cubre y se deja enfriar en el refrigerador por 2 horas más o menos.

Se precalienta el horno a 375°. Se amasa sobre una superficie ligeramente enharinada por 5 a 7 minutos y se extiende la masa con un rodillo a un ⅓ de pulgada de grosor. Se cortan las galletas en las formas deseadas con un cortador de galleta (de aproximadamente 1½ pulgada de largo) y se colocan sobre una tartera ligeramente engrasada. Se asan a 375° por 8 a 10 minutos, o hasta que estén doradas. Se rocían las galletas calientes con grageas rojas o verdes o, si se desea, con tintura vegetal se pueden teñir 2 cdas. de azúcar, una roja y una verde, y se espolvorea sobre las galletas.

Favor tomar nota: Con un poco de imaginación y unos cuantos cortadores de galleta, ¡se pueden crear galletas que sean verdaderos objetos de arte! Para preparar el molde de asar deben usarse porciones pequeñas de manteca y de harina ya incluidas en la receta o se usa un molde que no se pega.

ANALYSIS / ANÁLISIS

1 serving/porción = 2 cookies/galletas

Each serving contains *Cada porción contiene*		*ADA exchange value* *Intercambio para el diabético*	
Calories/Calorías	378	Vegetable/Vegetal	0.0
Protein/Proteína	3.9g	Bread/Pan	3.6
Carbohydrates/Carbohidratos	55.1g	Meat/Carne	0.1
Fat/Grasa	16.7g	Fat/Grasa	3.2
Dietary fiber/Fibra dietética	1.2g	Milk/Leche	0.0
Cholesterol/Colesterol	18.0mg	Fruit/Fruta	0.0
Sodium/Sodio	54.2mg		

Coconut Patty

Makes 12 servings

1   cup fresh coconut, grated
3   cups light brown sugar, packed
¼   tsp. salt
1   cup evaporated milk
2   tbsp. butter
2   tsp. vanilla
⅛   tsp. cream of tartar

Choose a heavy, mature coconut with eyes intact. You should be able to hear the milk sloshing around inside when you shake it. With an ice pick pierce the eyes and collect the coconut milk in a container. If the milk is rancid, discard the coconut and try another. Place the coconut on the middle shelf of a preheated 375° oven for 15 to 20 minutes, or until the shell cracks. Remove the coconut from the oven and with a hammer tap firmly all over the shell to separate the meat from the shell. Hit the shell firmly to crack the shell open and finish dislodging the segments of coconut meat with a knife. With a knife or vegetable peeler, peel the brown membrane from the white meat. Grate the coconut meat with a medium grater.

Combine the sugar, salt, and milk and cook over low heat until the sugar is dissolved, 5 to 7 minutes. Increase the heat and cook slowly until smooth, approximately 20 minutes, stirring occasionally. Remove the pan from the heat, stir in the butter, vanilla, and cream of tartar, and set aside to cool.

When it has cooled, beat the mixture until smooth, add the coconut, and mix well. Pour into a buttered or nonstick square pan and chill. Cut into 12 squares to serve.

Comment: Chilled coconut milk can be sweetened with 2 tbsp. sugar and 2 drops of fresh lime juice per 8 oz. and drunk. It is said to be a mild diuretic.

Cocada

Rendimiento: 12 porciones

1   taza coco fresco, rallado
3   tazas azúcar moreno claro, compactado
¼   cdta. sal
1   taza leche evaporada
2   cdas. mantequilla
2   cdtas. vainilla
⅛   cdta. cremor tártaro

Se escoge un coco maduro, con los tres botanos o yemas intactos, pesado, y que al agitarlo se sienta el agua. Con un punzón para romper hielo se perforan los botanos o yemas. Se extrae el agua del coco. Se prueba. Si está ráncia el coco no sirve. Si el coco está bueno se recoge el agua de coco en una vasija y se pone a un lado.

Cuando ya se le ha sacado toda el agua, se pone el coco en un horno precalentado a 375° por unos 15 a 20 minutos, hasta que se raje la concha. Se saca del horno y se golpea firmemente con un martillo por toda su superficie. Esto ayuda a terminar de desprender el coco de su concha. Se le dan dos o tres martillazos firmes para romper el coco y con un cuchillo se termina de desprender el coco de su cáscara. Con un pelador de verduras o con un cuchillo se pela o se le quita la membrana obscura. Una vez pelado se ralla el coco a un grosor intermedio—ni muy fino ni muy grueso.

Se combinan el azúcar, sal y leche y se cocina a fuego lento hasta que el azúcar se haya disuelto, unos 5 a 7 minutos. Se aumenta el calor y se cocina lentamente por 20 minutos hasta que esté bien suave y sin grumos, dándole vuelta de vez en cuando. Se quita del fuego y se añaden la mantequilla, vainilla y cremor tártaro. Se deja a un lado para que se enfríe.

Una vez frío, se bate la mezcla hasta que esté cremosa, se añade el coco y se mezcla bien. Se vierte en un molde cuadrado engrasado o de Teflón y se coloca en el refrigerador. Se corta en 12 cuadritos.

ANALYSIS / ANÁLISIS

1 serving/porción = 1 piece/cuadrito

Each serving contains **Cada porción contiene**		**ADA exchange value** **Intercambio para el diabético**	
Calories/Calorías	264	Vegetable/Vegetal	0.0
Protein/Proteína	1.9g	Bread/Pan	3.6
Carbohydrates/Carbohidratos	56.7g	Meat/Carne	0.0
Fat/Grasa	4.2g	Fat/Grasa	0.8
Dietary fiber/Fibra dietética	0.6g	Milk/Leche	0.2
Cholesterol/Colesterol	6.0mg	Fruit/Fruta	0.0
Sodium/Sodio	108mg		

Gingerbread Pigs

Makes 24 servings

5   cups cake flour
1   tsp. baking soda
1   tsp. salt
1   tsp. baking powder
½   tsp. ground cloves
1   tsp. ground cinnamon
3   tsp. ground ginger
⅛   tsp. nutmeg
1   cup chilled shortening
1   cup dark brown sugar, packed
⅔   cup granulated sugar
½   cup hot coffee
½   cup blackstrap molasses
2   tsp. vanilla

Mix the flour, soda, salt, baking powder, and spices in a bowl. Cream the sugars and shortening until fluffy. Add the hot coffee and molasses to the shortening mixture. Blend in the vanilla. Combine the wet and dry mixtures to form a dough. Form a thick roll and chill for several hours or overnight.

Preheat the oven to 350°. Roll the dough to a ½-inch thickness and cut the cookies with a pig-shaped cookie cutter. Bake on a greased cookie sheet for approximately 15 minutes.

Note: These cookies can be made as regular drop cookies or cut with any shape cookie cutter. Use some of the shortening from recipe ingredients to prepare the cookie sheet. Additional shortening for this purpose is NOT included in the nutritional analysis.

Cochinitos de Jengibre

Rendimiento: 24 galletas

5   tazas de harina para bizcocho
1   cdta. bicarbonato de sosa
1   cdta. sal
1   cdta. polvo de hornear
½   cdta. clavo de olor en polvo
1   cdta. canela en polvo
3   cdtas. jengibre en polvo
⅛   cdta. nuez moscada
1   taza manteca vegetal fría
1   taza azúcar moreno
⅔   taza azúcar granulado
½   taza melaza oscura
½   taza café caliente
2   cdtas. vainilla

Se mezcla la harina, bicarbonato, sal, polvo de hornear y especies en un tazón. Se bate el azúcar con la manteca vegetal hasta que quede bien cremosa. Se mezcla la melaza con el café caliente y se añaden a la crema de azúcar y manteca. Se incorpora la vainilla. Se combinan los ingredientes secos con los ingredientes líquidos para hacer una masa. Se hace un rollo y se coloca en el refrigerador por varias horas o de un día para otro.

Se precalienta el horno a 350° y con un rodillo se extiende la masa a un grosor de 2 pulgadas y se cortan las galletas con el cortador en forma de cochinito. Se colocan sobre una tartera grande engrasada y se asan por aproximadamente 15 minutos.

Favor tomar nota: Estas galletas se pueden hacer en cualquier forma que se desee. Para engrasar el molde debe usarse una porción pequeña de manteca vegetal ya incluida en la receta.

ANALYSIS / ANÁLISIS

1 serving/porción = 1 cookie/galleta

Each serving contains *** ***		***ADA exchange value***	
Cada porción contiene		***Intercambio para el diabético***	
Calories/Calorías	250	Vegetable/Vegetal	0.0
Protein/Proteína	3.4g	Bread/Pan	2.5
Carbohydrates/Carbohidratos	38.9g	Meat/Carne	0.0
Fat/Grasa	9.0g	Fat/Grasa	1.7
Dietary fiber/Fibra dietética	0.9g	Milk/Leche	0.0
Cholesterol/Colesterol	0.0mg	Fruit/Fruta	0.0
Sodium/Sodio	146mg		

Guava Meringue

Makes 6 servings

4   egg whites
4   cups guava pulp
½   cup sugar
2   tsp. fresh lemon juice

  Beat the egg whites until stiff but not dry. In a bowl mix the guava pulp, sugar, and lemon juice, then slowly blend in the beaten egg white. Spoon onto a greased cookie sheet (2 tbsp. per serving) and bake in a 250° oven until golden, 25 to 30 minutes.
  Note: Use a nonstick spray on the cookie sheet.

Merengue de Guayaba

Rendimiento: 6 porciones

4   claras de huevo
4   tazas de pulpa de guayaba
½   taza azúcar
2   cdtas. jugo de limón

  Batir las claras de huevo a la nieve. En otro recipiente mezclar la pulpa de guayaba, el azúcar y el jugo de limón e incorporar la nieve a la pulpa de guayaba. Se coloca en una tartera formando montoncitos de 2 cdas. y hornear a 250° hasta dorar, 25 a 30 minutos.
  Favor tomar nota: Se puede utilizar una tartera de hornear que no se pega.

ANALYSIS / ANÁLISIS

1 serving = 6 cookies   1 porción = 6 galletas

Each serving contains / **Cada porción contiene**		**ADA exchange value** / **Intercambio para el diabético**	
Calories/Calorías	176	Vegetable/Vegetal	0.0
Protein/Proteína	3.7g	Bread/Pan	3.0
Carbohydrates/Carbohidratos	42.5g	Meat/Carne	0.3
Fat/Grasa	0.6g	Fat/Grasa	0.0
Dietary fiber/Fibra dietética	0.0g	Milk/Leche	0.0
Cholesterol/Colesterol	0.0mg	Fruit/Fruta	0.0
Sodium/Sodio	36.8mg		

Jicama and Pineapple Pie

Makes 8 servings

2   cups stewed jicama, cut into bite-sized pieces
1   cup fresh pineapple cubes
¼   cup flour
1¼ cups light brown sugar, packed
1   tbsp. lemon juice
2   tbsp. butter
⅛   tsp. salt
¼   tsp. ground cinnamon
1   9-inch *Pastry Shell* (p. 199)

Preheat the oven to 425°. Combine the cooked jicama and the pineapple in a shallow pan. Add the flour, brown sugar, and lemon juice and blend well. Add the butter, salt, and cinnamon and heat until bubbly. Cover and simmer for about 15 minutes.

Fill the pastry shell with the filling and use strips of dough to make a lattice crust. Bake for 10 minutes. Lower the temperature to 350° and bake for 30 minutes more. Serve warm.

Pastel de Jícama y Piña

Rendimiento: 8 porciones

2   tazas jícama cocida, en cubitos
1   taza cubitos de piña fresca
¼   taza harina
1¼ tazas azúcar moreno claro, compactado
1   cda. jugo de limón
2   cdas. mantequilla
⅛   cdta. sal
¼   cdta. canela en polvo
1   *Concha para Pastel* de 9 pulgadas (pág. 199)

Se precalienta el horno a 425°. Se combinan la jícama y piña en una olla plana. Se añade la harina, el azúcar moreno y jugo de limón y se mezcla bien. Se añade la mantequilla, sal y canela y se cocina hasta que haga burbujas. Se cubre y se deja cocinar a fuego lento por aproximadamente 15 minutos.

Se rellena la concha del pastel con la mezcla y se añaden tiritas de pasta para hacer un enrejado de listoncillos sobre el relleno. Se asa por unos 10 minutos; se baja el calor del horno a 350° y se deja asar por 30 minutos más. Se sirve caliente.

ANALYSIS / ANÁLISIS

1 serving/porción = 4 oz.

Each serving contains
Cada porción contiene

Calories/Calorías	367	
Protein/Proteína	2.4g	
Carbohydrates/Carbohidratos	55.5g	
Fat/Grasa	15.9g	
Dietary fiber/Fibra dietética	0.7g	
Cholesterol/Colesterol	7.6mg	
Sodium/Sodio	145mg	

ADA exchange value
Intercambio para el diabético

Vegetable/Vegetal	0.0
Bread/Pan	3.5
Meat/Carne	0.0
Fat/Grasa	3.1
Milk/Leche	0.0
Fruit/Fruta	0.2

Cinnamon Baked Apples

Makes 4 servings

4   medium baking apples (about 2¾-inch diameter)
¼   cup raisins
½   cup apple juice mixed with ½ tsp. cinnamon

Preheat the oven to 375°. Wash and core the apples. Pare a strip around the top of each apple. Place the apples in a baking pan just large enough to hold them. Put 1 tbsp. of raisins in each apple. Pour the apple juice over the apples. Bake for 40 minutes, or until the apples are soft. Baste the apples with juice twice during cooking. Serve warm or chilled.

Manzanas Horneadas

Rendimiento: 4 porciones

4   manzanas medianas (de más o menos 2¾ pulgadas de diámetro)
¼   taza pasitas
½   taza jugo de manzana mezclado con ½ cdta. canela

Se precalienta el horno a 375°. Se lavan las manzanas y se sacan los centros. Se quita un pedazo de cáscara de la parte superior de cada manzana. Se colocan las manzanas en una tartera. Se coloca 1 cda. de pasitas en cada manzana y se vierte el jugo de manzana y canela sobre las manzanas. Se asan por 40 minutos, o hasta que estén suaves. Se deberán bañar las manzanas con el jugo 2 veces durante su cocimiento. Se pueden servir calientes o frías.

ANALYSIS / ANÁLISIS

1 serving/porción = 1 apple/manzana

Each serving contains *Cada porción contiene*		*ADA exchange value* *Intercambio para el diabético*	
Calories/Calorías	123	Vegetable/Vegetal	0.0
Protein/Proteína	0.6g	Bread/Pan	0.0
Carbohydrates/Carbohidratos	32.1g	Meat/Carne	0.0
Fat/Grasa	0.6g	Fat/Grasa	0.0
Dietary fiber/Fibra dietética	3.6g	Milk/Leche	0.0
Cholesterol/Colesterol	0.0mg	Fruit/Fruta	2.1
Sodium/Sodio	265mg		

Fruit with Vanilla Yogurt Topping

Makes 4 servings

2   16-oz. cans chunky "lite" fruit packed in its own juice
1   8-oz. container plain lowfat yogurt
⅛   tsp. vanilla extract
Artificial sweetener to taste

Place the cans of fruit in the freezer for about 20 minutes. Mix the yogurt, vanilla extract, and artificial sweetener. When ready to serve, drain the fruit and divide into 4 serving bowls. Top each bowl with ¼ cup of yogurt.

Coctel de Frutas con Yogurt

Rendimiento: 4 porciones

2   latas de 16 oz. de frutas mixtas en su proprio jugo ("*lite*")
1   recipiente de 8 oz. de yogurt simple desgrasado
⅛   cdta. extracto de vainilla
Endulzador de dieta al gusto

Se colocan las latas de fruta en el congelador por aproximadamente 20 minutos. Se mezcla el yogurt, la vainilla y el endulzador. Al momento de servir se cuela la fruta, se divide en 4 porciones y se coloca ¼ taza del yogurt sobre cada porción.

ANALYSIS / ANÁLISIS

1 serving/porción = 1 cup fruit/taza de fruta, ¼ cup/taza yogurt

Each serving contains **Cada porción contiene**		**ADA exchange value** **Intercambio para el diabético**	
Calories/Calorías	140	Vegetable/Vegetal	0.0
Protein/Proteína	4.0g	Bread/Pan	0.0
Carbohydrates/Carbohidratos	30.9g	Meat/Carne	0.0
Fat/Grasa	0.9g	Fat/Grasa	0.1
Dietary fiber/Fibra dietética	1.3g	Milk/Leche	0.4
Cholesterol/Colesterol	3.5mg	Fruit/Fruta	1.9
Sodium/Sodio	47.9mg		

Tropical Fresh Fruit Cocktail

Makes 5 servings

4 oz. fresh mamey, cubed
4 oz. fresh mango, cubed
4 oz. fresh pineapple, cubed
4 oz. jicama, cubed
3 tbsp. sugar
Juice of 1 lime

Mix the cubed fruit together and sprinkle with the sugar and lime juice. For full flavor and sweetness, serve at room temperature.

Comment: Tropical Fresh Fruit Cocktail may be served at the beginning of a meal or as a dessert. When used as a dessert, serve with a 1-oz. slice of white farmer cheese.

Salpicón de Frutas

Rendimiento: 5 porciones

4 oz. mamey fresco, en cubitos
4 oz. mango fresco, en cubitos
4 oz. piña fresca, en cubitos
4 oz. jícama, en cubitos
3 cdas. azúcar
Jugo de 1 limón

Se mezcla la fruta en un tazón y se rocía con el azúcar y el jugo de limón. Para obtener el máximo de sabor y dulzura de las frutas, éstas deben servirse a temperatura ambiente.

Comentario: El *Salpicón de Frutas* se puede servir al principio de una comida o como postre. Cuando se sirve como postre, se acompaña con una rebanada de queso blanco (1 oz.).

ANALYSIS / ANÁLISIS   *See Guide to Tables, p. 15 / Ver Guía para Tablas, pág. 15*

1 serving = ½ cup (with 1 oz. white cheese)
1 porción = ½ taza (con 1 oz. queso blanco)

Each serving contains *Cada porción contiene*			*ADA exchange value* *Intercambio para el diabético*	
Calories/Calorías	77.9	(188)	Vegetable/Vegetal	0.0
Protein/Proteína	0.7g	(7.8)	Bread/Pan	0.8
Carbohydrates/Carbohidratos	20.4g	(21.0)	Meat/Carne	0.0 (1.0)
Fat/Grasa	0.3g	(9.0)	Fat/Grasa	0.0 (1.2)
Dietary fiber/Fibra dietética	0.9g		Milk/Leche	0.0
Cholesterol/Colesterol	0.0mg		Fruit/Fruta	0.6
Sodium/Sodio	74.5mg			

Caramel Sauce

Makes 6 servings

6   tbsp. light brown sugar
½   cup water
½   tsp. ground cinnamon

    Over low heat, slowly add the water to the sugar, stirring constantly until the sugar is dissolved. Stir in the cinnamon and heat until a smooth, clear syrup forms, 3 to 4 minutes. Serve over *Flan* (p. 179).

Melado

Rendimiento: 6 porciones

6   cdas. azúcar moreno claro
½   taza de agua
½   cdta. canela en polvo

    Se disuelve el azúcar en una olla, añadiéndose el agua lentamente y revolviendo constantemente. Se incorpora la canela y se calienta hasta que se forme un melado claro y delicado, unos 3 a 4 minutos. Se sirve sobre *Flan* (pág. 179).

ANALYSIS / ANÁLISIS

1 serving/porción = 2 tbsp./cdas.

Each serving contains *Cada porción contiene*		*ADA exchange value* *Intercambio para el diabético*	
Calories/Calorías	51.7	Vegetable/Vegetal	0.0
Protein/Proteína	0.0g	Bread/Pan	0.9
Carbohydrates/Carbohidratos	13.4g	Meat/Carne	0.0
Fat/Grasa	0.0g	Fat/Grasa	0.0
Dietary fiber/Fibra dietética	0.0g	Milk/Leche	0.0
Cholesterol/Colesterol	0.0mg	Fruit/Fruta	0.0
Sodium/Sodio	4.7mg		

Piloncillo Syrup

Makes 20 servings

2   cups light brown sugar, packed
2   cups water

In a saucepan, dissolve the sugar in the water and bring to a slow boil, stirring frequently. Lower heat, cover, and simmer gently for 20 to 25 minutes. Use a wooden spoon to remove crystallized sugar from the sides of the pan or on the syrup. Pour the syrup over any pastry. It can be stored in the refrigerator in an airtight jar for 5 to 7 days.

Melado de Piloncillo

Rendimiento: 20 porciones

2   tazas azúcar moreno claro, compactado
2   tazas de agua

Se disuelve el azúcar en una olla con el agua y se deja hervir lentamente. Se cubre y se continúa hirviendo lentamente por 20 a 25 minutos, revolviendo con frecuencia. Cualesquier cristales que se formen en el borde de la olla o sobre el melado se pueden eliminar con una cuchara de palo. Se vierte el melado sobre cualquier postre que se desee. El melado restante se puede guardar en un frasco tapado en el refrigerador de 5 a 7 días.

ANALYSIS / ANÁLISIS

1 serving/porción = 1 tbsp./cda.

Each serving contains **Cada porción contiene**		**ADA exchange value** **Intercambio para el diabético**	
Calories/Calorías	82	Vegetable/Vegetal	0.0
Protein/Proteína	0.0g	Bread/Pan	1.4
Carbohydrates/Carbohidratos	21.2g	Meat/Carne	0.0
Fat/Grasa	0.0g	Fat/Grasa	0.0
Dietary fiber/Fibra dietética	0.0g	Milk/Leche	0.0
Cholesterol/Colesterol	0.0mg	Fruit/Fruta	0.0
Sodium/Sodio	7.3mg		

Turnover Pastry

Makes 10 servings

2 cups chilled flour
¾ tsp. salt
⅔ cup chilled shortening
5 tbsp. cold water

Combine the flour and salt. Add shortening, mixing evenly using a pastry blender. Add water a few tablespoons at a time. Knead dough quickly and lightly until it just holds together. Make 10 balls. Handle dough as little as possible.

Preheat the oven to 350°. Flatten each pastry ball with a rolling pin on waxed paper or a lightly floured board. Make 10 circles 6 to 7 inches wide. Spread cooked filling over one side of each circle. Fold the other half over, making sure the filling is completely covered. Trim any uneven dough with a sharp knife. Flute the edge of each turnover with your fingers or a fork. Pierce the middle of each turnover with a fork. Bake for 25 minutes or until golden brown.

Note: Use some of the flour from recipe ingredients to prepare rolling board. Additional flour for this purpose is NOT included in the nutritional analysis. Nor do we include nutritional analyses for fillings, since these would vary.

Pasta para Empanadas

Rendimiento: 10 porciones

2 tazas harina fría
¾ cdta. sal
⅔ taza manteca vegetal fría
5 cdas. agua helada

Se combina la harina y la sal. Se incorpora la manteca vegetal y usando un estribo de pastelería se va mezclando bien. Se añaden unas cuantas cucharadas de agua poco a poco. Se amasa la pasta ligeramente y rápido, hasta que quede totalmente unida. Se hacen 10 bolitas de pasta. Esta pasta no debe manejarse en exceso.

Se precalienta el horno a 350°. Con el rodillo se extiende cada bolita de masa sobre papel encerado o una superficie ligeramente enharinada. Se hacen 10 círculos de 6 a 7 pulgadas de diámetro. Se coloca relleno sobre una mitad de cada círculo y se dobla la otra mitad sobre el relleno para hacer una media luna. Se empareja cada media luna con un cuchillo y se cierra bien cada empanada, decorando el borde con los dedos o con un tenedor. Se hacen hoyos con un tenedor en la parte superior de cada empanada para que respiren mientras se asan. Se asan por 25 minutos o hasta que estén doradas.

Favor tomar nota: Para preparar una superficie enharinada debe usarse una porción pequeña de harina ya incluida en la receta. El relleno de empanada varía en valor nutricional y por lo tanto no está incluido.

ANALYSIS / ANÁLISIS

1 serving/porción = 1 pastry/concha de empanada

Each serving contains *Cada porción contiene*		*ADA exchange value* *Intercambio para el diabético*	
Calories/Calorías	199	Vegetable/Vegetal	0.0
Protein/Proteína	1.8g	Bread/Pan	1.1
Carbohydrates/Carbohidratos	17.0g	Meat/Carne	0.0
Fat/Grasa	13.7g	Fat/Grasa	2.7
Dietary fiber/Fibra dietética	0.5g	Milk/Leche	0.0
Cholesterol/Colesterol	0.0mg	Fruit/Fruta	0.0
Sodium/Sodio	161mg		

Pastry Shell

Makes 8 servings

1   cup chilled flour
¼   tsp. salt
⅛   tsp. baking powder
½   cup chilled shortening
3   tbsp. ice water

    Combine the flour, salt, and baking powder. Cut in the shortening, using a pastry blender or two knives, until the mixture resembles coarse meal. Add the ice water, a tablespoon at a time, until the mixture forms a soft dough. Form the dough into a ball, place on a lightly floured board, and roll into a thin circle with a rolling pin. Place the pastry shell on a 9-inch pie plate, press down, trim, and flute the edges with the fingers or a fork. Roll out leftover dough and cut into strips to make lattice top if desired.

    Note: Use some flour from recipe ingredients to prepare rolling board. Additional flour for this purpose is NOT included in the nutritional analysis.

Concha para Pastel

Rendimiento: 8 porciones

1   taza harina fría
¼   cdta. sal
⅛   cdta. polvo de hornear
½   taza manteca vegetal fría
3   cdas. agua helada

    Se combina la harina, sal y polvo de hornear. Se incorpora la manteca vegetal y se corta con un estribo de pastelería o dos cuchillos hasta que la mezcla parezca harina de maíz gruesa. Se añade el agua helada por cucharadas y se mezcla hasta que se forme una masa suave. Se hace una bola y se coloca sobre una superficie ligeramente enharinada. Con el rodillo se extiende la masa en un círculo delgado. Se coloca el círculo de masa en un molde de pastel, se aplana y se empareja. Se decoran los bordes usando los dedos o un tenedor. Si se desea se puede extender la masa restante y cortarla en tiritas para hacer un enrejado de listoncillos sobre el relleno del pastel.

    Favor tomar nota: Para preparar la superficie enharinada debe usarse una porción pequeña de la harina ya incluida en la receta.

ANALYSIS / ANÁLISIS

1 serving/porción = ⅛ of shell/de la concha

Each serving contains / **Cada porción contiene**		**ADA exchange value** / **Intercambio para el diabético**	
Calories/Calorías	163	Vegetable/Vegetal	0.0
Protein/Proteína	1.1g	Bread/Pan	0.7
Carbohydrates/Carbohidratos	10.6g	Meat/Carne	0.0
Fat/Grasa	12.9g	Fat/Grasa	2.5
Dietary fiber/Fibra dietética	0.3g	Milk/Leche	0.0
Cholesterol/Colesterol	0.0mg	Fruit/Fruta	0.0
Sodium/Sodio	72.1mg		

Guava Puff

Makes 6 servings

⅓ cup sugar
⅛ tsp. salt
3 egg yolks
1½ cups 1% milk
1 envelope plain gelatin
½ cup boiling water
3 egg whites
¼ tsp. cream of tartar
1 cup guava pulp
1 cup low-calorie whipped topping

In a medium mixing bowl add the sugar and salt to the egg yolks and beat well. Scald the milk in a double boiler. Let the milk cool for approximately 15 minutes, then add it slowly to the egg mixture, stirring constantly. When all of the milk has been added, pour the mixture back into the double boiler and heat, stirring constantly, until the mixture thickens and coats the spoon. Set aside.

Dissolve the gelatin in ½ cup boiling water and stir until all the gelatin is dissolved. Cool 10 to 15 minutes. Add to previous mix.

Beat the egg whites until stiff. Add the cream of tartar when soft peaks form.

Add the guava pulp to the custard mixture and stir well. Gently fold the beaten egg whites into the mixture. Pour the mixture into ¾-cup individual serving dishes and top each with 2 tbsp. whipped topping. Refrigerate until the mixture congeals, 4 to 6 hours.

Esponjado de Guayaba

Rendimiento: 6 porciones

3 yemas de huevo
1½ tazas leche descremada (1%)
⅓ taza azúcar
⅛ cdta. sal
1 sobrecito gelatina sin sabor
½ taza agua hirviendo
1 taza puré de guayaba
3 claras de huevo
¼ cdta. crémor tártaro
1 taza crema de batir de baja caloría

Se colocan las yemas, el azúcar y la sal en un tazón y se baten bien. Se escalfa la leche a baño de María, se baja del fuego y se deja enfriar por unos 15 minutos. Se añade la leche lentamente a la mezcla de huevo, revolviendo constantemente. Cuando se haya mezclado toda la leche con los huevos, se coloca toda la mezcla en la olla de baño de María y se cuece, revolviendo constantemente, hasta que espese.

En otro recipiente se disuelve la gelatina en ½ taza de agua hirviendo. Se deja enfriar 10 a 15 minutos, y se agrega a la mezcla anterior.

En un tazón aparte se baten las claras de huevo a la nieve y se añade el crémor tártaro.

Se añade la pulpa de guayaba a la mezcla de huevos y leche y se mezcla bien. Se añaden las claras batidas, mezclándolas con delicadeza, sin batir. Se coloca la mezcla en moldes individuales de ¾ taza, se corona cada uno con 2 cdas. de la crema de batir, y se refrigeran hasta que se cuajen, de 4 a 6 horas.

ANALYSIS / ANÁLISIS

1 serving/porción = ¾ cup/taza

Each serving contains **Cada porción contiene**		**ADA exchange value** **Intercambio para el diabético**	
Calories/Calorías	173	Vegetable/Vegetal	0.0
Protein/Proteína	6.6g	Bread/Pan	1.2
Carbohydrates/Carbohidratos	23.2g	Meat/Carne	0.5
Fat/Grasa	6.5g	Fat/Grasa	1.0
Dietary fiber/Fibra dietética	0.0g	Milk/Leche	0.2
Cholesterol/Colesterol	109mg	Fruit/Fruta	0.0
Sodium/Sodio	121mg		

Guavas in Syrup

Makes 6 servings

1½ lb. round yellow guavas
2 cups water
3 1-inch cinnamon sticks
1 cup sugar
Rind of 1 lime
2 tbsp. fresh lime juice
6 oz. farmer cheese

Rinse the guavas thoroughly. Cut off the stem and the small, black, shriveled base of the fruit. *Do not peel.* Halve the fruit horizontally and set aside.

Put the remaining ingredients in a heavy pan in which the guava halves will fit in one layer or overlap only slightly (do not add the guavas at this time). Bring to a boil, lower the heat, and simmer for about 8 minutes. Place the guavas cut side down into the hot syrup and simmer for 5 minutes. Turn them over and simmer for 5 minutes more. By this time the center pulp with the seeds will be bulging out, and the rind or outer shell should be tender but not mushy. Set aside to cool in the syrup.

When cool enough to handle, gently remove the fruit from the syrup. Scoop out the centers, taking care to preserve the shell undamaged, and press the pulp through a fine sieve into the syrup. Discard the seeds. If the mixture does not have the desired consistency, return the guava shells to the mixture and simmer until the liquid is reduced. Place the reserved guava shells in a bowl and pour the syrup over them. Refrigerate. To serve, place 2 guava shells in a decorative serving dish and cover with 3 tbsp. syrup. Serve with 1 oz. farmer cheese.

Comment: Poaching guavas brings out their exceptional flavor. Guavas in syrup may be served as a dessert with cream cheese, added to a compote of mixed dried fruits (such as prunes and apricots), added to a fruit salad, and used in tarts or smoothies (fresh fruit or vegetables mixed with milk, blended, and chilled). The scooped-out guava shells are also excellent stuffed with cream cheese or white cheese.

Cascos de Guayaba en Almíbar

Rendimiento: 6 porciones

1½ lb. guayabas amarillas redondas
2 tazas de agua
3 rajas canela de 1 pulgada
1 taza azúcar
Ralladura de la cáscara de un limón
2 cdas. jugo de limón fresco
6 oz. queso blanco

Se lavan bien las guayabas. Se corta la base y el residuo pequeño, negro y recogido en la base de cada fruta. *No se debe quitar la cáscara.* Se cortan las guayabas por mitad horizontalmente y se dejan a un lado. Se colocan el resto de los ingredientes en una olla gruesa de un tamaño apropiado para que las guayabas puedan colocarse en una sola capa. Si toca una con otra ligeramente no importa. Se deja hervir el líquido por unos 8 minutos. Se colocan las guayabas en el sirope caliente con el lado de la cáscara hacia arriba y se dejan cocer a fuego lento por unos 5 minutos. Se les da vuelta y se dejan cocer por otros 5 minutos. Después de este tiempo de cocimiento la pulpa del centro que contiene las semillas debe estar saliéndose del casco, y los cascos mismos estarán suaves pero no recocidos. Se quitan del fuego y se dejan enfriar en el sirope.

Cuando están suficientemente fríos para poderlos manejar, se sacan los cascos del sirope con cuidado. Se saca la pulpa del centro de cada media guayaba con mucho cuidado para no dañar los cascos. Los cascos vacíos se ponen a un lado. Se pasa la pulpa por un cernidor fino para eliminar las semillas y se añade la pulpa sin las semillas al sirope. Si después de añadir la pulpa cernida la mezcla no tiene la consistencia deseada se vuelven a colocar los cascos en el sirope ya mezclado con pulpa y se cuece a fuego lento para reducir el líquido. Cuando se haya logrado la consistencia deseada, se colocan los cascos en un tazón y se cubren con el sirope. Se coloca el tazón en el refrigerador hasta el momento de servir. Para servir, se colocan dos cascos en un platillo decorativo y se rocían con 3 cdas. de sirope. Se puede añadir una lonja de queso blanco al lado.

Comentario: Al cocer las guayabas de esta manera se logra obtener el máximo de su sabor excepcional. Las guayabas se pueden servir como postre con queso crema, se pueden añadir a una compota de frutas secas (ciruelas pasas, albaricoques, etc.), a una ensalada de frutas, usarse para tartaletas o como un refresco (frutas frescas o verduras mezcladas con leche, licuadas y enfriadas). Los cascos de guayaba también se pueden servir rellenos de queso crema o de queso blanco.

(continued/continúa)

1 serving/porción = 2 guavas/guayabas, 1 oz. farmer cheese/queso blanco

Each serving contains *Cada porción contiene*		*ADA exchange value* *Intercambio para el diabético*	
Calories/Calorías	312	Vegetable/Vegetal	0.0
Protein/Proteína	8.2g	Bread/Pan	3.5
Carbohydrates/Carbohidratos	53.6g	Meat/Carne	1.0
Fat/Grasa	9.3g	Fat/Grasa	1.2
Dietary fiber/Fibra dietética	0.0g	Milk/Leche	0.0
Cholesterol/Colesterol	0.0mg	Fruit/Fruta	0.0
Sodium/Sodio	3.0mg		

Beverages

Bebidas

Anisette Milk

Makes 4 servings

4   cups 1% milk
2   tbsp. brown sugar *or* ⅔ tbsp. piloncillo shavings
1   level tsp. ground anise
4   cinnamon sticks

Scald the milk. Stir in the brown sugar to dissolve. Add the anise and blend well. Serve hot or cold with cinnamon sticks.

Comments: Anise and hot chocolate is also very tasty. Use semisweet chocolate (1 oz. per serving), add anise, and serve hot with cinnamon sticks and 1 oz. of white cheese. Piloncillo, hardened brown sugar, may be purchased in any market that sells Mexican foods. In Mexico piloncillo comes in a cone the size of a small ice cream cone. In Colombia it comes in hard blocks the size of a brick or in hard round mounds the size of a cup. To use either, shave layers or wrap the piloncillo in a towel, hit hard with a hammer, and use the broken pieces.

Leche con Anís

Rendimiento: 4 porciones

4   tazas de leche descremada (1%)
2   cdas. azúcar moreno *o* ⅔ cda. piloncillo
1   cdta. rasa de anís, molido
4   rajas canela

Se calienta la leche y se disuelve el azúcar. Se añade el anís y se mezcla bien. Se sirve frío o caliente con las rajas de canela.

Comentario: El chocolate caliente con anís también es muy apetecible. Se puede usar 1 cuadrito de una onza de chocolate preendulzado regular, se le añade el anís y se sirve caliente con las rajas de canela y 1 oz. de queso blanco. El piloncillo se vende en tiendas con artículos mexicanos.

ANALYSIS / ANÁLISIS   *See Guide to Tables, p. 15 / Ver Guía para Tablas, pág. 15*

1 serving = 1 cup (with 1 oz. chocolate and 1 oz. white cheese)
1 porción = 1 taza (con 1 oz. chocolate y 1 oz. queso blanco)

Each serving contains / *Cada porción contiene*			**ADA exchange value** / *Intercambio para el diabético*	
Calories/Calorías	135	(389)	Vegetable/Vegetal	0.0
Protein/Proteína	8.2g	(16.5)	Bread/Pan	0.4
Carbohydrates/Carbohidratos	20.4g	(37.2)	Meat/Carne	0.0 (1.0)
Fat/Grasa	2.7g	(21.6)	Fat/Grasa	0.5 (14.1)
Dietary fiber/Fibra dietética	0.0g		Milk/Leche	1.0
Cholesterol/Colesterol	10.0mg		Fruit/Fruta	0.0
Sodium/Sodio	126mg	(127)		

Mexican Hot Chocolate #1

Makes 6 servings

1   oz. unsweetened chocolate
½   cup boiling water
½   cup brown sugar, packed
⅛   tsp. salt
8   cups 1% milk
½   tsp. vanilla
⅛   tsp. ground cinnamon

Melt the chocolate in boiling water and stir well. Add the sugar and stir until dissolved thoroughly. Add the salt and milk and bring to a slow boil. Reduce the heat and stir in the vanilla and cinnamon. Serve in mugs, topped with 1 oz. white cheese, if desired.

Chocolate Mexicano #1

Rendimiento: 6 porciones

1   oz. chocolate amargo
½   taza agua hirviendo
½   taza azúcar moreno, bien compactado
⅛   cdta. sal
8   tazas leche descremada (1%)
½   cdta. vainilla
⅛   cdta. canela molida

Se derrite el chocolate en el agua hirviendo y se mezcla bien. Se agrega el azúcar y se disuelve totalmente. Se añade la sal y la leche y se deja hervir despacio. Se reduce el fuego y se mezcla la vainilla y canela. Se sirve en tazones grandes para café, coronado de 1 oz. de queso blanco si se desea.

ANALYSIS / ANÁLISIS   *See Guide to Tables, p. 15 / Ver Guía para Tablas, pág. 15*

1 serving = 10 oz. (with 1 oz. white cheese)
1 porción = 10 oz. (con 1 oz. queso blanco)

Each serving contains **Cada porción contiene**			**ADA exchange value** **Intercambio para el diabético**		
Calories/Calorías	237	(292)	Vegetable/Vegetal	0.0	
Protein/Proteína	11.2g	(14.7)	Bread/Pan	1.2	
Carbohydrates/Carbohidratos	34.8g	(35.1)	Meat/Carne	0.0	(0.5)
Fat/Grasa	5.9g	(10.3)	Fat/Grasa	1.2	(1.7)
Dietary fiber/Fibra dietética	0.7g		Milk/Leche	1.3	
Cholesterol/Colesterol	13.3mg		Fruit/Fruta	0.0	
Sodium/Sodio	215mg				

Mexican Hot Chocolate #2

Makes 2 servings

1   cup evaporated milk
1   cup water
3   tbsp. flour
4   tbsp. cocoa
⅛   tsp. salt
8   tsp. sugar
¼   cup water

Combine the milk and water and bring to a rolling boil, stirring frequently. Reduce the heat. Combine the flour, cocoa, salt, and sugar with ¼ cup water to make a paste. Add the cocoa paste to the milk and blend well. Cook over medium heat, stirring constantly, until thick, 5 to 6 minutes. Sprinkle with a dash of nutmeg before serving.

Comments: Mexican Hot Chocolate is traditionally a wedding drink. It may be topped with 1 oz. of white cheese.

Champurro

Rendimiento: 2 porciones

1   taza leche evaporada
1   taza agua
3   cdas. harina
4   cdas. cacao
⅛   cdta. de sal
8   cdtas. azúcar
¼   taza agua

Se mezcla la leche y el agua y se ponen a hervir, revolviendo frecuentemente. Se reduce el fuego. Se mezcla la harina, cacao, sal y azúcar con ¼ taza de agua hasta formar una pasta. Se agrega la mezcla de cacao a la leche y se revuelve bien. Se cocina a fuego medio sin dejar de revolver hasta que espese, 5 a 6 minutos. Se rocía con nuez moscada.

Comentario: El champurro es una bebida tradicional en los matrimonios. Se sirve caliente y se puede coronar con 1 oz. de queso blanco.

ANALYSIS / ANÁLISIS   *See Guide to Tables, p. 15 / Ver Guía para Tablas, pág. 15*

1 serving = 10 oz. (with 1 oz. white cheese)
1 porción = 10 oz. (con 1 oz. queso blanco)

Each serving contains / Cada porción contiene			**ADA exchange value / Intercambio para el diabético**	
Calories/Calorías	341	(396)	Vegetable/Vegetal	0.0
Protein/Proteína	13.5g	(17.0)	Bread/Pan	1.6
Carbohydrates/Carbohidratos	46.4g	(46.7)	Meat/Carne	0.0 (0.5)
Fat/Grasa	15.3g	(19.7)	Fat/Grasa	3.0 (3.5)
Dietary fiber/Fibra dietética	4.6g		Milk/Leche	1.3
Cholesterol/Colesterol	5.1mg		Fruit/Fruta	0.0
Sodium/Sodio	285mg			

Cinnamon Coffee

Makes 1 serving

1   cup hot coffee
2   oz. vanilla ice milk
2   tbsp. low-calorie whipped topping
⅛   tsp. cinnamon
⅛   tsp. nutmeg

In an oversized coffee mug, combine the coffee and vanilla ice milk and blend well. Top with the whipped topping, and sprinkle with cinnamon and nutmeg.

Café con Vainilla y Canela

Rendimiento: 1 porción

1   taza de café caliente
2   oz. helado de vainilla descremado
      (*ice milk*)
2   cdas. crema de batir de baja caloría
⅛   cdta. canela
⅛   cdta. nuez moscada

Se usa un tazón de café extra grande. Se mezcla el café con el helado de vainilla y se mezcla bien. Se corona con la crema de batir y se rocía con canela y nuez moscada.

ANALYSIS / ANÁLISIS

1 serving/porción = 1 cup/taza

Each serving contains
Cada porción contiene

Calories/Calorías	115	
Protein/Proteína	2.8g	
Carbohydrates/Carbohidratos	16.1g	
Fat/Grasa	4.1g	
Dietary fiber/Fibra dietética	0.0g	
Cholesterol/Colesterol	4.2mg	
Sodium/Sodio	63.4mg	

ADA exchange value
Intercambio para el diabético

Vegetable/Vegetal	0.0
Bread/Pan	0.8
Meat/Carne	0.0
Fat/Grasa	0.8
Milk/Leche	0.0
Fruit/Fruta	0.0

Mexican Coffee

Makes 1 serving

1   cup hot coffee
1   oz. coffee liqueur
⅛   tsp. ground cloves

Combine all the ingredients in a coffee mug in the order given. May be topped with 2 oz. white cheese or 1 tbsp. low-calorie whipped topping.

Café Mexicano

Rendimiento: 1 porción

1   taza café caliente
1   oz. licor de café
⅛   cdta. clavo de olor, molido

En un pocillo para café se colocan los ingredientes en el orden indicado. Se puede coronar con 2 oz. de queso blanco o 1 cda. de crema de batir de baja caloría.

ANALYSIS / ANÁLISIS   *See Guide to Tables, p. 15 / Ver Guía para Tablas, pág. 15*

1 serving = 1 cup (with 2 oz. white cheese) [with 1 tbsp. low-calorie whipped topping]
1 porción = 1 taza (con 2 oz. queso blanco) [con 1 cda. de crema de batir de baja caloría]

Each serving contains
Cada porción contiene

Calories/Calorías	116	(226)	[127]
Protein/Proteína	0.0g	(7.1)	[0.1]
Carbohydrates/Carbohidratos	12.1g	(12.7)	[13.1]
Fat/Grasa	0.1g	(8.9)	[0.9]
Dietary fiber/Fibra dietética	0.0g		
Cholesterol/Colesterol	0.0mg		
Sodium/Sodio	11.3mg		[12.3]

ADA exchange value
Intercambio para el diabético

Vegetable/Vegetal	0.0	
Bread/Pan	0.7	
Meat/Carne	0.0	(1.0)
Fat/Grasa	0.0	(1.2)
Milk/Leche	0.0	
Fruit/Fruta	0.0	

Cinnamon-Ginger Drink

Makes 4 servings

4   oz. gingerroot
1½ qt. water
8   tbsp. lemon juice
4   tbsp. sugar
4   cinnamon sticks

Wash the gingerroot well and steep for 2 hours in approximately 1½ qt. of water. Remove the gingerroot and pour the ginger extract through a sieve into a measuring cup. Add the lemon juice to the ginger extract, add sugar, and stir. Add enough water to bring the liquid in a measuring container to 1 qt., then mix well. Chill. Serve with cinnamon sticks.

Comments: A real thirst quencher! The drink may be heated and sprinkled with a little nutmeg. Stir and serve with a cinnamon stick.

Refresco de Jengibre

Rendimiento: 4 porciones

4   oz. raíz de jengibre
6   tazas de agua
8   cdas. jugo de limón
4   cdas. azúcar
4   rajas canela

Se lava la raíz de jengibre muy bien. Se coloca en remojo en 6 tazas de agua por aproximadamente 2 horas. Se quita la raíz y se vierte el extracto de jengibre en un recipiente. Se recomienda que se pase el extracto por una coladera. Se añade el jugo de limón, el azúcar, y se mezcla bien. Déjese enfriar en el refrigerador. Se sirve con rajas de canela.

Comentario: ¡Este es un gran refresco! Para servirlo caliente se sirve en tazones grandes de café y se rocía con nuez moscada. Se revuelve y se sirve con una raja de canela.

ANALYSIS / ANÁLISIS

1 serving/porción = 1 cup/taza

Each serving contains
Cada porción contiene

		ADA exchange value	
		Intercambio para el diabético	
Calories/Calorías	67	Vegetable/Vegetal	0.3
Protein/Proteína	0.4g	Bread/Pan	0.8
Carbohydrates/Carbohidratos	18.2g	Meat/Carne	0.0
Fat/Grasa	0.2g	Fat/Grasa	0.0
Dietary fiber/Fibra dietética	0.9g	Milk/Leche	0.0
Cholesterol/Colesterol	0.0mg	Fruit/Fruta	0.2
Sodium/Sodio	16mg		

Corn Drink

Makes 2 servings

8   tbsp. pinole
12 oz. 1% milk
2   tsp. granulated sugar

Put 4 tablespoons of pinole in a glass. Add 6 oz. of milk. Sweeten with 1 tsp. sugar. Drink cold or warm.

Comments: Pinole is roasted and finely ground corn. It makes a delightful and satisfying breakfast drink. It may be purchased in grocery stores that carry Mexican foods and is usually found in the section with cornstarch, rice flour, and dry hominy.

Pinole

Rendimiento: 2 porciones

8   cdas. pinole
12 oz. leche descremada (1% grasa)
2   cdtas. azúcar blanco

En un vaso se colocan 4 cdas. de pinole. Se añaden 6 oz. de leche. Se endulza con 1 cdta. de azúcar blanco. Se toma frío o caliente.

Comentario: El pinole es maíz tostado y molido fino. Esta es una bebida deliciosa que satisface, especialmente como desayuno. Se puede comprar en supermercados que venden comestibles mexicanos. Usualmente se encuentra en la sección con la maicena, harina de arroz y maíz trillado.

ANALYSIS / ANÁLISIS

1 serving/porción = 6 oz.

Each serving contains **Cada porción contiene**		**ADA exchange value** **Intercambio para el diabético**	
Calories/Calorías	153	Vegetable/Vegetal	0.0
Protein/Proteína	7.9g	Bread/Pan	1.2
Carbohydrates/Carbohidratos	26.9g	Meat/Carne	0.0
Fat/Grasa	2.7g	Fat/Grasa	0.4
Dietary fiber/Fibra dietética	4.9g	Milk/Leche	0.7
Cholesterol/Colesterol	7.5mg	Fruit/Fruta	0.0
Sodium/Sodio	102mg		

Tamarind Drink

Makes 6 servings

2   qt. water
6   tamarinds
½   cup brown sugar, packed
1½   tsp. ground cinnamon

    Bring the water to a boil in a 4-qt. pot. Wash and peel the tamarinds. Cook the peeled tamarinds over medium heat until tender, 6 to 8 minutes. Remove the tamarinds from the liquid, reserving the liquid, mash the fruit, and blend with cooking liquid. Add the sugar and cinnamon and blend well. Chill and serve over ice.

    Comment: In tropical areas the tamarind is a popular and well-known fruit. The tamarind tree is native to Senegal, West Africa, where the people know well the utility of its wood, bark, leaves, flowers, and fruit. The tamarind fruit is a cinnamon-colored, elongated, brittle pod. Inside are several oval-shaped shiny seeds surrounded by a brown, tart pulp. The pulp keeps well in the refrigerator for several months. In the East, tamarind is an important ingredient in chutneys and curries.

Refresco de Tamarindo

Rendimiento: 6 porciones

8   tazas de agua
6   tamarindos
½   taza azúcar moreno, compactado
1½   cdta. canela en polvo

    Se hierve el agua en una olla de 1 galón de capacidad. Se lavan y pelan bien los tamarindos. Se colocan en el agua hirviendo y se cocinan a fuego medio hasta que los tamarindos estén blandos, aproximadamente 6 a 8 minutos. Se quitan los tamarindos y se majan. Se coloca el jugo y la pulpa del tamarindo en un recipiente y se le añade el azúcar y la canela. Se mezcla bien. Se coloca en el refrigerador y se sirve frío con hielo.

    Comentario: En los trópicos el tamarindo es uno de los árboles más apreciados por la utilidad de su madera, sus hojas, sus flores y su fruta. Se cree que el tamarindo es nativo de Senegal, África Occidental. Su fruta es una vaina alargada, de cáscara quebradiza color canela. Adentro hay varias semillas ovaladas y brillantes, rodeadas de una pulpa café y ácida. Esta pulpa pelada se conserva por meses, muy bien, en la refrigeradora. En el Oriente el tamarindo es un ingrediente importante en la confección de *chutneys* y *curries*.

ANALYSIS / ANÁLISIS

1 serving/porción = 10 oz.

Each serving contains **Cada porción contiene**		**ADA exchange value** **Intercambio para el diabético**	
Calories/Calorías	77.4	Vegetable/Vegetal	0.0
Protein/Proteína	0.1g	Bread/Pan	1.2
Carbohydrates/Carbohidratos	20.1g	Meat/Carne	0.0
Fat/Grasa	0.04g	Fat/Grasa	0.0
Dietary fiber/Fibra dietética	0.0g	Milk/Leche	0.0
Cholesterol/Colesterol	0.0mg	Fruit/Fruta	0.0
Sodium/Sodio	21.2mg		

Cherimoya Smoothie

Makes 6 servings

4   lb. cherimoyas
2   rounded tbsp. sugar
6   cups 1% milk
2   tbsp. fresh lime juice
½   tsp. finely grated lime rind

Rinse and dry the cherimoyas. Break them open by placing thumbs together on the middle of the fruit and pulling it apart. Spoon the pulp into a bowl and remove the seeds. If the pulp is beginning to turn brown just under the skin, spoon out only the part that is cottony white. The brown pulp is tough and grainy and spoils the delicate flavor. Blend the pulp, sugar, milk, and lime juice in a blender until smooth. Sprinkle with grated lime rind and serve immediately because the mixture tends to separate. If the smoothie separates, blend briefly 3–4 seconds.

Comment: The annona family of tropical fruits has three members: the cherimoya, the sweetsop, and the custard apple. The cherimoya and the sweetsop have very similar flavors and may be substituted for each other. Four pounds of any of these fruits (fresh) will yield approximately 3½ cups of pulp. A smoothie differs from a sherbet in that the smoothie (called *sorbete* in Spanish) is a liquid that is prepared in a blender, is low in fat, and is served as a drink, while the sherbet is an ice milk that is served frozen like ice cream. A smoothie is also usually served as an appetizer whereas a sherbet is served as a dessert.

Sorbete (Licuado) de Chirimoya

Rendimiento: 6 porciones

4   lb. chirimoyas
2   cdas. colmadas de azúcar
6   tazas leche descremada (1%)
2   cdas. jugo de limón fresco
½   cdta. ralladura de limón

Las chirimoyas se lavan y se secan bien. Para abrir la fruta se colocan los dedos pulgares a la mitad de la fruta y tirando con los dedos en direcciones opuestas se abre la fruta en dos. Con una cuchara se saca la pulpa y se pone en una vasija. Se sacan las semillas y luego la pulpa. Se coloca en una licuadora. Si la pulpa ha empezado a oscurecerse inmediatamente debajo de la piel, sólo debe sacarse la pulpa que está claramente algodonada. La pulpa oscura es dura y granular y daña el delicado sabor de la fruta. Se licúa la pulpa, el azúcar, la leche y el jugo de limón hasta que esté cremosa. Se sirve inmediatamente ya que el sorbete tiende a separarse. Si no se usa todo el sorbete a un tiempo, se deberá licuar brevemente, de 3 a 4 segundos, para restaurar la textura esponjosa. Se rocía un poquito de ralladura de limón al momento de servir.

Comentario: Las frutas tropicales de la familia anón son tres: la chirimoya, el anón y la guanábana. La chirimoya y el anón tienen un sabor muy parecido y se pueden usar de manera intercambiable en cualquier receta. Cuatro libras de cualquiera de estas frutas (frescas) rinden aproximadamente 3½ tazas de pulpa. Un sorbete difiere de un garapiñado en que el sorbete es un líquido que se prepara en una licuadora y se sirve como una bebida, mientras que el garapiñado es leche helada servida congelada a manera de nieve o helado. Otra diferencia es que el sorbete generalmente se sirve como aperitivo y el garapiñado se sirve como postre.

ANALYSIS / ANÁLISIS   *See Guide to Tables, p. 15 / Ver Guía para Tablas, pág. 15*

1 serving = 1 cup made with cherimoyas (made with sweetsops) [made with custard apples]
1 porción = 1 taza hecha con las chirimoyas (hecha con los anones) [hecha con las guanábanas]

Each serving contains
Cada porción contiene

Calories/Calorías	366	(316)	[185]
Protein/Proteína	11.4g	(9.8)	[3.2]
Carbohydrates/Carbohidratos	80.6g	(75.6)	[45.5]
Fat/Grasa	3.2g	(1.0)	[1.3]
Dietary fiber/Fibra dietética	0.0g		
Cholesterol/Colesterol	10.0mg	(1.7)	[0.3]
Sodium/Sodio	123mg	(20.5)	[3.4]

ADA exchange value
Intercambio para el diabético

Vegetable/Vegetal	0.0		
Bread/Pan	4.5	(4.8)	[3.0]
Meat/Carne	0.0		
Fat/Grasa	0.5	(0.1)	[0.0]
Milk/Leche	1.0	(0.2)	
Fruit/Fruta	0.0		

Guava Smoothie

Makes 5 servings

3   large guavas, unpeeled, cubed
Juice of 2 lemons
34 oz. 1% milk
4   tbsp. sugar

Blend the cubed guavas and lemon juice in a blender. Sweeten the milk with the sugar. Add the milk mixture to the blender with 3 ice cubes per 8 oz. Blend until the liquid is smooth. The blending may have to be done in 2 batches. Serve immediately. If the mixture separates, blend again before serving.

Sorbete (Licuado) de Guayaba

Rendimiento: 5 porciones

3   guayabas grandes, sin pelar, en cubitos
Jugo de 2 limones
34 oz. de leche descremada (1%)
4   cdas. azúcar

En 2 tandas se licúa la mitad de cada uno de los 4 ingredientes—guayabas, jugo de limón, leche, azúcar—y 9 cubitos de hielo hasta que esté cremoso. Se sirve inmediatamente. Si el sorbete se separa, licúe brevemente, de 3 a 4 segundos, para restaurar la textura esponjosa.

ANALYSIS / ANÁLISIS

1 serving/porción = 1 cup/taza

Each serving contains **Cada porción contiene**		**ADA exchange value** **Intercambio para el diabético**	
Calories/Calorías	166	Vegetable/Vegetal	0.0
Protein/Proteína	7.4g	Bread/Pan	1.3
Carbohydrates/Carbohidratos	31.5g	Meat/Carne	0.0
Fat/Grasa	2.4g	Fat/Grasa	0.4
Dietary fiber/Fibra dietética	0.1g	Milk/Leche	0.8
Cholesterol/Colesterol	8.5mg	Fruit/Fruta	0.2
Sodium/Sodio	104mg		

Mamey Smoothie

Makes 10 servings

4   lb. mamey
6   cups water
6   tbsp. sugar
4   tbsp. half & half

Cut the fruit in half and scrape out the pulp. Discard the hard skin and pit. Put all the ingredients into a blender and blend until smooth. Serve immediately.

Comment: Two pounds of fruit will yield about 3 cups pulp.

Sorbete (Licuado) de Mamey

Rendimiento: 10 porciones

4   lb. mamey
6   tazas agua
6   cdas. azúcar
4   cdas. *half & half* (mitad leche/mitad crema)

Se corta la fruta en mitad y se saca la pulpa con una cuchara. Se bota la piel y el hueso. Se colocan todos los ingredientes en la licuadora y se licúa hasta que esté cremoso. Se sirve inmediatamente.

Comentario: Dos libras de fruta rinden aproximadamente 3 tazas de pulpa.

ANALYSIS / ANÁLISIS

1 serving/porción = 1 cup/taza

Each serving contains **Cada porción contiene**		**ADA exchange value** **Intercambio para el diabético**	
Calories/Calorías	120	Vegetable/Vegetal	0.0
Protein/Proteína	1.3g	Bread/Pan	1.9
Carbohydrates/Carbohidratos	29.4g	Meat/Carne	0.0
Fat/Grasa	1.1g	Fat/Grasa	0.1
Dietary fiber/Fibra dietética	0.0g	Milk/Leche	0.0
Cholesterol/Colesterol	2.2mg	Fruit/Fruta	0.0
Sodium/Sodio	6.7mg		

Mango Smoothie

Makes about 10 servings

4 lb. mangoes
4 tbsp. fresh lime juice
8 cups 1% milk
6 tbsp. sugar
2 egg whites, beaten until frothy
½ tsp. finely grated lime rind

Peel the mangoes and cut off as much pulp from the pit as possible. Coarsely chop the pulp. Put all the ingredients except the lime rind into a blender and blend for a few seconds. Sprinkle a pinch of grated lime rind on the smoothie and serve immediately. If the smoothie stands, it will separate and require reblending.

Sorbete (Licuado) de Mango

Rendimiento: unas 10 porciones

4 lb. mangos
4 cdas. jugo de limón fresco
8 tazas de leche descremada (1%)
6 cdas. azúcar
2 claras de huevo, bien batidas
½ cdta. ralladura de limón

Se pelan los mangos y se quita toda la pulpa del hueso. Se corta la pulpa en trozos grandes y se colocan todos los ingredientes, con excepción de la ralladura de limón, en una licuadora. Se licúa por unos segundos. Se le rocía un poquito de ralladura de limón al vaso de sorbete y se sirve inmediatamente. Si el sorbete se deja reposar, el líquido y la pulpa se separan y requiere que se vuelva a mezclar en la licuadora.

ANALYSIS / ANÁLISIS

1 serving/porción = 1 cup/taza

Each serving contains ***Cada porción contiene***		***ADA exchange value*** ***Intercambio para el diabético***	
Calories/Calorías	232	Vegetable/Vegetal	0.0
Protein/Proteína	8.1g	Bread/Pan	0.5
Carbohydrates/Carbohidratos	48.0g	Meat/Carne	0.1
Fat/Grasa	2.6g	Fat/Grasa	0.4
Dietary fiber/Fibra dietética	4.2g	Milk/Leche	0.8
Cholesterol/Colesterol	8.0mg	Fruit/Fruta	2.2
Sodium/Sodio	113mg		

Sauces

Salsas

Chile Sauce

Makes 16 servings (= 1 pint)

2   4-oz. cans green chiles
4   cloves garlic
1   1-lb. can tomatoes, whole, with juice
½ tsp. salt

Blend the chiles and garlic in a blender until smooth. Add the tomatoes one at a time and continue blending. Add the tomato liquid to reach the desired consistency. Stir in the salt. Use as picante sauce.

Salsa de Chile

Rendimiento: 16 porciones (= 1 pinta)

2   latas de 4 oz. de chiles verdes
4   dientes de ajo
1   lata de 1 lb. de tomates enteros, con el jugo
½ cdta. sal

Se machacan los chiles y el ajo en una licuadora. Se va agregando el tomate poco a poco. Se la agrega la sal y el jugo de la lata del tomate hasta que adquiera la consistencia deseada. Se usa como ajipique o como salsa casera.

ANALYSIS / ANÁLISIS   *See Guide to Tables, p. 15 / Ver Guía para Tablas, pág. 15*

Portions = 1 pint (2 tbsp.)
Porciones = 1 pinta (2 cdas.)

Portions contain *Portiones contiene*			*ADA exchange value* *Intercambio para el diabético*	
Calories/Calorías	162	(10.1)	Vegetable/Vegetal	6.6 (0.4)
Protein/Proteína	7.0g	(0.4)	Bread/Pan	0.0
Carbohydrates/Carbohidratos	37.3g	(2.3)	Meat/Carne	0.0
Fat/Grasa	1.4g	(0.1)	Fat/Grasa	0.0
Dietary fiber/Fibra dietética	7.1g	(0.4)	Milk/Leche	0.0
Cholesterol/Colesterol	0.0mg		Fruit/Fruta	0.0
Sodium/Sodio	1,807mg	(113)		

Fresh Tomato Sauce

Makes 6 servings

1   large ripe tomato, peeled and cut into bite-sized
     pieces
2   tbsp. onion, finely chopped
1   tsp. fresh jalapeño pepper, seeded, chopped
2   tsp. fresh lime juice
⅛   tsp. salt
1   tsp. fresh cilantro, finely chopped

Combine all the ingredients in a medium bowl and
mix well. Cover. Refrigerated, the sauce keeps for 5 to
7 days.
  Comment: This sauce may also serve as a dip for
baked tortilla chips.

Salsa Fresca de Tomate

Rendimiento: 6 porciones

1   tomate grande maduro, pelado, cortado en trocitos
2   cdas. cebolla, finamente picada
1   cdta. japaleño fresco, picado
2   cdtas. jugo de limón
⅛   cdta. sal
1   cdta. cilantro fresco, picado

Combine todos los ingredientes en un recipiente y
mezcle bien. Cubra y refrigere. Se conserva refrigerado
de 5 a 7 días.
  Comentario: Esta salsa se puede servir para acompañar
las tostadas horneadas.

ANALYSIS / ANÁLISIS   *See Guide to Tables, p. 15 / Ver Guía para Tablas, pág. 15*

1 serving = 2 tbsp. (with 4 chips)
1 porción = 2 cdas. (con 4 tostaditas)

Each serving contains *Cada porción contiene*			*ADA exchange value* *Intercambio para el diabético*	
Calories/Calorías	14.5	(81.7)	Vegetable/Vegetal	0.6
Protein/Proteína	0.6g	(2.8)	Bread/Pan	0.0 (0.8)
Carbohydrates/Carbohidratos	3.2g	(16.0)	Meat/Carne	0.0
Fat/Grasa	0.2g	(1.3)	Fat/Grasa	0.0 (0.2)
Dietary fiber/Fibra dietética	0.9g	(2.5)	Milk/Leche	0.0
Cholesterol/Colesterol	0.0mg		Fruit/Fruta	0.0
Sodium/Sodio	49.5mg	(103)		

Hot Tomatillo Sauce

Makes 12 servings

1   lb. tomatillos (about 22 medium), husks removed
    and rinsed
4   serrano chiles
⅓   cup reserved cooking liquid from the tomatillos
2   tbsp. cilantro, roughly chopped
1   clove garlic, chopped
1½ tbsp. corn oil
⅛   tsp. salt

Place the tomatillos and serranos in a pan, cover
with water, and bring to a boil. Reduce heat and simmer
until the tomatillos are soft but not falling apart, about
10 minutes. Remove the pan from the heat. Strain, reserving ⅓ cup of the cooking liquid.

Put the reserved cooking liquid into a blender. Add
the chiles, cilantro, and garlic and blend until almost
smooth. Add the tomatillos and blend for 10 more seconds, to make a fairly smooth sauce.

Heat the oil in a skillet. Add the sauce and cook over
high heat until it thickens, about 8 minutes. Stir in
the salt.

Comment: This sauce may be used for appetizers, as
a dip, or as a topping for enchiladas or other Mexican
dishes.

Salsa de Tomatillo con Chiles

Rendimiento: 12 porciones

1   lb. tomatillos, descascarados y lavados
4   chiles serranos
⅓   taza del líquido reservado de los tomatillos cocidos
2   cdas. cilantro, picado grueso
1   diente de ajo, picado
1½ cda. aceite de maíz
⅛   cdta. sal

Se colocan los tomatillos y los chiles en una olla, se
cubren con agua y se cuecen a fuego lento hasta que los
tomatillos estén suaves pero que no se deshagan, aproximadamente 10 minutos. Se quita del fuego, se cuela y se
reserva ⅓ taza del líquido.

El líquido que se reserva se coloca en una licuadora,
se añaden los chiles ya cocidos, el cilantro y el ajo y se
licúa hasta que esté bien cremoso. Se añaden los tomatillos y se licúan por 10 segundos más para que quede una
salsa bien mezclada y cremosa.

Se calienta el aceite en una sartén. Se añade la salsa
y se cocina a fuego alto hasta que espese, aproximadamente 8 minutos. Se añade la sal y se mezcla.

Comentario: Esta salsa se puede usar para servir con
entremeses, como salsa para comer con tortillas como
aperitivo o para servir sobre enchiladas u otros platos
mexicanos.

ANALYSIS / ANÁLISIS   *See Guide to Tables, p. 15 / Ver Guía para Tablas, pág. 15*

Portions = 3 tbsp. (¼ cup) [1 cup]
Porciones = 3 cdas. (¼ taza) [1 taza]

Portions contain / **Porciones contienen**				**ADA exchange value** / **Intercambio para el diabético**			
Calories/Calorías	30.8	(41.1)	[164.3]	Vegetable/Vegetal	0.6	(0.8)	[3.4]
Protein/Proteína	0.7g	(0.9)	[3.7]	Bread/Pan	0.0		
Carbohydrates/Carbohidratos	3.4g	(4.5)	[17.9]	Meat/Carne	0.0		
Fat/Grasa	1.9g	(2.5)	[10.1]	Fat/Grasa	0.3	(0.5)	[1.8]
Dietary fiber/Fibra dietética	0.6g	(0.8)	[3.3]	Milk/Leche	0.0		
Cholesterol/Colesterol	0.0mg			Fruit/Fruta	0.0		
Sodium/Sodio	28.1mg	(37.5)	[150]				

Hot Sauce

Makes 23 servings

10   serrano chiles, mashed or sliced very thinly
2   cups apple cider vinegar
¼   lb. onion, finely chopped
2   green onions, white and green portions, finely chopped
½   cup cilantro, finely chopped
2   tbsp. lime juice
2   tbsp. olive oil
¼   tsp. salt
¼   tsp. pepper

Place the chiles in the vinegar for a few hours to decrease the sting. Mix the onions, cilantro, lemon juice, olive oil, salt, and pepper and add to the vinegar and serranos. Cover.

Comment: This sauce may be stored in the refrigerator for 2 months. It is commonly used as a topping for soup, steak, and fried green plantains.

Ajipique (Salsa Picante)

Rendimiento: 23 porciones

10   chiles serranos, majados o muy finamente rebanados
2   tazas vinagre de sidra de manzana
¼   lb. cebolla, finamente picada
2   tallos cebollina, finamente picada
½   taza cilantro, finamente picado
2   cdas. jugo de limón
2   cdas. aceite de oliva
¼   cdta. sal
¼   cdta. pimienta

Se ponen los chiles en el vinagre durante unas horas para ameliorar un poco lo picoso. En el mismo vinagre se ponen las cebollas, el cilantro, el jugo de limón, el aceite de oliva, sal y pimienta.

Comentario: Puede conservarse dos meses en la refrigeradora si está bien tapado. Su uso más frecuente es como aderezo en sopas (no en caldos), mojo en biftec y aderezo en patacones.

ANALYSIS / ANÁLISIS

1 serving/porción = 2 tbsp./cdas.

Each serving contains
Cada porción contiene

Calories/Calorías	19.3
Protein/Proteína	0.13g
Carbohydrates/Carbohidratos	3.1g
Fat/Grasa	1.5g
Dietary fiber/Fibra dietética	0.6g
Cholesterol/Colesterol	0.0mg
Sodium/Sodio	42mg

ADA exchange value
Intercambio para el diabético

Vegetable/Vegetal	0.1
Bread/Pan	0.0
Meat/Carne	0.0
Fat/Grasa	0.3
Milk/Leche	0.0
Fruit/Fruta	0.0

Appendix

General information on measuring and on substituting ingredients that will not affect the nutritional and exchange analyses is given in Secrets of Good Mexican Cooking, p. 7.

Table of Liquid Measures

Liquid Measure	Equivalent
3 teaspoons	1 tablespoon
4 tablespoons (12 teaspoons)	¼ cup
8 tablespoons (24 teaspoons)	½ cup
16 tablespoons (48 teaspoons)	1 cup
2 cups	1 pint
2 pints (4 cups)	1 quart
4 quarts (16 cups)	1 gallon
1 liter	1,000 ml or cc, 34 fluid ounces
1 *botella*	750 ml
1 gallon	3.785 liters
30 ml, or 30 cc	1 ounce
1¼ *pocillos*	1 cup
Speck, pinch, or dash	⅛ teaspoon
No. 1 can	2 cups
No. 2 can	2 ½ cups
No. 3 can	4 cups
Shortening	Melt before measuring

Table of Weights

Weight	Equivalent
1 ounce	28.35 grams
1 cup	4 ounces
16 ounces (4 cups)	1 pound
1 pound	453.6 grams
100 grams	0.22 pounds
1 kilogram	1,000 grams
1 kilogram	2.2 pounds
2 cups liquid	1 pound

Apéndice

Información acerca de equivalencias de medidas y de ingredientes que pueden substituirse sin afectar seriamente su análises nutricional y/o de intercambio se encuentra en la sección de Secretos de la Cocina Mexicana, página 7.

Equivalencias de Medidas Líquidas

Medida Líquida	Equivalente
3 cucharaditas	1 cucharada
4 cucharadas (12 cucharaditas)	¼ taza
8 cucharadas (24 cucharaditas)	½ taza
16 cucharadas (48 cucharaditas)	1 taza
2 tazas	1 pinta
2 pintas (4 tazas)	1 cuarto
4 cuartos (16 tazas)	1 galón
1 litro	1,000 ml o cc, 34 onzas líquidas
1 botella	750ml
1 galón	3.785 litros
30 ml or 30cc	1 onza
1¼ pocillos	1 taza
Pizca o pellizcos	⅛ cucharadita
Lata No. 1	2 tazas
Lata No. 2	2½ tazas
Lata No. 3	4 tazas
Manteca vegetal	Derrita antes de medir

Equivalencias de Peso

Peso	Equivalente
1 onza	28.35 gramos
1 taza	4 onzas
16 onzas (4 tazas)	1 libra
1 libra	453.6 gramos
100 gramos	0.22 libras
1 kilogramo	1,000 gramos
1 kilogramo	2.2 libras
2 tazas de líquido	1 libra

(continued/continúa)

Substitutions

Ingredient	Substitution
1 square chocolate	¼ cup cocoa
1 cup pastry flour	1 cup bread flour less 2 tablespoons
1 cup pearl tapioca	¼ cup quick-cooking tapioca
1 tablespoon cornstarch	2 tablespoons flour (for thickening)
1 teaspoon baking powder	¼ teaspoon baking soda and ½ teaspoon cream of tartar
1 cup 1% milk	½ cup evaporated milk and ½ cup water or ½ cup condensed milk and ½ cup water (omit sugar in recipe) or 4 tablespoons powdered milk and 1 cup water

Temperatures

Heat the oven for at least 12 minutes before using. Set the thermostat as described in the following table.

Temperature (°F)	Description
300–325	Slow oven
350–375	Moderate oven
400–425	Hot oven

Substituciones

Ingrediente	Substituto
1 cuadrito de chocolate	¼ taza cacao
1 taza harina para pastelería	1 taza harina de pan menos 2 cdas.
1 taza mandioca en perlitas	¼ taza mandioca de rápido cocimiento
1 cda. de maicena	2 cdas. de harina (para espesar)
1 cdta. polvo de hornear	¼ cdta. sosa y ½ cdta. crémor tártaro
1 taza leche descremada (1%)	½ taza leche evaporada y ½ taza agua o ½ taza leche condensada y ½ taza agua (se omite el azúcar) o 4 cucharadas leche en polvo y 1 taza agua

Temperaturas para Hornear

Se precalienta el horno por 12 minutos. Se coloca el termostato en la temperatura deseada:

Temperatura (° F)	Descripción
300–325	Temperatura baja
350–375	Temperatura media
400–425	Temperatura alta

References / Referencias

Alvarez, Rodolfo. 1973. "The Psycho-historical and Socioeconomic Development of the Chicano Community in the United States." *Social Science Quarterly* 53(4): 920–942.

Chakraborty, R.; R. E. Ferrell; M. P. Stern; S. M. Haffner; H. P. Hazuda; and M. Rosenthal. 1986. "Relationship of Prevalence of Non-Insulin Dependent Diabetes Mellitus with Amerindian Admixture of the Mexican-Americans of San Antonio, Texas." *Genetic Epidemiology* 3(6): 435–454.

Grebler, Leo; J. W. Moore; and R. C. Guzmán. 1970. *The Mexican-American People: The Nation's Second Largest Minority*. New York. Free Press.

Hall, Teri A.; K. Bertram; and S. B. Foerster. 1991. *Comer Bien para Vivir Mejor (Eat Well to Live Better)*. Sacramento, Calif.: Upjohn.

Joos, Sandra. 1984. "Economic, Social, and Cultural Factors in the Analysis of Disease. Dietary Change and Diabetes Mellitus among the Florida Seminole Indians." In *Ethnic and Regional Foodways in the United States*, L. K. Brown and L. Mussell, eds., pp. 111–128. Knoxville: University of Tennessee Press.

Judkins, Russell A., and A. Judkins. 1976. "Diet and Diabetes among the Iroquois: An Integrative Approach." *Actas del XLI Congreso Internacional de Americanistas* 3: 313–322.

O'Hare, William. 1992. "America's Minorities—The Demographics of Diversity." *Population Bulletin* 47, no. 4.

Schade, Daniel. 1982. "The Stress Factor: If You Suspect That Stress Can Disrupt Diabetes Control, You're Right." *Diabetes Forecast* 35: 334–337.

Smolan, Rick; P. Moffitt; and M. Naythons. 1990. *The Power to Heal: Ancient Arts and Modern Medicine*. Englewood Cliffs, N.J.: Prentice-Hall.

Stern, Michael. 1987. "Overview of Diabetes Mellitus." In *Diabetes among Mexican-Americans in Texas*. Austin: Texas Diabetes Council.

U.S. Bureau of the Census. 1983. *Condition of Hispanics in America Today*. Hearings of the Subcommittee on Census and Population, House Committee on Post Office and Civil Service. Washington, D.C.: USGPO.

Wechsler, Rob. 1987. "A New Prescription: Mind over Malady." *Discover* (February): 50–61.

Wiedman, Dennis. 1984. "Technological Development and the Onset of Type II Diabetes Mellitus among Oklahoma Native Americans." Paper presented at the annual meeting of the American Anthropological Association, Denver.

———. 1985. "Adiposity or Longevity: Which Factor Accounts for the Increase in Type II Diabetes When Populations Acculturate to an Industrial Technology." Paper presented at the annual meetings of the American Anthropological Association, Washington, D.C.

Index

Indice